7

Lieber Konrad,

mit diesem Buch möchte ich mich auch dafür bei dir bedanken, dass du mir immer und uneingeschränkt in Rechtsfragen zur Seite stehst und mir viele wichtige Antworten lieferst.

Dana

Schriftenreihe

Schriften zur Arbeits-, Betriebs- und Organisationspsychologie

Band 29

ISSN 1611-2806

Verlag Dr. Kovač

Dana Janas

Akzeptanzorientierte Messung und Bilanzierung von Mitarbeiterkompetenzen

Anforderungsorientiertes Kompetenzmess- und -bilanzierungsverfahren für den unternehmensbezogenen Einsatz

---

Verlag Dr. Kovač

Hamburg 2007

Leverkusenstr. 13 · 22761 Hamburg · Tel. 040 - 39 88 80-0 · Fax 040 - 39 88 80-55

E-Mail info@verlagdrkovac.de · Internet www.verlagdrkovac.de

Bibliografische Information der Deutschen Nationalbibliothek
Die Deutsche Nationalbibliothek verzeichnet diese Publikation
in der Deutschen Nationalbibliografie;
detaillierte bibliografische Daten sind im Internet
über http://dnb.d-nb.de abrufbar.

ISSN: 1611-2806

ISBN: 978-3-8300-2967-0

Zugl.: Dissertation, Ludwig-Maximilians-Universität München, 2007 u.d.T.: „Akzeptanz- und anforderungsorientiertes Kompetenzmessverfahren zur unternehmensbezogenen Bilanzierung von Mitarbeiterkompetenzen“

Gedruckt auf holz-, chlor- und säurefreiem Papier Alster Digital. Alster Digital ist alterungsbeständig und erfüllt die Normen für Archivbeständigkeit ANSI 3948 und ISO 9706.

Für Ingo –

weil mit Vertrauen, Liebe und Unterstützung Vieles erst möglich wird.

Inhaltsverzeichnis

INHALTSVERZEICHNIS .... **- 5 -**
1 EINLEITUNG .... **- 9 -**
1.1 AUSGANGSSITUATION - KOMPETENZEN ALS UNTERNEHMERISCHE INNOVATIONSTREIBER .... - 9 -
1.2 ZIELSETZUNG .... - 11 -
1.3 VORGEHENSWEISE .... - 12 -
2 WAS IST KOMPETENZ? – EINE EINGRENZUNG UND DEFINITION DES FORSCHUNGSGEGENSTANDES .... **- 15 -**
2.1 DER KOMPETENZBEGRIFF .... - 15 -
2.2 SYSTEMATIK ZUR EINORDNUNG VON SELBSTORGANISATIONSDISPOSITIONEN .... - 20 -
3 KOMPETENZEN MESSBAR MACHEN – BESTEHENDE ANSÄTZE ZUR KOMPETENZMESSUNG **25**
3.1 INTERNATIONALE ANSÄTZE 25
3.2 ENTWICKLUNGEN IN DEUTSCHLAND 29
3.3 VERFAHRENSVIELFALT – KOMPETENZMESSUNG IN ABHÄNGIGKEIT VON DER PERSPEKTIVE 30
4 VERFAHRENSGESTALTUNG - VORANALYSEN **35**
4.1 DAS VERFAHREN IM ÜBERBLICK 35
4.2 ANALYSE, DEFINITION UND AUSDIFFERENZIERUNG VON KOMPETENZEN – WELCHE KOMPETENZEN EXISTIEREN UND WIE SIND DIESE ZU DEFINIEREN? 36
5 QUALITÄT / GÜTE VON KOMPETENZMESSVERFAHREN **43**
5.1 PSYCHOLOGISCH-DIAGNOSTISCHE QUALITÄT VON KOMPETENZMESSVERFAHREN 43
5.2 QUALITÄT VON KOMPETENZMESSVERFAHREN AUS PERSONALWIRTSCHAFTLICHER PERSPEKTIVE 49
5.2.1 ÖKONOMISCHER NUTZEN UND AUFWAND DER VERFAHREN 50
5.2.2 ZIELERREICHUNG UND SCHWIERIGKEIT DER VERFAHREN 52
5.3 QUALITÄT VON VERFAHREN ZUR KOMPETENZMESSUNG AUS SICHT DER ANWENDERGRUPPEN – SOZIALE AKZEPTANZ 53
5.3.1 SOZIALE AKZEPTANZ – BESTEHENDE MODELLE UND FORSCHUNGSERGEBNISSE 53
5.3.2 GENERIERUNG GANZHEITLICHER AKZEPTANZASPEKTE VON VERFAHREN ZUR KOMPETENZMESSUNG – BEFRAGUNG VON HOCHSCHULABSOLVENTEN (N=102) 56
5.3.3 KONSTRUKTION DER BEFRAGUNG VON PERSONALVERANTWORTLICHEN UND ARBEITNEHMERN ZUR AKZEPTANZ VON VERFAHREN ZUR KOMPETENZMESSUNG 60
5.3.4 BEFRAGUNG DER PERSONALVERANTWORTLICHEN (N=45) 61
5.3.5 BEFRAGUNG DER ARBEITNEHMER (N=45) 64

5.2 ZUSAMMENFASSUNG DER UNTERSUCHUNGSERGEBNISSE – DEM VERFAHREN ZU GRUNDE LIEGENDE GÜTE- UND ANFORDERUNGSKRITERIEN 67

6 KONSTRUKTION DES MODULAREN VERFAHRENS ZUR KOMPETENZMESSUNG UND –BILANZIERUNG 71

6.1 AUSWAHL DER VERFAHREN 71

6.2 ABLAUFMODELL DER DURCHFÜHRUNG VON KOMPETENZMESSUNGEN / -BILANZIERUNGEN – DAS 6-PHASEN-MODELL 75

6.2.1 ABLAUFSCHRITTE VON PHASE 1: ANALYSE DER BETRIEBLICHEN ANFORDERUNGEN 76

6.2.2 ABLAUFSCHRITTE VON PHASE 2: ZUSAMMENSTELLUNG EINES UNTERNEHMENSSPEZIFISCHEN VERFAHRENS 80

6.2.3 ABLAUFSCHRITTE VON PHASE 3: ERFASSUNG DER KOMPETENZEN 81

6.2.4 ABLAUFSCHRITTE VON PHASE 4: BEURTEILUNG UND BEWERTUNG DER KOMPETENZEN 83

6.2.5 ABLAUFSCHRITTE VON PHASE 5: BILANZIERUNG DER KOMPETENZEN UND ABLEITUNG VON MAßNAHMEN 84

6.2.6 ABLAUF VON PHASE 6: EVALUATION DES VERFAHRENS UND SEINER BETRIEBLICHEN UMSETZUNG 85

7. BETRIEBLICHE UMSETZUNG – BEWERTUNG UND EVALUATION DES VERFAHRENS 87

7.1 BESCHREIBUNG DER STICHPROBE 87

7.2 EVALUATION DES VERFAHRENS AN HAND DES 6-PHASEN-MODELLS 88

7.2.1 PHASE 1: ANALYSE DER BETRIEBLICHEN ANFORDERUNGEN 88

7.2.2 PHASE 2: VERFAHRENSKONZEPTION 93

7.2.3 PHASE 3: KOMPETENZMESSUNG 98

7.2.4 PHASE 4: BILANZIERUNGSPROZESS 100

7.2.5 PHASE 5: ERGEBNISRÜCKMELDUNG UND ABLEITUNG VON MAßNAHMEN 102

7.2.6 PHASE 6: EVALUATION DES VERFAHRENS DURCH BELEGSCHAFT, GESCHÄFTSFÜHRUNG UND BETRIEBSRAT 103

7.3 ERGÄNZUNGEN ZU DEN EVALUATIONSERGEBNISSEN 112

7.3.1 DIE ERFÜLLUNG VON KLASSISCHEN GÜTEKRITERIEN (OBJEKTIVITÄT, VALIDITÄT, RELIABILITÄT) 112

7.3.2 DIE ÖKONOMISCHE PRAKTIKABILITÄT DES VERFAHRENS 120

7.3.3 INTEGRATION DER BETROFFENEN 121

7.3.4 ERFÜLLUNGSGRAD DER DIN 33430 124

7.4 VERSUCHSGRUPPENSPEZIFISCHE ERGEBNISSE UND ALLGEMEINE ZUSAMMENHÄNGE 125

7.5 HERAUSFORDERUNGEN UND ERFAHRUNGEN BEI DER VERFAHRENSKONSTRUKTION UND BETRIEBLICHEN UMSETZUNG 128

8 ERFAHRUNGEN UND BETRIEBLICHE HANDLUNGSEMPFEHLUNGEN 133

8.1 INTEGRATION DER KOMPETENZMESSUNG UND -BILANZIERUNG IM ORGANISATORISCHEN KONTEXT 133

8.2 KONSEQUENZEN DER UNTERSUCHUNGSERGEBNISSE FÜR SICH ANSCHLIEßENDE KOMPETENZORIENTIERTE WEITERBILDUNGSMAßNAHMEN 135
8.3 HANDLUNGSLEITFADEN FÜR DEN BETRIEBLICHEN EINSATZ VON KOMPETENZMESS- UND -BILANZIERUNGSVERFAHREN 140
8.4 NUTZEN DES HANDLUNGSLEITFADENS ZUR BETRIEBLICHEN UMSETZUNG VON KOMPETENZMESS- UND –BILANZIERUNGSVERFAHREN 145
9 ZUSAMMENFASSUNG DER ERGEBNISSE UND AUSBLICK 147
LITERATURVERZEICHNIS 153
ANHANG.. 163

1 Einleitung

1.1 Ausgangssituation - Kompetenzen als unternehmerische Innovationstreiber

„Innovationen sind radikale technische bzw. soziale Neuerungen, die durch soziale Akzeptanz und die kollektive Attribuierung von Neuheit einen ökonomischen Erfolg für das sie hervorbringende System zu generieren in der Lage sind.“ (Baitsch 1997, 2)

Heutige Konzepte zur Förderung der Wettbewerbsfähigkeit eines Unternehmens betonen zunehmend die Bedeutung der dem Unternehmen zur Verfügung stehenden Humanressourcen (vgl. Bergmann et al. 1997). Die beschleunigte Entwicklung in fast allen Bereichen der Wirtschaft (vgl. Backhaus, Gruner 1994) – hinsichtlich Produkten, Dienstleistungen, Arbeitsmittel, Organisationsstrukturen u. ä. – erfordert innovative Mitarbeiter, die dazu in der Lage sind, in immer kürzeren Zeitabständen Dienstleistungen und Produkte kontinuierlich zu verbessern, neue zu entwickeln und an die sich ändernden Markt- und Kundenanforderungen anzupassen. Diese Offenheit der Zukunft und die daraus resultierende Notwendigkeit, unter großen Unsicherheiten Entscheidungen zu treffen und Problemlösungen nahe am Kunden zu finden, können nicht durch von deterministischen Managementansätzen geführten Mitarbeiter wettbewerbfähig umgesetzt werden. Es stellt sich vielmehr an Individuen, Teams, Unternehmen, Organisationen u. ä. die Anforderung, in ökonomischen, sozialen und technischen Selbstorganisationsprozessen zu denken und zu handeln (vgl. Erpenbeck 2004), zu agieren anstatt zu reagieren und somit einzigartige Antworten auf die Herausforderungen im Aufgabenumfeld zu generieren (vgl. Zahn et al. 1992). An dieser Stelle wird die Bedeutung der Kompetenzdiskussion im betrieblichen Kontext deutlich: Kompetenzen, definiert als Dispositionen selbstorganisierten Handelns (vgl. Kapitel 2.1), sind als Selbstorganisationsdispositionen zu verstehen, die ein Individuum zum Handeln in zieloffenen, neuartigen und komplexen Situation befähigen, und sie stehen daher im Zentrum des Verständnisses der Innovations- und Wettbewerbsfähigkeit eines Unternehmens. Jene Unternehmen, deren Mitarbeiter die besten Dispositionen zu einer solchen Selbstorganisation besitzen, verfügen demnach auch über die besseren Ausgangsbedingungen für Innovationen und folglich für den Erhalt der unternehmerischen Wettbewerbsfähigkeit.

Mitarbeiterkompetenzen als zentrales Innovationspotenzial eines Unternehmens gewinnen daher in allen Bereichen des Personalmanagements immerstärker an Bedeutung. Eine von der Autorin im Oktober 2004 durchgeführte Befragung mit 45 Personalverantwortlichen aus verschiedenen Unternehmensbranchen und -größen zu der Fragestellung, ob und wie die Kompetenzen der Mitarbeiter eines Unternehmens zukünftig an Bedeutung gewinnen und im Bereich des Personalmanagements Berücksichtigung finden, konnte diese Aussage bestätigen: 98% der Befragten stimmten der Aussage zu, dass Mitarbeiterkompetenzen, insbesondere auch gegenüber den rein fachlichen Qualifikationen, eine immer stärker wachsende Bedeutung in der betrieblichen Praxis erlangen – sowohl global-wirtschaftlich als auch bezogen auf das eigene Unternehmen.
Analysen von Stellenausschreibungen bestätigen diesen Trend (vgl. Schröder und Luczak 2003): Für eine Berufseignung erforderliche Qualifikation wie Studien- oder Ausbildungsabschlüsse werden zwar in der Regeln als „Basisanforderungen“ in Stellenausschreibungen aufgeführt, diese verlieren jedoch an Bedeutung gegenüber geforderten Kompetenzen wie der schnellen und effizienten Aneignung von neuem Wissen, der Bereitschaft, sich flexibel gegenüber Veränderungen zu zeigen oder teamorientiert dazu bereit zu sein, betriebliche Neuorientierungen voranzutreiben (vgl. Gries, W. in: Bullinger 1995).
Qualifikationen wie Schulabschluss, Berufsausbildung oder fachliche Zusatzausbildungen sind bei der Personalauswahl, bei der Personalentwicklung und auch bei der Organisation von Individuum übergreifenden Arbeitsformen wie Gruppenarbeit leicht zu berücksichtigen: Es handelt sich hierbei um zertifizierbare Ergebnisse, die das aktuelle Wissen eines Mitarbeiters und seine gegenwärtig vorhandenen Fertigkeiten widerspiegeln (vgl. Erpenbeck, Rosenstiel 2003), also um Wissens- und Fertigkeitsdispositionen. Das Wissen um diese gut nachweisbaren, kalkulierbaren fachlichen Qualifikationen von Mitarbeitern reicht einem Unternehmen jedoch nicht mehr aus, um den oben genannten unternehmerischen Herausforderungen begegnen zu können. Denn auch ausgezeichnete fachliche Qualifikationen sagen nichts über die Fähigkeit zur Selbstorganisation eines Mitarbeiters und über das Vorhandensein von Kompetenzen wie Führungsfähigkeiten, Konfliktstärke, Teamfähigkeiten, Kundenorientierung u. ä. aus.
Somit wurde die Forderung nach „Kompetenz“ – in Stellenausschreibungen häufig beschrieben als erforderliche „softskills“, „Schlüsselqualifikationen“ o. ä. – in den vergangenen Jahren immer lauter. Jedoch stieg der Bedarf an kompetenten Mitarbeitern antiproportional zu den tatsächlich vorhandenen unternehmerischen Möglichkeiten, diese Mitarbeiterkompetenzen sichtbar zu machen.

Weiterhin wurden und werden Personalentscheidungen „aus dem Bauch heraus“ mit wenig validen Methoden getroffen (vgl. Ackerschott 2004), die zumeist nicht auf der Basis von Anforderungsanalysen der Arbeitstätigkeit entwickelt werden (vgl. Hanft 1999). Personalentwicklungsmaßnahmen hinsichtlich der Förderung von „weichen Faktoren“ werden in Form von kostenintensiven Trainings eingekauft oder unternehmensintern entwickelt, ohne dass die tatsächlichen Mitarbeiterbedarfe der Konzeption zu Grunde gelegt wurden. Interne Stellenumbesetzungen erfolgen häufig nach dem Prinzip „des am längsten Wartenden“, und Teamzusammenstellungen werden oft ausschließlich nach fachlicher Eignung der Mitglieder vorgenommen. Weiterhin orientieren sich viele Unternehmen bei einer strategischen Neuausrichtung vornehmlich auf ihre Produktpalette hin und ihr fachliches Know-How, ohne zu hinterfragen, welche Kompetenzen von Mitarbeiterseite aus zu erbringen sind, damit eine neue Unternehmensstrategie erfolgreich Umsetzung finden kann.
Es zeigt sich also eine deutliche Diskrepanz zwischen der Forderung nach Kompetenz auf der einen und deren tatsächlicher Integration in den gesamtorganisatorischen Kontext auf der anderen Seite.
Dies ist u. a. damit zu begründen, dass bislang nur wenige valide und praxiserprobte Verfahren zur Erfassung von Kompetenzen bei Unternehmensmitarbeitern existieren, die außerhalb von bildungspolitischen Einsatzfeldern in der betrieblichen Praxis Eingang gefunden haben. Viele der bereits existierenden Verfahren sind zu zeit- und kostenintensiv, als dass sie für sich den Anspruch einer ökonomischen Praktikabilität geltend machen könnten; sie werden von ihren Anwendergruppen nicht akzeptiert oder sie stellen Standardverfahren dar, die – ohne Anpassung auf die spezifischen Unternehmenssituationen – wenig Erfolg versprechend erscheinen bzw. den vielfältigen Einsatzgebieten von Kompetenzen und deren Messung nicht gerecht werden können.
Es stellt sich also die Frage, mit welchen Möglichkeiten Mitarbeiterkompetenzen bzw. Dispositionen zum selbstorganisierten Handeln für ein Unternehmen ökonomisch attraktiv sichtbar und nutzbar gemacht werden können – als erster Schritt für die Implementierung von Lernprozessen zum Erwerb eben dieser Kompetenzen.

1.2 Zielsetzung

Ziel dieser Dissertationsschrift ist es daher, ein Vorgehen und Verfahren zur Kompetenzmessung und –bilanzierung[1] zu entwickeln, im betriebli-

[1] Während unter „Kompetenzmessung“ im Rahmen dieser Dissertationsschrift lediglich der Prozess der Erhebung von vorhandenen Kompetenzen, also der Messvorgang als Solches verstanden wird, umfasst der Begriff der „Kompetenzbilanzierung“ neben der Erfassung der Kompetenzen auch deren Beurteilung und Validierung (vgl. Wettstein 1998).

chen Kontext anzuwenden und zu evaluieren, welches

- wissenschaftlich-methodischen Anforderungen genügt,
- ökonomische Praktikabilität besitzt,
- bei seinen Anwendergruppen auf Akzeptanz stößt,
- auf die jeweiligen unternehmensspezifischen Bedarfe und situativen Begebenheiten adaptierbar und anforderungsorientiert ist,
- Erfahrungen aus bisherigen Ansätzen zur Kompetenzmessung und -bilanzierung integriert.

In Anbetracht der vielfältigen Einsatzmöglichkeiten von Mitarbeiterkompetenzen wird der Anspruch an das hier zu entwickelnde Verfahren gestellt, sowohl im Bereich der Personalbeschaffung (interne und externe Stellenbesetzung) einsatzfähig zu sein, als auch als Ausgangsbasis für die Konzeption von bedarfsspezifischen Personalenentwicklungskonzepten oder aber als Controlling-Instrument für bereits implementierte Personalentwicklungskonzepte zu dienen. Ferner soll das Verfahren als Unterstützungshilfe für eine kompetenzorientierte Zusammenstellung von Arbeitsgruppen und Teams eingesetzt werden können oder interne Stellenum- und Neubesetzungen anforderungsorientiert unterstützen. Das Verfahren wird aus einer ganzheitlichen Perspektive heraus entwickelt, unter Berücksichtigung aller relevanten Anforderungsgruppen mit dem Ziel, eine größtmöglichste Akzeptanz sowohl aus Unternehmenssicht als auch aus Sicht derjenigen, die sich dem Verfahren unterziehen (müssen), zu erreichen.

1.3 Vorgehensweise

In Abbildung 1.1 ist die Struktur dieses Dissertationsvorhabens schematisch dargestellt.
Zunächst gilt es, das abzubildende Konstrukt der *Kompetenz* an Hand des dieser Dissertationsschrift zu Grunde liegenden Verständnisses zu definieren und gegen die vielfältigen, oft synonym verwendeten Begrifflichkeiten abzugrenzen. Eine begriffliche Ausdifferenzierung und Systematisierung des hier verwendeten Kompetenzverständnisses erfolgt in Kapitel 2.
In Kapitel 3 wird der Stand der bisherigen Forschung bezüglich der Messung und Bilanzierung von Kompetenzen skizziert und eine Auswahl an bereits bestehenden nationalen und internationalen Kompetenzmessverfahren diskutiert. Diese Diskussion erfolgt anhand unterschiedlicher Perspektiven, die die Konzeption, Auswahl und Umsetzung von Verfahren zur Kompetenzmessung und -bilanzierung beeinflussen können.

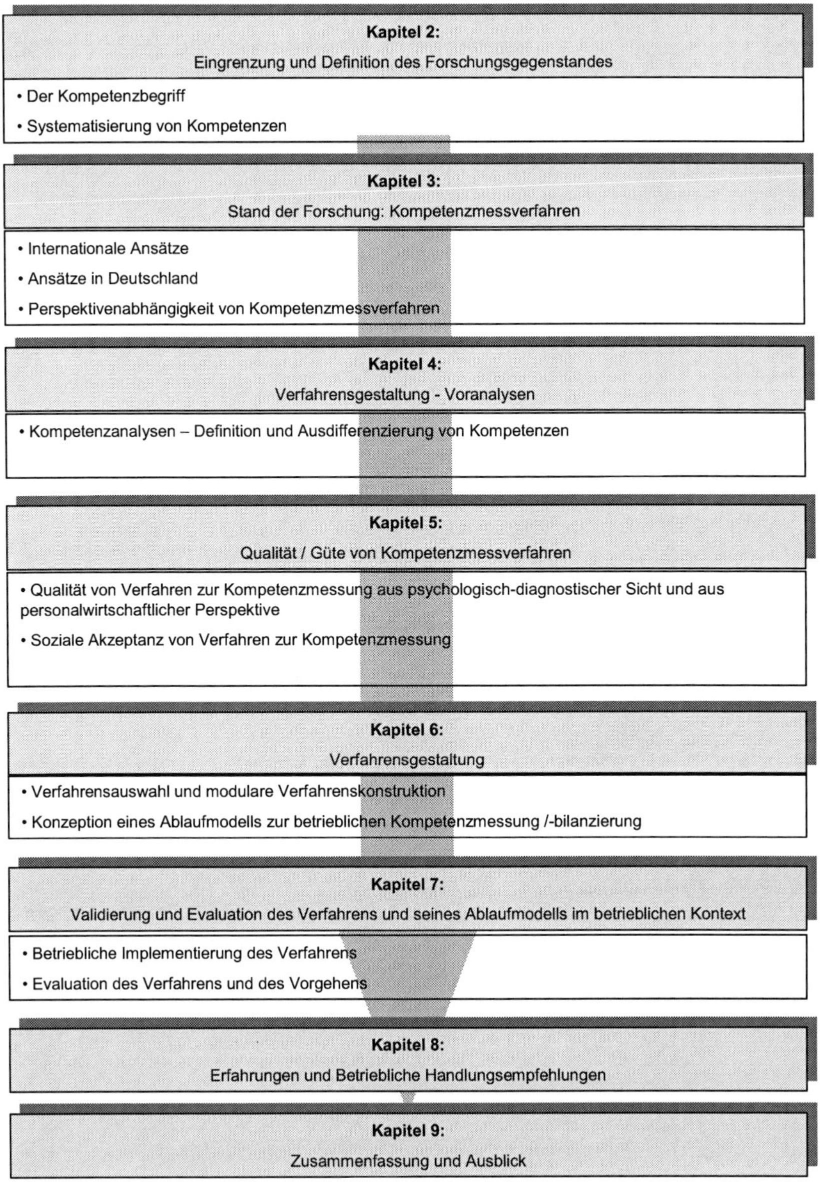

Kapitel 2:
Eingrenzung und Definition des Forschungsgegenstandes

- Der Kompetenzbegriff
- Systematisierung von Kompetenzen

Kapitel 3:
Stand der Forschung: Kompetenzmessverfahren

- Internationale Ansätze
- Ansätze in Deutschland
- Perspektivenabhängigkeit von Kompetenzmessverfahren

Kapitel 4:
Verfahrensgestaltung - Voranalysen

- Kompetenzanalysen – Definition und Ausdifferenzierung von Kompetenzen

Kapitel 5:
Qualität / Güte von Kompetenzmessverfahren

- Qualität von Verfahren zur Kompetenzmessung aus psychologisch-diagnostischer Sicht und aus personalwirtschaftlicher Perspektive
- Soziale Akzeptanz von Verfahren zur Kompetenzmessung

Kapitel 6:
Verfahrensgestaltung

- Verfahrensauswahl und modulare Verfahrenskonstruktion
- Konzeption eines Ablaufmodells zur betrieblichen Kompetenzmessung /-bilanzierung

Kapitel 7:
Validierung und Evaluation des Verfahrens und seines Ablaufmodells im betrieblichen Kontext

- Betriebliche Implementierung des Verfahrens
- Evaluation des Verfahrens und des Vorgehens

Kapitel 8:
Erfahrungen und Betriebliche Handlungsempfehlungen

Kapitel 9:
Zusammenfassung und Ausblick

Abbildung 1.1: Struktureller Aufbau der Dissertationsschrift

Auf der Basis der nunmehr erfolgten Eingrenzung des Forschungsgegenstandes und des davon abzuleitenden Handlungsbedarfs erfolgen in Kapitel 4 die Voranalysen der Verfahrensgestaltung. Es werden zunächst empirische Untersuchungen zur Generierung von existierenden Kompetenzen und Kompetenzdimensionen durchgeführt, um das zu messende Konstrukt detailliert zu definieren. In Kapitel 5 werden sodann Anforderungen an die Qualität und Güte eines Verfahrens zur Kompetenzmessung und -bilanzierung hinsichtlich verschiedener Benutzerperspektiven analysiert. Des Weiteren wird – aufbauend auf bestehenden allgemeinen Modellen zur sozialen Akzeptanz von Eignungsbeurteilungsverfahren – ein Untersuchungsdesign vorgestellt und umgesetzt, welches der Generierung von Kriterien dient, die aus unterschiedlichen nutzergruppenspezifischen Perspektiven unmittelbaren Einfluss auf die soziale Akzeptanz eines Kompetenzmess- und -bilanzierungsverfahren nehmen.
Aus den Erkenntnissen dieser Voranalysen und -untersuchungen wird nunmehr ein Katalog der Güte- und Anforderungskriterien generiert, der dem in dieser Dissertationsschrift konzipierten Vorgehen zur betrieblichen Kompetenzmessung und -bilanzierung in seiner Konstruktion, Implementierung und Evaluation zu Grunde liegt.
Auf der Basis dieses Kriterienkataloges erfolgen nunmehr in Kapitel 6 die Konstruktion des modularen Verfahrens zur Kompetenzbilanzierung sowie die Entwicklung eines phasentypischen Ablaufmodells zur betrieblichen Umsetzung von Verfahren zur Kompetenzmessung und -bilanzierung.
Dieses Phasenmodell wird im Folgenden unter Einsatz des Verfahrens zur Kompetenzmessung und -bilanzierung im betrieblichen Kontext bei 397 Mitarbeitern validiert bzw. evaluiert. Die betriebliche prototypische Umsetzung des Verfahrens wird in Kapitel 7 an Hand des zuvor entwickelten Phasenmodells beschrieben. In diesem Kontext erfolgt zudem eine umfangreiche summative Evaluation des Verfahrens und seiner betrieblichen Umsetzung.
Zentrale verfahrensspezifische Erfahrungen der betrieblichen Umsetzung des Verfahrens und seinem zu Grunde liegenden phasentypischen Vorgehen sind in Kapitel 8 dargelegt. So werden u. a. Konsequenzen der Untersuchungsergebnisse für sich anschließende betriebliche, kompetenzorientierte Weiterbildungsmaßnahmen aufgezeigt. Außerdem werden hier die im Rahmen dieses Dissertationsvorhabens gewonnenen Erkenntnisse, die aus Unternehmensperspektive von Relevanz sind, in Form eines Handlungsleitfadens für den betrieblichen Einsatz von Kompetenzmess- und -bilanzierungsverfahren zusammengefasst.
Abschließend erfolgt eine Reflexion und Zusammenfassung der erzielten Ergebnisse und des gesamten Verfahrens (Kapitel 9) und die Ableitung anschließender Forschungsfragen.

2 Was ist Kompetenz? – Eine Eingrenzung und Definition des Forschungsgegenstandes

2.1 Der Kompetenzbegriff

Der Begriff der „Kompetenz“ nahm in den vergangenen Jahren einen immer größeren Stellenwert ein – sowohl im gesellschaftlichen Kontext als auch aus betrieblich-organisatorischer Perspektive (vgl. u. a. Effe 2001, García 2001). Diese wachsende Bedeutung ging einher mit einer zunehmenden Vielfalt und Variationen an Begriffen und Definitionen, die mit dem Kompetenzbegriff in Zusammenhang gebracht wurden. Diese Vielfalt des Kompetenzverständnisses gilt es zu ordnen und daraus ein dem in dieser Arbeit thematisierten Einsatzbereich von Kompetenzen – dem betrieblichen Kontext – adäquates Kompetenzverständnis zu generieren.
Das Wort „Kompetenz“ entstammt ursprünglich dem lateinischen Wort „competo“, welches die Bedeutung trägt:
„zu etwas geeignet oder fähig sein, bzw. einer Sache mächtig sein“.
In der aktuellen Literatur wird der Kompetenzbegriff vielfältig angewendet, ohne dass eine eindeutige Abgrenzung der Begriffe untereinander möglich wäre. Diese Schwierigkeit liegt u. a. auch in den Charakteristika von Kompetenzen begründet:
„Kompetenzen lassen sich nur schwer exakt definieren, analysieren und operationalisieren. Sie sind mit einer Offenheit oder Interpretationsfähigkeit verbunden, die leicht in Unverbindlichkeit oder Vagheit münden kann.“ (Wunderer, R., Bruch, H. 2000, 22). Dennoch zeichnen sich in den letzten Jahren zunehmend verbindende Überlegungen und gemeinsame Vorgehensweisen hinsichtlich des Kompetenzverständnisses und bezüglich des messbaren Zugangs von Kompetenzen ab (vgl. Erpenbeck, von Rosenstiel 2003).
Dies ist zum einen darauf zurück zu führen, dass Kompetenzen in einigen europäischen Staaten – wie Frankreich, Großbritannien oder Dänemark, (vgl. Kapitel 3.1) –im beruflichen Kontext gegenüber fachlichen Qualifikationen immer mehr an Bedeutung gewonnen haben. Auch in Deutschland ist diese Entwicklung zu verzeichnen (vgl. Erpenbeck / von Rosenstiel 2003, Kapitel 3.2).
Der Kompetenzbegriff hat in vielfältigen Wissenschaftsdisziplinen Einzug gehalten. So bezeichnet Chomsky (1962) in der Kommunikationswissenschaft „Kompetenz“ als die Fähigkeit von Sprechern und Hörern, mit Hilfe eines begrenzten Inventars von Kombinationsregeln und Grundele-

menten unendlich viele neue, noch nie gehörte oder verwendete Sätze selbstorganisiert zu bilden und zu verstehen.
In der Motivationspsychologie wurde der Begriff der Kompetenz bereits 1959 von White eingeführt (1959: 297-333) und bezeichnet dort Ergebnisse von Entwicklungen grundlegender Fähigkeiten, die weder genetisch angeboren noch das Produkt von Reifungsprozessen sind, sondern vom Individuum selbstorganisiert hervorgebracht werden.
Das Schweizerische Qualifikationsbuch (CH-Q, 2000), ein Instrument des Schweizerischen Qualifikationsprogramms zur Berufslaufbahn aus der Deutschschweiz, befasst sich mit der Erfassung von Fähigkeiten, Kompetenzen und Qualifikationen, über die Jugendliche und Erwachsene verfügen (vgl. Kapitel 3.1) und definiert Kompetenzen wie folgt:
„*Kompetenz* ist die Kombination oder Verbindung von Fähigkeiten, die eingesetzt werden, um eine bestimmte Anforderung zu erfüllen oder eine bestimmte Handlung vorzunehmen." (vgl. CH-Q, 2000)
Unabhängig von ihren fachlichen Ausrichtungen bzw. ihren wissenschaftlichen Zugängen ist diesen Definitionen ein zentrales Merkmal gemeinsam: Alle beschreiben Kompetenzen als die Fähigkeit einer Person, im physischen oder geistigen Sinne *selbstorganisiert* zu handeln.
Dem Kompetenzverständnis der vorliegenden Dissertationsschrift liegt eine (zusammenfassende) Definition von Kompetenzen zu Grunde, wie sie von Erpenbeck und Heyse (1999) formuliert wurde.
Demnach sind *„Kompetenzen Dispositionen selbstorganisierten Handelns, sind Selbstorganisationsdispositionen."*
Selbstorganisation bzw. selbstorganisiertes Handeln wird von Erpenbeck und Heyse (1999) als notwendige Voraussetzung dafür betrachtet, chaosbedingte Unsicherheitssituationen[2] selbstorganisiert zu überwinden, diesbezügliche Ziele im Lernen und Handeln herauszubilden und in instabilen, zieloffenen Situationen Organisationsprozesse mit kontinuierlicher Anpassung zu bewältigen.
Diese Definition von Kompetenzen als Selbstorganisationen entspricht dem Verständnis von Kompetenz, welches dem Betrachtungsgegenstand dieser Dissertationsschrift – dem unternehmerischen Bedarf und Nutzen an (Mitarbeiter-) Kompetenzen – zu Grunde liegt: „Chaosbedingungen" – bzw. zieloffene, unbekannte und unsichere Situationen – sind Bedingungen, mit denen Arbeitspersonen in heutigen Unternehmensumwelten regelmäßig konfrontiert sind. Im Zuge des raschen technologischen und organisationalen Wandels kommt es zu einem stetigen Wechsel von Anforderungen an die Arbeitsperson, die sich in immer neueren und komplexeren Situationen orientieren muss. Unter dem Begriff der „Selbstorganisation" – als die Veranlagung einer Person, in zielof-

[2] Unter Chaosbedingungen werden hier Bedingungen eines deterministischen Chaos verstanden, also Bedingungen einer prinzipiell offenen, unbestimmbaren Zukunft, individuell und sozial komplex (vgl. Erpenbeck, Heyse 1999).

fenen, unbekannten Situationen aus sich selbst heraus zu handeln – wird also die unternehmerische Bedeutung von Kompetenzen subsumiert: Es ist für Unternehmen unerlässlich, zur Selbstorganisation fähige Mitarbeiter zu beschäftigen, die dazu in der Lage sind, zieloffene Situationen – wie sie auch betriebliche Innovationen darstellen – mit zu tragen bzw. voranzutreiben (s. auch Kapitel 1.1) und die auch unter „Chaosbedingungen" (vgl. Erpenbeck, Heyse 1999) lernen und handeln können, die also über Dispositionen[3] zur Selbstorganisation verfügen.
Außerdem grenzt diese Kompetenzdefinition ihren Betrachtungsgegenstand klar von weiteren, oft als Synonyme gebrauchten Begrifflichkeiten ab.
Derartige Begriffe existieren in zahlreicher Form, wie Qualifikationen, Schlüsselqualifikationen, Fertigkeiten, Fähigkeiten, Ressourcen oder Potenziale, um nur eine Auswahl zu nennen. Diese Begrifflichkeiten stellen jedoch keineswegs Synonyme zum Kompetenzbegriff und untereinander dar, sondern sind in ihren Bedeutungen klar voneinander abzugrenzen.
Insbesondere zwischen Qualifikationen und Kompetenzen existieren relevante Unterschiede, die es gilt herauszustellen. So definiert das Schweizerische Qualifikationshandbuch (2000) Qualifikationen als „Sets von Kompetenzen, welche durch eine externe Autorität erkannt werden".
Erpenbeck und von Rosenstiel (2003) betonen als zentrales Differenzierungsmerkmal von Qualifikationen gegenüber Kompetenzen, dass Qualifikationen nicht erst im selbstorganisierten Handeln einer Person sichtbar werden, wie dies bei Kompetenzen der Fall ist. Vielmehr sind Qualifikationen in von einer Handlung trennbaren, normierbaren Prüfungssituation nachweisbar. Demnach sind Qualifikationen als *abzuforderndes* Prüfungshandeln zu verstehen, als Wissens- und Fertigkeitsdispositionen (vgl. Erpenbeck, von Rosenstiel 2003), die nachweis- und überprüfbar sind. Kompetenzen hingegen sind *subjektzentrierte* Dispositionen, die nicht direkt prüfbar sind, sondern erst aus dem Realisieren von Dispositionen, also im selbstorganisierten Handeln, erschließbar werden. Dies wiederum stellt an die Verfahren und Instrumente, die Kompetenzen messen und sichtbar machen sollen, vielfältige Herausforderungen (vgl. Kapitel 3.3).
Einige weitere, im Zusammenhang mit Kompetenzen aufgeführte Begrifflichkeiten, die es gilt, voneinander abzugrenzen, sind im Folgenden aufgeführt. Die Abgrenzung der Begrifflichkeiten erfolgt zunächst – gemäß der von Schuler (2000) vorgenommenen Charakterisierung von Eigenschafts- und Verhaltensdiagnostik - über die Frage, ob die Konstrukte

[3] Unter Dispositionen wird hier keine fest definierte Anlagenausstattung verstanden (vgl. Erpenbeck, Heyse 1999, S. 26), sondern die „Gesamtheit der bis zu einem bestimmten Handlungszeitpunkt entwickelten inneren Voraussetzungen zur psychischen Regulation der Tätigkeit" (vgl. Kossakowski 1981).

- Eigenschaften einer Person beschreiben, also *subjektzentriert* charakterisieren oder
- Handlungen / Tätigkeiten einer Person beschreiben, also *handlungszentriert* charakterisieren.

Des Weiteren sind die Konstrukte unter dem Prinzip des durch sie erbrachten Outputs zu kategorisieren (Ergebnisdiagnostik, nach Schuler 2000): Werden durch ihr Vorhandensein

- anforderungsorientierte – also auf die Erfüllung von äußeren Anforderungen, Vorgaben oder Ziele gerichtet – oder
- selbstorganisierte – also kreative, ziel- und ergebnisoffene – Handlungssituationen vollzogen?

Unter diesen Ordnungsparametern lassen sich die Konstrukte folgendermaßen beschreiben:

- *Fertigkeiten* sind durch Übung automatisierte Komponenten von Tätigkeiten unter geringer Bewusstseinskontrolle, die in stereotypen beruflichen Anforderungsbereichen zum Einsatz kommen. Fertigkeiten sind handlungszentriert und haben das individuelle Verhalten, bzw. den psycho-physischen Handlungsprozess als Ganzes im Blick (Hacker 1998: 655) und erfassen in erster Linie das Verhalten in anforderungsorientierten Handlungssituationen.
- *Fähigkeiten* sind verfestigte Systeme von verallgemeinerten psychischen Handlungsprozessen (Hacker 1973: 500) einschließlich der zur Ausführung einer Handlung erforderlichen psychischen Bedingungen und der bis zu dem Zeitpunkt unter bestimmten Anlagevoraussetzungen erworbene Eigenschaften, die den Handlungsvollzug steuern. Fähigkeiten sind demnach handlungszentrierte Konstrukte und beziehen sich sowohl auf anforderungsorientierte als auch auf selbstorganisierte Handlungssituationen.
- *Eigenschaften* sind beschreibende oder erklärende Konstruktbegriffe und bezeichnen Wesenszüge eines Menschen im Sinne von Persönlichkeitseigenschaften, die einer Person und ihrem Verhalten relativ konsistent zugeordnet werden können (vgl. Gutjahr 1971, Riemann 1997). Eigenschaften sind subjektzentriert und sie sind mitbestimmend für anforderungsorientierte und selbstorganisierte Handlungssituationen.
- *Merkmale* sind unterschiedliche und durch Messung unterscheidbare, individuumspezifische Erscheinungsformen von Persönlichkeiten. Man spricht von Persönlichkeitsmerkmalen, wenn Erlebens- und Handlungsbereitschaften relativ dauerhaft sind. Merkmale sind subjektzentriert und nehmen in erster Linie Einfluss auf anforde-

rungsorientierte Handlungssituationen (Erpenbeck, von Rosenstiel 2003).

- *Variablen* sind – als Konstrukte der differenziellen Psychologie – Klassen von diskontinuierlichen oder kontinuierlichen Merkmalen, die als Unterscheidungskriterien für Individuen geltend gemacht werden können, die aber der unmittelbaren Beobachtung nicht zugänglich sind, sondern über andere beobachtbare Konstrukte zu erschließen sind (vgl. Steyer und Eid 2001: 99 ff.). Variablen sind demnach subjektzentriert und können Aufschluss über das Verhalten und Handeln in anforderungsorientierten und selbstorganisierten Handlungssituationen geben.

In Abbildung 2.1 sind die aufgeführten Konstrukte in ihrer Abgrenzung zueinander bildlich dargestellt (in Anlehnung an Erpenbeck, von Rosenstiel 2003):

	subjektzentrierter Betrachtungsfokus	handlungszentrierter Betrachtungsfokus
auf anforderungsorientierte Handlungs- und Tätigkeitssituationen bezogen	Variable, Merkmale, Eigenschaften	Fertigkeiten Qualifikationen Fähigkeiten
auf selbstorganisative Handlungs- und Tätigkeitssituationen bezogen		Kompetenzen

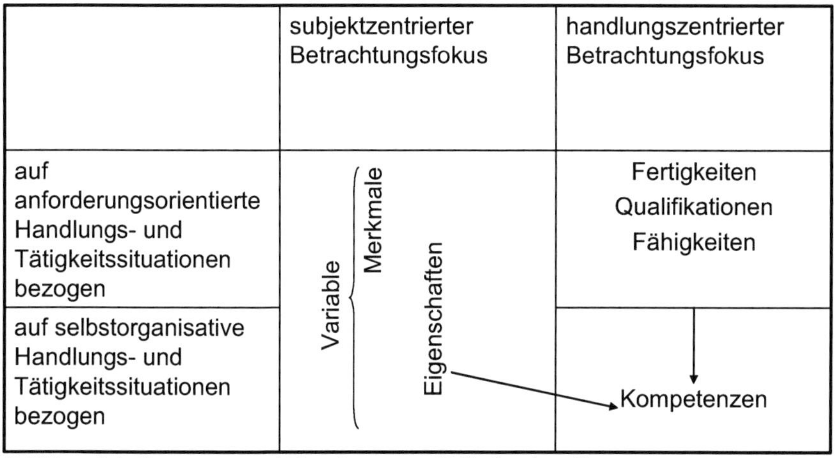

Abbildung 2.1: Abgrenzung und Einordnung von Attributionsbegriffen

Aus dieser Abbildung wird deutlich, dass sich nur *Kompetenzen* unter einem handlungszentrierten Betrachtungsfokus auf selbstorganisative Handlungs- und Tätigkeitssituationen beziehen und somit der oben aufgeführten – und dieser Dissertationsschrift zu Grunde gelegten – Definition als Dispositionen selbstorganisierten Handelns genügen.
Trotz dieser Abgrenzung der Begrifflichkeiten untereinander wird aus Abbildung 2.1 deutlich, dass einige der aufgeführten Konstrukte – insbesondere die Eigenschaften und Fähigkeiten einer Person – Rückschlüsse auf das Vorhandensein bzw. auf die Ausprägung von Kompetenzen zulassen. Daraus lässt sich die Möglichkeit eines breiteren messtheoretischen Zugangs zur Erfassung von Kompetenzen ableiten: Auch Verfah-

ren zur Messung von Persönlichkeitseigenschaften oder Handlungsfähigkeiten können als Kompetenzmessverfahren im weiteren Sinne verstanden werden, da die durch sie generierten Erkenntnisse Rückschlüsse auf Kompetenzen als Dispositionen selbstorganisierten Handelns erlauben und sie damit Lernprozesse für Kompetenzerwerb vorbereiten und strukturieren.

2.2 Systematik zur Einordnung von Selbstorganisationsdispositionen

Nachdem der Begriff der Kompetenz als Disposition selbstorganisierten Handelns definiert wurde, gilt es nun, eine Systematik für diese Dispositionen zu wählen.
Als Grundlage für eine Systematisierung bietet sich die Frage nach dem jeweiligen *Bezugspunkt* von selbstorganisiertem Handeln an, um eine Eingrenzung und Zuordnung von Kompetenzen vornehmen zu können.
So kann sich dieses entweder reflexiv auf die *handelnde Person* selbst beziehen (1), es kann aber auch durch *Aktivität* des Handelnden näher beschrieben werden (2). Es kann sich auf die fachlich-methodische Erfassung und Veränderung einer *gegenständlichen Umwelt* beziehen (3) oder aber auf eine *soziale Umwelt* bezogen sein (4). Erpenbeck und Heyse (1999) unterscheiden in diesem Zusammenhang vier verschiedene Kompetenzklassen, deren Systematik auch dieser Dissertationsschrift zu Grunde liegt:

1. *Personale Kompetenzen:* Diese umfassen alle Dispositionen einer Person, reflexiv und selbstorganisiert zu handeln, sich also selbst einschätzen zu können, produktive Einstellungen, Werthaltungen, Motive und Selbstbilder zu entwickeln, eigene Begabungen, Motivationen und Leistungsvorsätze zu entfalten und sich innerhalb und außerhalb des persönlichen Arbeitsbereiches kreativ zu entwickeln.
2. *Aktivitäts- und umsetzungsorientierte Kompetenzen*: Dies sind Kompetenzen, die eine Person dazu befähigen, aktiv und gesamtheitlich selbstorganisiert zu handeln und dieses Handeln auf die Umsetzung von Absichten, Vorhaben und Plänen zu richten. Diese Dispositionen erfassen damit das Vermögen, die eigenen Emotionen, Motivationen, Fähigkeiten und Erfahrungen und alle weiteren vorhandenen Kompetenzen in den individuellen Willensantrieb zu integrieren und damit Handlungen erfolgreich zu realisieren.

3. *Fachlich-methodische Kompetenzen:* Hierunter werden Dispositionen einer Person verstanden, die diese bei der Lösung von sachlich-gegenständlichen Problemen dazu befähigen, geistig und physisch selbstorganisiert zu handeln, also mittels fachlicher und instrumenteller Kenntnisse, Fertigkeiten und Fähigkeiten kreativ Probleme zu lösen.
4. *Sozial-kommunikative Kompetenzen*: Diese Kompetenzen umfassen jene Dispositionen, die zu einem kommunikativen und kooperativen selbstorganisierten Handeln befähigen, die es einer Person also ermöglichen, sich mit anderen kreativ auseinander zu setzen sowie sich gruppen- und beziehungsorientiert zu verhalten.

Diese Klassifizierung findet sich in vielfältigen Abwandlungen in der Literatur wieder, sie gilt mittlerweile als anerkannte und grundlegende Taxonomie von Kompetenzen (vgl. Erpenbeck, von Rosenstiel 2003).
Abhängig von der analytischen Perspektive von Kompetenzen bestehen zuweilen Unterschiede in der Zuordnung von Einzel- und Teilkompetenzen. Auch finden sich in einigen Modellen zur Klassifikation von Kompetenzen nicht alle der von Erpenbeck und Heyse (1999) aufgeführten Kompetenzklassen wieder: So wird z.B. die Existenzberechtigung der aktivitäts- und umsetzungsorientierten Kompetenzen als eigene Kompetenzklasse angezweifelt, da die hierunter zu fassenden Kompetenzen oft als Integral der übrigen drei Kompetenzklassen bewertet werden. Es stellt sich an dieser Stelle also die Frage, ob der Kompetenzklasse der aktivitäts- und umsetzungsorientierten Kompetenzen „eigene", von den anderen Klassen unabhängige Kompetenzen zuzuordnen sind, oder ob sich diese Kompetenzklasse automatisch aus dem Vorhandensein der übrigen Klassen ergibt.
Diese Frage lässt sich durch eine nähere Betrachtung der den jeweiligen Kompetenzklassen zuzuordnenden Kompetenzen beantworten. So kann z.B. die Disposition zur *Leistungsbereitschaft* der Kompetenzklasse der aktivitäts- und umsetzungsorientierten Kompetenzklasse zugeordnet werden. Eine Person, die ein großes Maß an Leistungsbereitschaft zeigt, muss hierfür aber weder über fachlich-methodische oder personale, noch über sozial-kommunikative Kompetenzen verfügen. Demzufolge hat die Kompetenzklasse der aktivitäts- und umsetzungsorientierten Kompetenzen durchaus die Berechtigung, eine eigene Kompetenzkasse zu bilden.
Beispiele von Kompetenzen, die den jeweiligen Kompetenzklassen zuzuordnen wären, sind in Tabelle 2.1 aufgeführt. Diese Kompetenzen stellen einen Auszug aus Voranalysen zur Generierung von Kompetenzdi-

mensionen[4] dar, wie sie im Rahmen dieser Dissertation durchgeführt wurden (vgl. Kapitel 4.2):

Tabelle 2.1: Beispiele für Kompetenzen und deren Einordnung in die Kompetenzklassensystematik nach Erpenbeck und Heyse (1999)

Fach- und Methodenkompetenz	sozial-kommunikative Kompetenz	personale Kompetenz	Aktivitäts- und Handlungskompetenz
Branchenspezifische Fachkenntnisse	Kontaktstärke	Selbstreflexionsbereitschaft	Flexibilität
Sprachkenntnisse	Teamfähigkeit	Loyalität	Leistungsbereitschaft
EDV-Kenntnisse	Kommunikationsfähigkeit	Verantwortungsbewusstsein	Unternehmerisches Denken
Analytisches / Ganzheitliches Denkvermögen	Konfliktfähigkeit	Zuverlässigkeit	Selbstständige Arbeitsweise
	Durchsetzungsvermögen	Ehrlichkeit	Eigeninitiative
	Kritikfähigkeit	Begeisterungsfähigkeit	Kreativität
	Soziale Sensibilität	Lernbereitschaft	Belastbarkeit

An diesem Ausschnitt von möglichen Kompetenzen zeigt sich bereits, dass die aufgeführten Dispositionen – aus psychologisch-diagnostischer Perspektive – durchaus auch Persönlichkeitseigenschaften, Qualifikationen oder Tätigkeitscharakteristika darstellen, woraus die Frage resultiert, ob in diesem Fall wirklich die Rede von „Kompetenzen" sein darf.
Aus Erfahrungen der Kompetenzforschung und der Vielfalt der Einsatzgebiete von Kompetenzen kann die Aussage getroffen werden, dass sich – je nach der Wahl des methodischen Ansatzes und der gewählten Perspektive – die Sichtweise auf das, was Kompetenzen wirklich ausmacht, verändert. So können Persönlichkeitseigenschaften, Qualifikationen oder Tätigkeitscharakteristika durchaus auch als Kompetenzen gesehen (und gemessen) werden, wenn sie es erlauben, Aussagen zu den Dispositionen selbstorganisierten Handelns zu machen, also Rückschlüsse auf vorhandene Kompetenzen zulassen. Dies wird bereits aus der begrifflichen und systematischen Abgrenzung der Begrifflichkeiten untereinander deutlich (vgl. Kapitel 2.1).

[4] Im Folgenden wird differenziert zwischen Kompetenzen und Kompetenzdimensionen. Unter letzteren sollen Kompetenzkonstrukte wie z. B. Teamfähigkeit oder Kundenorientierung verstanden werden, die sich durch weitere, exakter definierbare *Kompetenzen* – wie z.B. Kommunikationsstärke, Konfliktfähigkeit oder Einfühlungsvermögen – definieren lassen.

Erpenbeck und von Rosenstiel (2003) leiten aus diesen Überlegungen verschiedene Kompetenzgruppen ab, die aus den Betrachtungsperspektiven von Kompetenzen resultieren. So können Kompetenzen verstanden werden als

- *Persönlichkeitseigenschaften* (mit der personalen Kompetenz als vorrangig zugehöriger Kompetenzklasse),
- *Tätigkeits- und Arbeitsdisposition* (hierunter sind vor allem aktivitäts- und umsetzungsorientierte Kompetenzen zu fassen),
- *Qualifikationen* (mit fachlich-methodischen Kompetenzen im Vordergrund),
- *Kommunikationsvoraussetzungen* (mit sozial-kommunikativen Kompetenzen als den Großteil der zugehörigen Kompetenzen).

Dieses differenzierte Verständnis von Kompetenzen hat insbesondere eine große Bedeutung hinsichtlich des messtheoretischen Zugangs zu Dispositionen selbstorganisierten Handelns: Die Kompetenzforschung kann (und sollte) sich daher Ansätze der Motivations- und Persönlichkeitspsychologie, der Tätigkeits- und Arbeitspsychologie, der kognitiven Psychologie, der Pädagogik und der Sozial und Kommunikationspsychologie als messtheoretische Zugänge zu Nutze machen, um der Vielfältigkeit des Kompetenzkonstruktes gerecht zu werden (vgl. Kapitel 3.3).

3 Kompetenzen messbar machen – Bestehende Ansätze zur Kompetenzmessung

3.1 Internationale Ansätze

Die Wurzeln für den Ansatz, in nicht-formellen Lernsituationen[5] erworbene Kompetenzen eines Menschen zu messen und somit sichtbar zu machen, finden sich bereits unmittelbar nach dem Zweiten Weltkrieg in Nordamerika:
Die aus dem Krieg zurückkehrenden Soldaten verlangten nach einer Anerkennung ihrer Fähigkeiten und Kompetenzen, die sie im Zusammenhang mit ihren berufsfremden militärischen Aktivitäten erworben hatten (vgl. Levy-Leboyer 1996). Diese Anerkennung erfolgte mittels eines Systems von Kreditpunkten, wodurch ein erneuter Berufseinstieg erleichtert und neue Weiterbildungsmöglichkeiten für die Soldaten geschaffen werden sollten.
In Kanada finden sich erste Bestrebungen zur Messung und Bilanzierung von Kompetenzen in den 60er Jahren, im Zuge der aufkommenden Frauenbewegung (vgl. García 2000). Hier sollte ein System zur Erfassung und Bewertung der während der Erziehungspause erworbenen Kompetenzen einen späteren Wiedereinstieg in die Erwerbstätigkeit erleichtern. Heute werden in Kanada – u. a. auf der Basis der umfangreichen Studien von Livingstone et al. (1999: 65-92) zum informellen Lernen – unterschiedlichste Kompetenzmessverfahren erprobt.
In den USA sind bereits seit den Veröffentlichungen von McClelland (1973, 1-14) zahlreiche Ansätze zur Kompetenzmessung entstanden (vgl. u. a. Rychen und Salganik 2001).
Im europäischen Raum wurde die Bedeutung von informell erworbenen Kompetenzen aus wirtschaftlicher und politischer Sicht erst sehr viel später in landesweite Bestrebungen umgesetzt, Kompetenzen zu messen und anerkennen zu lassen.
Frankreich kann in diesem Zusammenhang als eines der am weitesten fortgeschrittenen europäischen Länder im Bereich der Ermittlung, Bewertung und Anerkennung von nicht formell erworbenen Kompetenzen betrachtet werden (vgl. Bjørnavold 2000). Hier wurde 1985 ein erstes Gesetz zur Implementierung der bilan de compétences (vgl. u. a. Merle 1997) verabschiedet, welches die Validierung von beruflichen Kompe-

[5] Nicht-formelles Lernen vollzieht sich in nicht-organisierten außerschulischen / -betrieblichen informellen Strukturen und Prozessen, in denen der Erwerb dieser Kompetenzen zumeist nicht bewusst wahrgenommen oder reflektiert wird (vgl. u.a. Bjørnavold 2000, Tough 1980).

tenzen ermöglichte, die außerhalb des formellen Bildungssystems erworben wurden.
Auch andere Länder haben nationale Verfahren zur Erfassung von nichtformell erworbenen Kompetenzen entwickelt und implementiert, wie das in den späten 80er Jahren im Vereinigten Königreich, in Irland und den Niederlanden eingeführte NVQ-System (National Vocational Qualifications) (vgl. u. a. Eraut 1996), der Dänische „National Competence Account (NCA)", das Schweizerische Qualifikationshandbuch (CH-Q) oder das Norwegische Realkompetanse Projekt, um nur eine Auswahl zu nennen. In Tabelle 3.1 sind einige nationale Ansätze exemplarisch aufgeführt. Ein guter und detailliert beschriebener Überblick von existierenden national und international existierenden Verfahren zur Ermittlung und Anerkennung informell erworbener Kompetenzen findet sich bei Bjørnavold (2000).
Allen implementierten internationalen Ansätzen ist gemeinsam, dass sie sich aus einer zunehmenden Skepsis gegenüber dem Output des formellen Bildungssystems heraus entwickelt haben: Es besteht die Frage, ob ein Massen-Bildungssystem und die alleinige Konzentration auf formelle Qualifikationen wie Schul- und Studienabschlüsse, Ausbildungsgänge u. ä. den Bedürfnissen von – technologisch wie organisatorisch immer komplexer werdenden – Organisationen und Unternehmen gerecht werden können. Diese Frage ließ die aus dem formalen Bildungs- und Berufsbildungssystem resultierenden, anerkannten und zertifizierten Qualifikationen zunehmend unzureichend erscheinen (vgl. CEDEFOP 1997). Im Mittelpunkt der verschiedenen internationalen Ansätze steht also das Bestreben, Kompetenzen, die im nicht-formalen (Bildung-) Kontext erworben wurden, zu erfassen und anzuerkennen. Dies erfolgt mit dem Anliegen, Kompetenzen sichtbar – also messbar – zu machen, die *nicht* an bestimmte Organisationsformen oder Technologien gebunden sind und deren Vorhandensein als zentrale Einflussgrößen auf einen adäquaten Umgang mit sich ändernden beruflichen Anforderungen geltend gemacht werden können (vgl. Kapitel 1.1, Bjørnavold 2000).

Tabelle 3.1: Exemplarische Übersicht von nationalen Programmen zur Kompetenzerfassung und Kompetenzmessung (vgl. Haase 2003)

Land	Programm	Programminhalte
Dänemark	Danish National Competence Account (NCA)	Identifizierung und Entwicklung von Indikatoren auf mikro- und makrosozialer Ebene, um grundlegende Dimensionen sozialer Kompetenzen erfassen zu können mit dem Ziel der Stärken- und Schwächenanalyse nationaler Kompetenzen

Frankreich	Bilan de competénces Validierungsdossier	Kompetenzbilanz als Instrument der Berufsorientierung und Beratung mit dem Ziel der individuellen Analyse und Evaluierung der persönlichen und beruflichen Kompetenzen Validierung von Kenntnissen und Kompetenzen mit dem Ziel eines Erlassens von einzelnen Einheiten eines angestrebten Diploms im Bereich der Hochschulausbildung
Großbritannien	National Vocational Qualification (NVQ)	NVQs basieren auf nationalen Kompetenzstandards, in denen die für eine Beschäftigung oder für einen Beruf erforderlichen Kompetenzen / Leistungsstandards festgelegt wurden, unabhängig wie und wo diese erworben wurden. Ziel ist die Institutionalisierung einer alternativen Form von nationalen beruflichen Befähigungsnachweisen.
Norwegen	The Realcompetanse Project	Validierung von non-formellen und informellen Lernen (im Gegensatz zu Qualifikationen) mit dem Ziel einer gleichberechtigten Kompetenzbewertung am Arbeitsplatz und im Bildungswesen
Schweiz	Schweizerisches Qualifikationsbuch (CH-Q)	Kompetenzbilanzierung mit dem Ziel, eine Sammlung von Grundlagen für die individuelle Weiterentwicklung in Bildung und Beruf sowie für die Förderung der beruflichen Mobilität zusammen zu stellen

Neben den verschiedenen nationalen Ansätzen wurde die Gefahr einer alleinigen Konzentration auf in formalen Bildungssituationen erworbenen Qualifikationen für den globalen Arbeitsmarkt auch auf EU-Ebene erkannt: 1995 veröffentlichte die Europäische Kommission das Weißbuch „Lehren und Lernen – Auf dem Weg zur kognitiven Gesellschaft“ mit dem Ziel, die Aneignung neuer Kenntnisse auch über den formellen Bildungsweg hinaus zu fördern. Ferner sollte über die Einführung von neuen Formen der Validierung von Kompetenzen eine Anerkennung von außerschulisch und –beruflich erworbenen Kompetenzen gewährleistet werden. Die Anerkennung bzw. der Nachweis über vorhandene Kompetenzen soll – wie im Weißbuch vorgeschlagen – mittels „persönlicher Kompetenzausweise“ (Personal Skills Card – PSC) erfolgen:
„Es soll eine europäische Methode für die Akkreditierung fachlicher und beruflicher Kompetenzen eingeführt werden, und zwar auf der Grundlage einer Zusammenarbeit zwischen Hochschuleinrichtungen, Berufszweigen, Unternehmen und Handelskammern. Auch die Sozialpartner werden hier einbezogen. Schließlich wird der Abschluss von Vereinbarungen jeglicher Art auf der Ebene der Unternehmen, der Berufszweige, der Regionen usw. gefördert, in die das Prinzip der persönlichen Kompetenzausweise eingebunden ist.“ (Weißbuch 1995, S. 59)

Als zentrales diesbezügliches Ziel gilt die Schaffung eines von allen Mitgliedstaaten anerkannten Systems, um den Einsatz des persönlichen Kompetenzausweises für jede Arbeitsperson in ganz Europa zu gewährleisten.
Nach der Veröffentlichung des Weißbuches wurden zahlreiche Forschungsprogramme (u. a. Leonardo da Vinci, ADAPT) implementiert, die vielfältige methodologische Ansätze zur Erfassung von Kompetenzen entwickelten; jedoch hat sich bis heute, zehn Jahre nach der Veröffentlichung des Weißbuches, kein einheitliches System herauskristallisiert, welches europaweit Einsatz finden könnte.
Dieser unzureichende Zielerfüllungsgrad der 1995 aufgezeigten Visionen des Weißbuches kann u. a. damit erklärt werden, dass bei der Konzeption und Entwicklung der Verfahren zur Bewertung von Kompetenzen eine sehr begrenzte Sichtweise auf die Auswahl der Methodik Einfluss hatte. Ferner wurden die Bedarfe der vielfältigen Anforderungs- und potenzieller Benutzergruppen der Verfahren nur selektiert in die Verfahrensentwicklung integriert, was die Implementierung von allgemeingültigen und europaweit zum Einsatz kommenden Verfahren unmöglich machte (vgl. Bjørnavold 2001, Europäische Kommission 2000). Diese fehlende Integration aller am Einsatz der zu entwickelnden Verfahren beteiligten Personengruppen – und eine daraus resultierende mangelnde ganzheitliche Akzeptanz der Verfahren – sind auch bei diversen national implementierten Verfahren zu beobachten (vgl. Schröder, Luczak 2003, S. 619 - 627).

Eine ganzheitliche Integration der Bedarfe aller betroffenen Personengruppen und Institutionen ist aber als notwendige Voraussetzung für deren langfristige Etablierung zu betrachten (vgl. Schröder, Luczak 2003). Nur solche Verfahren, die *ganzheitlichen* Qualitätsansprüchen genügen (vgl. Kapitel 5) und sich daher der sozialen Akzeptanz aller betroffenen Personengruppen sicher sind (vgl. Kapitel 5.3) haben eine Chance, sich langfristig durchzusetzen und zu etablieren (vgl. Erpenbeck, von Rosenstiel 2003). Eine wirtschaftliche bzw. ökonomische Praktikabilität der Verfahren stellt hierfür eine weitere zentrale und notwendige Voraussetzung dar (vgl. Kapitel 5.2).

3.2 Entwicklungen in Deutschland

In Deutschland entwickelte sich die Debatte um nicht-formales Lernen und die dabei erworbenen Kompetenzen erst vor wenigen Jahren; obgleich bereits einige experimentelle Projekte zur Erprobung verschiedener Bewertungsansätze eingeleitet wurden, steht die deutsche Forschung hinter anderen europäischen Ländern sowie den USA im Bereich der Kompetenzmessung weit zurück (vgl. Schröder, Luczak 2003; Bjørnåvold 2001). Dies lässt sich u. a. durch das stark ausgebaute formale deutsche Bildungswesen erklären: Durch die Fokussierung auf die Erstausbildung – und durch die Existenz des dualen Systems in der beruflichen Bildung – ist die Tradition in Deutschland, informellen Lernwegen zu folgen und dabei erworbene Kompetenzen nachzufragen, eher gering.
Diese geringe Nachfrage wird außerdem durch eindeutig voneinander abgegrenzte Berufsprofile forciert: Im deutschen Bildungs- und Berufsbildungswesen sind die zu einem Berufsprofil gehörenden Qualifikationen und Kompetenzen klar definiert und die Wege ihrer Aneignung fest vorgeschrieben. Alternative Wege des Lernens und Aneignens von Kompetenzen außerhalb dieses Bildungssystems sind nur schwer vorstellbar. Sie waren daher lange Zeit weder aus politischer noch aus Sicht von Unternehmen und Branchen in der Diskussion.
Durch den zunehmenden Wettbewerbsdruck in Verbindung mit kontinuierlichen technischen Wandlungs- und betrieblichen Veränderungsprozessen wird seit einigen Jahren nun auch in Deutschland die Frage aufgeworfen, wie Arbeitnehmer als Träger von betrieblichen Innovationsprozessen befähigt werden können, um den sich ständig ändernden Anforderungen gerecht zu werden. Hierzu bedarf es – außerhalb des formalen Ausbildungs- und Bildungssystems – Kompetenzen, die nicht ausschließlich über formale Qualifikationswege vermittelt und zertifiziert werden können.

In den letzten fünf Jahren ist zwar unter eben diesen bildungspolitischen Gesichtspunkten eine Reihe an verschiedenen Bewertungsansätzen von informell erworbenen Kompetenzen erprobt worden; diese richteten sich aber in erster Linie an die Bedürfnisse bestimmter Personengruppen, die *nicht* im Erwerbsleben stehen (Arbeitslose, Wiedereinsteiger ins Berufsleben u. a.). Hier war das vorrangige Ziel, diesen Gruppen einen besseren Zugang zur beruflichen Weiterbildung zu verschaffen (vgl. Bjørnåvold 2001). Deutschlandweite Ansätze, wie sie in anderen europäischen Ländern implementiert wurden, finden sich nicht.
Parallel zu den bildungspolitischen Diskussionen um die Bedeutung von Kompetenzen wurde auch zunehmend auf den diesbezüglichen wirtschaftlichen Bedarf an adäquaten Verfahren zur Kompetenzmessung reagiert: Es existiert heute eine Vielzahl an Verfahren zur Kompetenzmessung in Deutschland, die zum Teil bereits in der betrieblichen und pädagogischen Praxis umfangreich Einsatz gefunden haben oder sich derzeit noch in ihrer Erprobung befinden. Diese Verfahren wurden von Forschungseinrichtungen entwickelt und im Rahmen von Förderprojekten oder von Beratungstätigkeiten konzipiert. Erpenbeck und von Rosenstiel (2003) stellen in ihrem „Handbuch zur Kompetenzmessung“ zentrale Verfahren zur Kompetenzmessung des deutschsprachigen Raums vor, die sich dem Konstrukt „Kompetenz“ aus vielfältiger methodischer Sicht nähern.
Auch bei diesen Verfahren zur Kompetenzmessung stellt sich – ebenso wie bei den bestehenden nationalen Ansätzen zur Bewertung und Anerkennung von informell erworbenen Kompetenzen – die Frage, ob die entwickelten und implementierten Verfahren dazu in der Lage sind, den vielfältigen, aus unterschiedlichen Perspektiven an ein Verfahren zur Kompetenzmessung gestellten Anforderungen zu genügen. Außerdem gilt es zu hinterfragen, ob sie zugleich methodische bzw. politische Gültigkeit aufweisen und ökonomisch praktikabel umgesetzt werden können, ob sie also den „Brückenschlag“ zwischen Wissenschaft, Wirtschaft und Politik gewährleisten.

3.3 Verfahrensvielfalt – Kompetenzmessung in Abhängigkeit von der Perspektive

Die in den vorherigen Kapiteln aufgestellten Überlegungen zur Komplexität des Kompetenzkonstruktes lassen den Bedarf an verschiedenen messtheoretischen Zugängen zur Erfassung von Kompetenzen erkennen.
Daher umschließt das Verständnis von Verfahren zur Kompetenzmessung in dieser Dissertationsschrift sowohl Verfahren, die Kompetenzen

direkt (qualitativ und quantitativ) messen als auch Verfahren (qualitativ und quantitativ), die über die Erfassung anderer (Persönlichkeits-) Attribute Rückschlüsse auf das Vorhandensein von Kompetenzen zulassen, also eher indirekt messend angewendet werden. Insbesondere vor dem Hintergrund des betrieblichen Einsatzes und Nutzens von Kompetenzmessverfahren ist dieses breit gefasste Verständnis der messtheoretischen Zugänge ausgesprochen sinnvoll: Es müssen zwar methodisch gesicherte und explizit auf die Erfassung von Kompetenzen ausgerichteten Verfahren sein, die in der unternehmerischen Praxis Einsatz bzw. Anwenderakzeptanz zu finden haben. Neben der methodischen Exaktheit nehmen jedoch vielfältige weitere Kriterien Einfluss auf die Akzeptanz und folglich auf die tatsächliche Einsatzfähigkeit von Verfahren zur Kompetenzmessung, die es in ihrer Gesamtheit zu berücksichtigen gilt (vgl. Erpenbeck, von Rosenstiel 2003, Kapitel 5.3).
In Tabelle 3.2 sind mögliche Ordnungsparameter von Kompetenzmessverfahren, wie sie z. T. bereits in den vorhergehenden Kapiteln ausgeführt wurden, in Form einer Checkliste aufgeführt, in Anlehnung an Erpenbeck und von Rosenstiel (2003). Diese Checkliste ermöglicht es, Verfahren zur Kompetenzmessung gleichermaßen anhand ihres methodischen und messtheoretischen Zugangs und hinsichtlich ihres Verständnisses von Kompetenz einzuordnen.
Außerdem wird durch die klare Positionierung von Verfahren anhand der jeweiligen Ordnungsparameter vermieden, dass solche Verfahren als Kompetenzmessverfahren betitelt werden, die weder mittel- noch unmittelbar Kompetenzen erfassen. Auch wenn das beschriebene, dieser Dissertationsschrift zu Grunde liegende Verständnis von messtheoretischen Zugängen zur Erfassung von Kompetenzen viele verschiedene Ansätze zulässt, ist nicht jedes Verfahren in der Eignungs- oder Persönlichkeitsbeurteilung per se auch als Verfahren zur Kompetenzmessung zuzulassen.

Tabelle 3.2: Ordnungsparameter von Kompetenzmessverfahren (in Anlehnung an Erpenbeck / von Rosenstiel 2003)

<table>
<tr><td rowspan="2">Output-Orientierung der Kompetenzen</td><td rowspan="2">Ein Verfahren zur Kompetenzmessung kann vorwiegend auf Kompetenzen ausgerichtet sein, die</td><td>zur Erreichung eines mehr oder weniger klar umrissenen Zieles notwendig sind (anforderungsorientiert, Steuerung).</td></tr>
<tr><td>als Selbstorganisationsdispositionen vorhanden sind, um neue unvorhersehbare Situationen kreativ zu bewältigen (selbstorganisiert).</td></tr>
</table>

zu messende Kompetenz-gruppen	Ein Verfahren zur Kompetenzmessung kann in den Mittelpunkt der Messung / Charakterisierung / Beschreibung ... stellen	*personale Kompetenzen* (Dispositionen einer Person, reflexiv selbstorganisiert zu handeln)
		aktivitäts- und umsetzungsorientierte Kompetenzen (Dispositionen einer Person, aktiv und gesamtheitlich selbstorganisiert zu handeln)
		Fachlich-methodische Kompetenzen (Dispositionen einer Person, bei der Lösung von sachlich-gegenständlichen Problemen geistig und physisch selbstorganisiert zu handeln)
		Sozial-kommunikative Kompetenzen (Dispositionen einer Person, kommunikativ und kooperativ selbstorganisiert zu handeln)
Fachlich-disziplinäres Verständnis des Forschungs-gegenstandes	Ein Verfahren kann Kompetenzen vorwiegend auffassen als	*Persönlichkeitseigenschaften* (z.B. im Sinne der Motivations- oder Persönlichkeitspsychologie)
		Arbeits- und Tätigkeitsdispositionen (z.B. im Sinne der Tätigkeits- oder Arbeitspsychologie)
		verallgemeinerte fachliche Qualifikationen (z.B. im Sinne der kognitiven Psychologie oder pädagogischen Qualifikations-vermittlung)
		sozial-kommunikative Voraussetzungen (z.B. im Sinne der Sozial- der Kommunikationspsychologie)
methodologischer Zugang – Verfahrens-perspektive	Methodologisch kann ein Verfahren zur Kompetenzmessung vorwiegend charakterisiert werden als	*objektive* Messmethode
		subjektive Messmethode

methodologischer Forschungszugang	Ein Verfahren zur Kompetenzmessung kann vorwiegend der … zugerechnet werden	*quantitativen* Kompetenzforschung
		qualitativen Kompetenzforschung
Betrachtungsperspektive des Forschungsgegenstandes im zeitlichen Verlauf	Ein Verfahren zur Kompetenzmessung kann sich vorwiegend richten auf die Erfassung	*des* Augenblicks- *bzw.* Ist-Zustand *der Kompetenzen*
		der Entwicklung *von Kompetenzen*

Diese vielfältigen Ordnungsparameter verdeutlichen erneut die Komplexität des Kompetenzkonstruktes und die Notwendigkeit eines vielschichtigen messtheoretischen Zugangs.

4 Verfahrensgestaltung – Voranalysen

4.1 Das Verfahren im Überblick

Auf der Basis der in den Kapiteln 2 und 3 vorgenommenen Ausführungen zum Kompetenz-Konstrukt und dem Stand der Forschung bezüglich bestehender Ansätze zur Messung von Kompetenzen leitet sich ein Bedarf an diesbezüglichen Verfahren ab, die sich ökonomisch praktikabel umsetzbar gestalten und im unternehmerischen Kontext Anwendung finden können. Es erfolgt nunmehr die Konzeption eines Verfahrens und Vorgehens zur akzeptanz- und nutzerorientierten unternehmensspezifischen Kompetenzmessung und –bilanzierung. In Abbildung 4.1 ist der gesamte Ablauf der Verfahrensgestaltung im Überblick dargestellt:

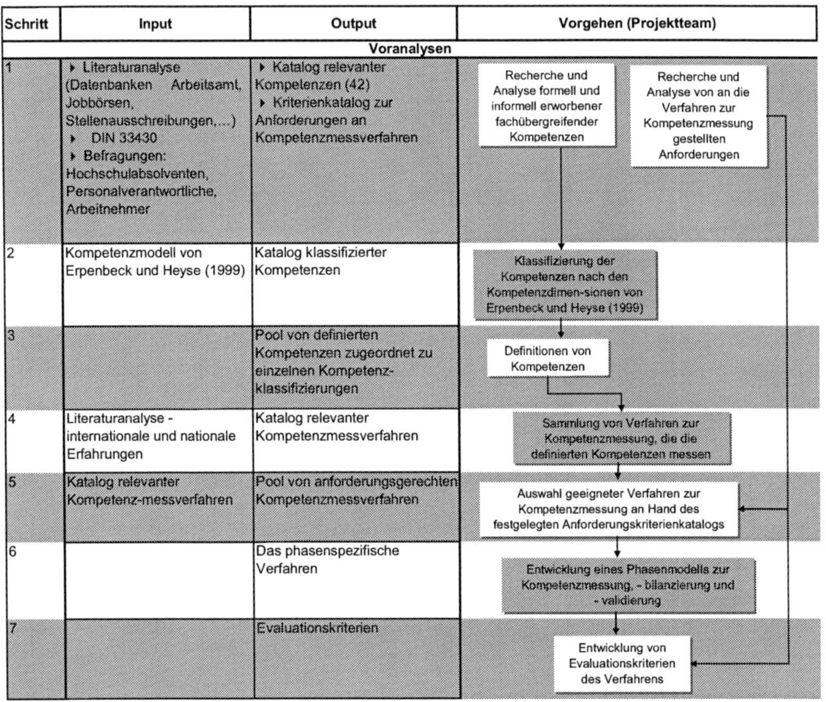

Schritt	Input	Output	Vorgehen (Projektteam)
Voranalysen			
1	▸ Literaturanalyse (Datenbanken Arbeitsamt, Jobbörsen, Stellenausschreibungen,...) ▸ DIN 33430 ▸ Befragungen: Hochschulabsolventen, Personalverantwortliche, Arbeitnehmer	▸ Katalog relevanter Kompetenzen (42) ▸ Kriterienkatalog zur Anforderungen an Kompetenzmessverfahren	Recherche und Analyse formell und informell erworbener fachübergreifender Kompetenzen; Recherche und Analyse von an die Verfahren zur Kompetenzmessung gestellten Anforderungen
2	Kompetenzmodell von Erpenbeck und Heyse (1999)	Katalog klassifizierter Kompetenzen	Klassifizierung der Kompetenzen nach den Kompetenzdimen-sionen von Erpenbeck und Heyse (1999)
3		Pool von definierten Kompetenzen zugeordnet zu einzelnen Kompetenz-klassifizierungen	Definitionen von Kompetenzen
4	Literaturanalyse - internationale und nationale Erfahrungen	Katalog relevanter Kompetenzmessverfahren	Sammlung von Verfahren zur Kompetenzmessung, die die definierten Kompetenzen messen
5	Katalog relevanter Kompetenz-messverfahren	Pool von anforderungsgerechten Kompetenzmessverfahren	Auswahl geeigneter Verfahren zur Kompetenzmessung an Hand des festgelegten Anforderungskriterienkatalogs
6		Das phasenspezifische Verfahren	Entwicklung eines Phasenmodells zur Kompetenzmessung, - bilanzierung und - validierung
7		Evaluationskriterien	Entwicklung von Evaluationskriterien des Verfahrens

Abbildung 4.1: Schematischer Ablauf der Verfahrensgestaltung

Die der Verfahrenskonstruktion zu Grunde liegenden *Voranalysen* (Schritte 1-3 in Abbildung 4.1), deren Erkenntnisse und Ergebnisse das anforderungsbezogene Rahmengerüst des abzuleitenden Verfahrens bildeten, beziehen sich

- auf die Analyse, Definition und Ausdifferenzierung des durch das Verfahren zu messenden Konstruktes (Kompetenzen und Kompetenzdimensionen) (vgl. Kapitel 4.2),
- auf die Bestimmung der vielfältigen (Qualitäts-) Ansprüche und Gütekriterien (vgl. Kapitel 5),
- auf die für die Benutzergruppen spezifischen Anforderungen an Kompetenzmessverfahren, deren Erfüllungsgrad die *soziale Akzeptanz* derartiger Verfahren bestimmt (vgl. Kapitel 5.3).

Sie werden im Folgenden ausgeführt.

4.2 Analyse, Definition und Ausdifferenzierung von Kompetenzen – Welche Kompetenzen existieren und wie sind diese zu definieren?

Auf der Basis der dieser Arbeit zu Grunde liegenden Definition von Kompetenzen (vgl. Kapitel 2.1) wird als erster Schritt in der Entwicklung des Verfahrens zur Kompetenzmessung analysiert, welche fachübergreifenden Kompetenzen es zu definieren gilt, die einer Kompetenzmessung als zu erhebende Messgröße zu Grunde liegen können.

Dieser Analyse dienen die in Abbildung 4.2 dargestellten Quellen als Grundlage:

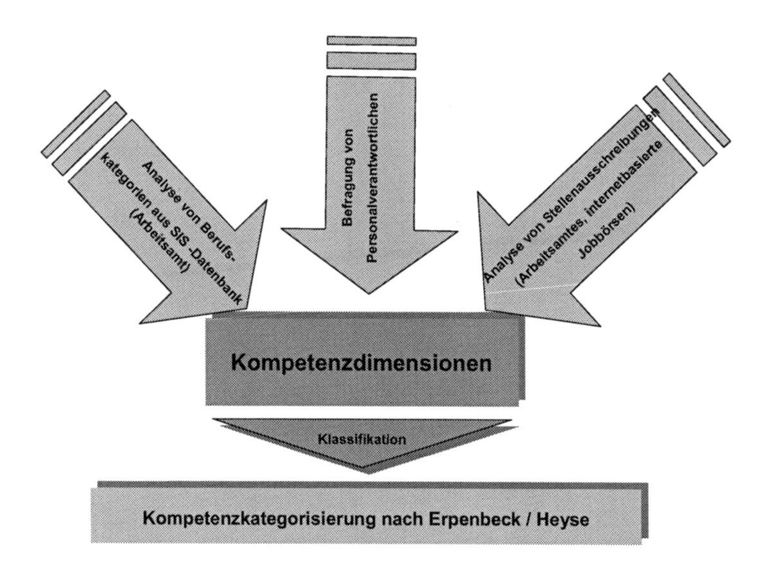

Abbildung 4.2: Quellen der Analyse und Generierung von zu messenden Kompetenzen

Zunächst erfolgt hier eine Analyse und systematische Zusammenfassung von Berufskategorien der internetbasierten Datenbank des Arbeitsamtes (sis[6], n=366). Es werden Berufsgruppen selektiert, die sich hinsichtlich ihrer Einsatzbranchen, Ausbildungserfordernisse und Anforderungsprofilen differenzieren. Diese Berufsgruppen werden einander – anhand der in der sis-Datenbank definierten Ordnungsprinzipien – gegenübergestellt, wie es in Abbildung 4.3 auszugsweise dargestellt ist.

Unter den Rubriken *Neigungen / Interessen*, *Fähigkeiten*, *Kenntnisse / Fertigkeiten* und *Softskills* sind Anforderungen an die jeweilige Berufsgruppe aufgeführt. Hieraus werden jene Aspekte selektiert, die mit der dieser Arbeit zu Grunde liegenden Definition von Kompetenzen übereinstimmen. An dieser Stelle wird erneut die bereits in Kapitel 2.1 erwähnte Unstimmigkeit zwischen den Definitionen der Begriffe Fertigkeiten, Fähigkeiten, Softskills, Neigungen und Kompetenzen deutlich: Es finden sich in jeder der Rubriken der sis-Datenbank Anforderungen, die durchaus mit der hier angewandten Definition von Kompetenz übereinstimmen. Die selektierten, als Kompetenzen geltend zu machenden Anforderungen, werden durch die weiteren Analysen ausdifferenziert bzw. ergänzt.

[6] http://www.arbeitsagentur.de/?sis_text, Stand 17.01.2005

Einordung	Beruf	Ausbildung	Neigung/Interessen	Fähigkeiten	Kenntnisse/Fertigkeiten	Softskills
Handelskaufleute allgemein	Handelsassistent	Kombiniert mit 3jähriger Ausbildung zum Einzelhandels-kfm.;Gliederung in betriebsprak-tische und Semi-narphasen; 2 jährige duale Ausbildung+1 Jahr Fortbildung zum Handels-assistenten	Umgang mit Menschen, Daten u. Zahlen; kaufmännisches, am wirtschaftlichen Erfolg orien-tiertes Denken;Interesse an DV, betriebswirtschaftl. Zusammen-hängen u. organisatorischen Problemstellungen	Durchschnittliches allgemeines intellektuelles Leistungsvermögen;durch-schnittliche logische Denk-fähigkeit;durchschnittliche Wahrnehmungs- u. Bear-beitungsfähigkeit, durch-schnittliche sprachliche Fähigkeiten;Kaufmännische Befähigung; Befähigung zum Planen und Organisieren	Erweiterte betriebswirtschaftl. Kennt-nisse; Fremdsprachen-kenntnisse; Bereitschaft zur kontinuierlicher kauf-männischer Weiterbildung	Zuverlässigkeit; Anpassungs- und Kooperationsfähigkeit; kontrollierte Kontaktbereitschaft;gepflegtes Äußeres; gute Umgangs-formen; sicheres Auftreten; neurovegetative Belastbarkeit;Überzeugungskraft; Durch setzungsvermögen; Einfühlungsvermögen
	Handelsfachwirt	Sog. Abi-Ausbildung; speziell für Abiturienten in Bayern; Dauer 33 Monate				
Kaufleute im Groß- u.Außenhandel	Außenhandels-assistent	kaufmännisch - fremdsprach-liche Zusatz-qualifikation; Dauer 11,5/12 Monate; bei Abi-Ausbildung in Baden-Württem- berg 3Jahre			Fremdsprachenkenntnisse; Kenntnisse über wirtschaftliche u. rechtliche Bedingungen der betroffenen Länder; Einsatz moderner Kommunikationsmittel	
	Kaufmann im Groß- u.Außenhandel	Ausbildung in zwei Fachrich-tungen: Großhandel u. Außenhandel; Dauer 3Jahre	schriftliche Tätigkeit, Büro- und Verwaltungsarbeiten, Umgang mit Daten u. Zahlen; planende, organisierende Tätigkeit; ordnende, systematisierende Tätigkeit; kaufmännisches, am wirtschaftlichen Erfolg orientiertes Denken; Interesse an BWL; beruflicher Umgang mit Menschen	Durchschnittliches allgemeines intellektuelles Leistungsvermögen;durch-schnittliches mündliches u. schriftliches Ausdrucksver-mögen;durchschnittliche Wahrnehmungs- u. Bear-beitungsfähigkeit; kauf-männische Befähigung; gutes Personen- u. Zahlen- gedächtnis;Befähigung zum Planen und Organisieren	Vertiefte/zusätzliche Fremdsprachenkennt-nisse (Wirtschafts-englisch);Auf den je-weiligen Wirtschaftszweig bezogene, spezielle Pro-dukt- und Marktkennt-nisse	Planvolle, systematische, sorgfältige Arbeitsweise;Umstellfähigkeit; Kontakt- u. Anpassungsfähigkeit; selbständiges Arbeiten; gute Umgangsformen; Höflichkeit; Konzentrationsfähigkeit; Einfühlungsvermögen; freundliches Wesen
Einzelhandels-kaufleute	Kaufmann Einzelhandel	Monoberuf ohne Spezialisierung nach Fachrich-tungen/Schwer-punkten; Dauer 3Jahre	Bedienen;Beraten; Umgang mit Zahlen u. Daten;Interesse an zu verkaufender Ware; kauf-männisches, am wirtschaft-lichen Erfolg orientiertes Denken;planende, organi-sierende Tätigkeit	Annähernd durchschnitt-liches allgemeines intellek-tuelles Leistungsvermögen; durchschnittliches Sprach-verständnis mündlicher Äußerungen;durchschnitt-liches mündliches u. schrift-liches Ausdrucksvermögen; gute praktische Anstellig-keit;Sinn für die ästhetische Wirkung von Formen u. Farben;Gutes Personen- u. Zahlengedächtnis; Gutes räumliches Vorstellungs-vermögen; Annähernd durchschnittliche Befähi-gung zum Planen u. Orga-nisieren; Kaufmännische Befähigung	Vertiefte spezielle Branchen-, Fach- u. Warenkenntnisse; Kenn-tnisse in Verkaufsförde-rung, Kalkulation, Buch-führung u. Rechnungs-wesen;EDV-Kenntnisse (Standardprogramme und branchenspezifische Software)	Zuverlässigkeit, Ehrlichkeit; Anpassungs-/ Kooperations-/ Umstell-/Kontaktfähigkeit; Gepflegtes Äußeres, gute Um-gangsformen, sicheres Auftreten

Abbildung 4.3: Analysierte Berufsgruppen der sis Datenbank (Auszug, Stand April 2003)

Die zweite Quelle der Kompetenzanalyse stellen Stellenbeschreibungen bzw. -angebote aus internetbasierten Jobbörsen (u. a. www.jobpilot.com und www.stepstone.de) und den Datenbanken des Arbeitsamtes dar (vgl. Abbildung 4.2). Es werden 327 Stellenbeschreibungen analysiert und diejenigen aufgeführten Anforderungen extrahiert, die der zu Grunde liegenden Definition von Kompetenzen entsprechen.
In Tabelle 4.1 ist diese Vorgehensweise beispielhaft an einem Stellengesuch für einen Außendienstmitarbeiter im Bereich der Gebäudereinigung dargestellt:

Tabelle 4.1: Analyse von Stellenanzeigen hinsichtlich kompetenzspezifischer Anforderungen

Stellenausschreibungstext	**Kompetenzspezifische Anforderungen**
Außendienstmitarbeiter für Gebäudereinigung: Kunden- und Objektbetreuung; Voraussetzung: sicher im Umgang mit Gesprächspartnern auf unterschiedlichen Ebenen, konzeptionelle und kommunikative Fähigkeiten, Bereitschaft über den Fachbereich hinaus zu denken; gern auch Bewerber aus Dienstleistung oder Baubranche. (www.stepstone.de, Stand: 15. April 2003)	• sicher im Umgang mit Gesprächspartnern, • konzeptionelle und kommunikative Fähigkeiten, • Denken über den Fachbereich hinaus

Eine weitere Quelle für die Generierung von fachübergreifenden informell und formell erworbenen Kompetenzen stellt eine online durchgeführte Befragung von 37 Personalverantwortlichen aus verschiedenen Unternehmensbranchen dar. Nach einer kurzen Instruktion hinsichtlich der Definition von Kompetenzen wird von den Befragten die Beantwortung der folgenden offenen Fragestellung erbeten:
„Welche Anforderungen stellen Sie an die fachübergreifenden Kompetenzen Ihrer derzeitigen und potenziellen Mitarbeiter?"
Aus den Befragungsrückläufen können 256 Antworten bezüglich der gewünschten / geforderten Mitarbeiterkompetenzen generiert werden.
Es stehen nunmehr drei Pools von Kompetenzen zur Verfügung, für die es im Folgenden gilt, eine geeignete Systematisierung bzw. einheitliche Definition zu finden:

1. Kompetenzen generiert aus Berufskategorien / -beschreibungen der sis-Datenbank des Arbeitsamtes (n=366),

2. Kompetenzen generiert aus Stellenausschreibungen des Arbeitsamtes sowie aus internetbasierten Jobbörsen (n=327),
3. Kompetenzen generiert aus Befragungen von Personalverantwortlichen (n=256)[7].

Diese insgesamt 949 generierten Kompetenzen werden nun mittels qualitativer Inhaltsanalyse nach Mayring (1997) zu 42 Kompetenzdimensionen zusammengefasst. Als übergeordnetes Klassifikationsschema dient die Kompetenzkategorisierung von Erpenbeck und Heyse (1999, vgl. Kapitel 2.2). Das Ergebnis der Inhaltsanalyse in Form der generierten 42 Kompetenzdimensionen und ihren zu Grunde liegenden Definitionen ist dem Anhang beigefügt (vgl. Anhang A1). In Tabelle 4.2 ist ein Ausschnitt aus den Ergebnissen dieser Voranalyse dargestellt.

In der zweiten Tabellenspalte sind die aus den verschiedenen Analysequelle (Berufbeschreibungen, Stellenausschreibungen, Befragungen, s. o.) mittels Inhaltsanalyse generierten Kompetenzdimensionen aufgeführt, die gemäß der Kompetenzkategorisierung nach Erpenbeck und Heyse (1999) den folgenden Kompetenzklassen

- Sozial-Kommunikative Kompetenzen
- Fach- und Methodenkompetenzen
- Aktivitäts- und Handlungskompetenzen
- Personale Kompetenzen

zugeordnet werden (vgl. Kapitel 2.2). Die den Kompetenzdimensionen als Systematisierungsgrundlage dienenden Definitionen sind folgender Fachliteratur entnommen: Häcker, Stapf 1998; Pätzold 1999; Reetz 1999. In der Spalte „Nähere Erläuterungen" sind Auszüge aus den verschiedenen Analysequellen (s. o.) aufgeführt, die in die Inhaltsanalyse eingegangen sind.

Ergebnis dieser ersten Voranalyse ist also ein Katalog von 42 Kompetenzdimensionen, die – wie beschrieben – generiert und definiert wurden. Diese Kompetenzdimensionen bilden die Grundlage für die Recherche und Zusammenstellung von Verfahren, die bei einem hohen Erfüllungsgrad von verschiedensten Anforderungs- bzw. Gütekriterien (vgl. Kapitel 5) dazu in der Lage sind, diese definierten Kompetenzdimensionen zuverlässig und valide abzubilden, also zu messen.

[7] Die genannten Zahlen beziehen sich in den Punkten 1-3 jeweils auf die generierten Kompetenzen

Tabelle 4.2: Ergebnisse der Inhaltsanalyse (Auszug): Kompetenzdimensionen mit Definitionen

Kompetenzklasse nach Erpenbeck und Heyse (1999)	*Kompetenz-dimensionen*	*Definitionen*	*Nähere Erläuterungen*
Sozial-Kommunikative Kompetenzen	Einfühlungs-vermögen	Das sich Hineinversetzen in andere Menschen, sich über ihr Handeln, Verstehen und Fühlen klar werden	➢ auf Kundenwünsche eingehen ➢ Gespür für die individuellen Bedürfnisse der Kunden ➢ Soziale Sensibilität ➢ Aufgeschlossenheit ➢ Aktiver Zuhörer
	Kunden-orientierung	Der Versuch einer Organisation / eines Mitarbeiters, die Erwartungen des Konsumenten zu erfüllen und die Ziele zu erreichen, die der Kunde bzgl. des Produktes und der Verkaufsinteraktion mitbringt sowie die Herstellung einer längerfristigen Unternehmensbindung	➢ Dienstleistungsorientierung ➢ Serviceorientierung ➢ Kundenorientiertes Denken und Handeln
	Kommunikations-fähigkeit	Die Fähigkeit zur Aufnahme, Verarbeitung und Wiedergabe von Informationen zum Zweck der Verständigung	➢ Dialogverhalten ➢ Kontaktstärke ➢ Argumentationsstärke ➢ Spaß am Umgang mit Menschen
	...		

5 Qualität / Güte von Kompetenzmessverfahren

Die Qualität eines Verfahrens zur Kompetenzmessung und -bilanzierung wird – ähnlich wie bei allgemeinen Verfahren der Eignungsdiagnostik, Personalbeurteilung u. ä.[8] – durch unterschiedliche Einflussgrößen und durch die verschiedenen Perspektiven der Beurteiler bestimmt. So werden die folgenden Anforderungen an die Verfahrenskonzeption, -implementierung und Ergebnisverwertung herangetragen (vgl. Janas, Meszléry 2004):

1. Die psychologisch-diagnostische Sicht (insbesondere hinsichtlich der Erfüllung klassischer Gütekriterien, vgl. Kapitel 5.1),
2. die personalwirtschaftliche / betriebliche Perspektive (bezüglich des Kosten-Nutzen-Verhältnisses, des zeitlichen Aufwandes u. ä., vgl. Kapitel 5.2),
3. die Perspektive der „betroffenen" Anwendergruppen von Kompetenzmessverfahren (Arbeitnehmer, Arbeitssuchende, Absolventen) im Sinne einer sozialen Akzeptanz (vgl. Kapitel 5.3).

Diese vielfältigen Anforderungen gilt es bei der Entwicklung und Implementierung eines Verfahrens zur Kompetenzmessung und -bilanzierung zu berücksichtigen. Dem im Rahmen des vorliegenden Dissertationsvorhabens entwickelten Verfahrens gilt daher der Anspruch, alle der aufgeführten Anforderungsperspektiven in die Verfahrenskonstruktion und betriebliche Implementierung mit einem bestmöglichen Erfüllungsgrad zu integrieren. Die dem Verfahren zu Grunde liegenden Gütekriterien werden im Folgenden hinsichtlich der oben aufgeführten drei unterschiedlichen Perspektiven ausgeführt.

5.1 Psychologisch-diagnostische Qualität von Kompetenzmessverfahren

Qualitätssicherung und Qualitätsmanagement haben in den letzten Jahren im betrieblichen Kontext immer mehr an Bedeutung gewonnen; immer größere Summen werden in Zertifizierungen investiert (vgl. Hornke et. al 2004) und immer mehr Unternehmen streben eine Zertifizierung

[8] Kompetenzmessung und -bilanzierung sollen hier als eine mögliche methodische Vorgehensweise im Rahmen von Eignungsdiagnostik und -beurteilung betrachtet werden; die letztendlichen Personalentscheidungen sollten sich jedoch aus den Ergebnissen verschiedener personaldiagnostischer Zugänge (vgl. Schuler 1996) ableiten.

an. So hat sich z.B. die Anzahl der erworbenen TÜV-Cert-Zertifikate[9] für Management-Systeme von 1993 bis 2004 im In- und Ausland verdreißigfacht (TÜV-Cert e.V. Bonn: Januar 2005).
Das Personalmanagement jedoch war bislang von Maßnahmen der Qualitätssicherung, der Standardisierung und Zertifizierung häufig ausgenommen: Unzählige Beratungsgesellschaften bieten Eignungsbeurteilungen als Dienstleistungen an; Firmen entwickeln intern Verfahren zur Eignungsbeurteilung und führen diese durch – oft unter dem „Sparsamkeitsprinzip" (vgl. Kersting 2004). Doch für die Qualität des ausgewählten bzw. entwickelten Verfahrens sowie für dessen adäquate und standardisierte Anwendung wird in den seltensten Fällen garantiert (vgl. Ackerschott 2004). Dabei sind – wie in Kapitel 1 bereits betont – die Auswahl geeigneter Mitarbeiter und deren fachliche und überfachliche Weiterbildung als eine zentrale Kernaufgabe eines jeden Unternehmens zu bewerten, von deren angemessener Erfüllung die Wettbewerbsfähigkeit im entscheidenden Maße abhängt. Zu berücksichtigen gilt in diesem Zusammenhang auch, dass die einem Unternehmen bei Fehleinstellungen entstehenden Kosten immens sein können. Denn die bei Investitionen in ein qualitativ gering zu bewertendes unternehmensspezifisches Personalauswahl- und -bewertungsverfahren häufig eingesparten Kosten repräsentieren nur vermeintliche „Sparmaßnahmen", stellen de facto aber „unverantwortliche Geldverschwendungen" (vgl. Kersting 2004, 58) dar.
Die mangelnden Qualitätsanforderungen, die an Verfahren der Personalauswahl- und -beurteilung gestellt werden, zeigen sich bereits in der Auswahl der Methoden, wie folgende Beobachtungen zeigen.
Eine von der Autorin im Juni 2004 durchgeführte Befragung von 95 Unternehmensvertretern verschiedener Unternehmensbranchen und -größen ergab, dass 93% der befragten Unternehmen Personaleinstellungen ausschließlich mittels Einstellungsinterviews durchführen, 5% führen Assessment-Center mit potenziellen Beschäftigten durch, und 2% (ausschließlich Banken und Sparkassen) machen sich verschiedene Leistungstests als Instrumente der Eignungsdiagnostik zu Nutze. Diese Befragungsergebnisse decken sich mit vielfältigen Untersuchungen (vgl. Schuler et. al. 1993), nach denen das Interview die verbreitetste Methode der Personalauswahl in deutschen Unternehmen ist. Die Verbreitung dieses Verfahrens entspricht dabei aber keineswegs seiner nachgewiesenen Bewährung im Sinne einer prognostischen Validität, die wiederum die methodische Qualität eines solchen Verfahrens ausmacht. Vielmehr

[9] TÜV CERT – TÜV Zertifizierungsgemeinschaft e. V. – ist der Zusammenschluss der Technischen Überwachungsvereine Deutschlands und Österreichs und bietet die Zertifizierung von Managementsystemen, Produkten und Personalqualifikationen nach einheitlichen Maßstäben an.

wird diese u. a. von Arvey und Campion (1982) mit Validitätskoeffizienten von r=0.10 angegeben; die prognostizierte Validität von Einstellungsinterviews ist also als sehr gering einzustufen. Diese geringe Validität – und die infolgedessen geringe methodische Qualität – von Einstellungsinterviews lassen sich ähnlich begründen wie die Mankos von Verfahren der Personalbeurteilung und -bewertung im Allgemeinen (vgl. u. a. Schuler 1989, 1994):

- Die Verfahren haben häufig einen geringen bis gar keinen Anforderungsbezug, sind also nicht dazu in der Lage, einen tatsächlichen Abgleich zwischen stellenbezogenen Anforderungen auf der einen und den tatsächlich vorhandenen Fähigkeiten, Kompetenzen und Eigenschaften einer Arbeitsperson auf der anderen Seite vorzunehmen.
- Die über ein Verfahren aufgenommenen Informationen und Erkenntnisse werden unzureichend weiter verarbeitet, da keine standardisierten Auswertungsmodalitäten vorliegen.
- Es herrscht zumeist eine geringe Beurteilungsübereinstimmung (Auswertungsobjektivität), ebenfalls aufgrund einer mangelnden Standardisierung der Verfahrensanweisungen.
- Subjektive Eindrücke (in erster Linie bei Einstellungsinterviews und Arbeitsbewertungen) dominieren bei der Urteilsfindung.
- Negative Informationen werden überbewertet.
- Emotionale Bedingungen beeinflussen die Urteilsbildung.

Um diese Mängel zu reduzieren – und somit die Qualität der Personalarbeit zu verbessern – ist 2002 vom Berufsverband deutscher Psychologen die DIN 33430 „Anforderungen an Verfahren und deren Einsatz bei berufsbezogenen Eignungsbeurteilungen" verfasst worden (vgl. DIN 2002). Diese führt Richtlinien für die Konzeption, Anwendung und Ergebnisverwertung von Verfahren zur Eignungsbeurteilung auf und formuliert Rahmenbedingungen und Standards für die Verfahrensdurchführung. Der Norm werden die folgenden Anforderungen an berufliche Eignungsdiagnostik zu Grunde gelegt:

- eine sorgfältig durchgeführte Arbeits- und Anforderungsanalyse,
- die Auswahl von qualifizierten Verfahren zur Feststellung der individuellen Eignung,
- kompetente Anwender für die Auswahl, Durchführung, Auswertung und Interpretation der Verfahren.

Gegenstand der DIN 33430 sind im Wesentlichen Bestimmungen, wie diese Voraussetzungen sichergestellt werden können (vgl. Heyse und Kersting 2004).
Die oben aufgeführten Mängel von allgemeinen Verfahren zur Eignungsbeurteilung lassen sich durchaus auch auf Kompetenzmessverfahren als eine Möglichkeit der Personalbeurteilung und -auswahl übertragen: In den vergangenen 3-5 Jahren sind vielfältige Angebote von Beratungsunternehmen u. ä. auf den Markt gelangt, die vorgeben, Kompetenzen von Arbeitspersonen zu messen und abzubilden, ohne dass jedoch die Qualität und letztendliche Zuverlässigkeit der jeweiligen Verfahren gewährleistet ist (vgl. Erpenbeck, von Rosenstiel 2003). Diese Zuverlässigkeit und Standardisierung ist aber für Kompetenzmessverfahren – vor allem in Anbetracht einer langfristig angestrebten Chancengleichheit zwischen informell erworbenen Kompetenzen und formellen Qualifikationen (vgl. Kapitel 5.3.2) – unabdingbar. Demzufolge gilt es, allgemeingültige Standards auch für Kompetenzmessverfahren zu formulieren, die eine Sicherung der Qualität der angebotenen Verfahren gewährleisten – sowohl hinsichtlich der Verfahrenskonstruktion bzw. -auswahl als auch bezüglich der Verfahrensdurchführung und Ergebnisverwertung.
Die in der DIN 33430 aufgeführten Anforderungen an Verfahren der Eignungsbeurteilung aus psychologisch-diagnostischer Sicht formulieren Gütekriterien, wie sie auch für Verfahren zur Kompetenzmessung und -bilanzierung geltend gemacht werden sollten, damit deren methodische Qualität über die klassischen Gütekriterien Objektivität, Validität und Reliabilität hinaus sicher gestellt werden kann.
Der praktische unternehmerische Nutzen der DIN 33430 ist nach den Erfahrungen der ersten Jahre nach deren Veröffentlichung durchaus kritisch zu bewerten[10]: Praktiker – insbesondere Nicht-Psychologen – erleben die Norm häufig als zu komplex und zu „verwissenschaftlicht“ verfasst, als dass sie betrieblich umsetzbar erscheint. Auf Grund von beschränkten zeitlichen und finanziellen Ressourcen ist es zudem oft nicht möglich, neue Verfahren zur Eignungsbeurteilung zu entwickeln, die den umfangreichen Qualitätsanforderungen der Norm entsprechen, so dass die bewährten, traditionellen Verfahren erhalten bleiben. In Abbildung 5.1 ist dieses Dilemma zwischen Wissenschaft und betrieblicher Praxis in der Personaldiagnostik aufgeführt (vgl. Kanning 2004, 515):

[10] vgl. u. a. Podiumsdiskussion auf der Messe „Personal“, 2002 in Köln: http://www.psychologie.at/wissen/archiv.asp?bereich=4&menu=news&detail=1&newsid=605, Stand 11.01.2005

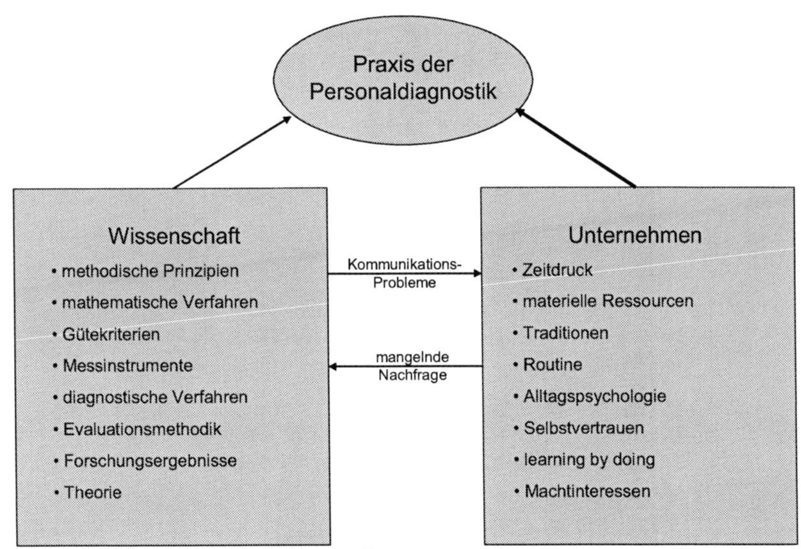

Abbildung 5.1: Praxis der Personaldiagnostik

Diese Kommunikationsbarrieren stellen die Anforderung an die DIN 33430, eine „Übersetzungsleistung" zu erbringen. Dies bedeutet, dass die in der Norm festgelegten Gütekriterien praxisnah und verständlich zu formulieren und Zielerfüllungen weniger in Form von methodischen Richtlinien als vielmehr in Kennzahlen auszudrücken sind; damit soll die Norm nicht nur für Beratungsunternehmen attraktiv erscheinen, sondern auch deren betrieblicher Einsatz gefördert werden.
Für die Konzeption, betriebliche Implementierung und Ergebnisverwertung des im Rahmen dieser Dissertation entwickelten Verfahrens zur Kompetenzmessung und -bilanzierung gilt die DIN 33430 jedoch als methodische Richtlinie hinsichtlich der folgenden Aspekte:

1. die Kriterien für den Ablauf, die Organisation und Verantwortlichkeiten des Diagnoseprozesses,
2. die Anforderungen an die Qualifikation der Auftragnehmer und
3. die Anforderungen an die verwendeten Methoden (Verfahrenshinweise, Gütekriterien, Normierungen).

Zu Gunsten einer detaillierteren Überprüfung des Erfüllungsgrades der geforderten Gütekriterien – bei der Konzeption des Verfahrens und bei dessen betrieblicher Umsetzung und Ergebnisverwertung – als es die alleinige Orientierung an der Norm ermöglicht, wurde eine von Hornke und Kersting (2004) entwickelte Checkliste zur DIN 33430 eingesetzt. Diese Checkliste diente – neben ihrer Funktion als Grundlage zur Verfahrenskonstruktion – auch der summativen Evaluation des Verfahrens aus methodologischer und psychologisch-diagnostischer Perspektive (vgl. Kapitel 7.3.7). Die Checkliste überprüft das eingesetzte Verfahren hinsichtlich:

- seiner Anforderungsorientierung,
- seiner Nutzenorientierung,
- des Bestands an Verfahrenshinweisen,
- des Erfüllungsgrads der klassischen Gütekriterien Objektivität, Zuverlässigkeit (Reliabilität) und Gültigkeit (Validität),
- seiner Norm- und Referenzkennwerte,
- der Planung der Untersuchungssituation,
- der Durchführung,
- seiner Dokumentation, Auswertung und Interpretation,
- des Zustandekommens der Urteilsbildung,
- der Verteilung der Verantwortlichkeiten,
- der Erfüllung der Qualitätsanforderungen an den Auftragnehmer sowie die Mitwirkenden und
- der Erfüllung der Qualitätsanforderungen zur Durchführung von Eignungsinterviews, Verhaltensbeobachtungen und -beurteilungen.

Dem Anhang ist die gesamte Checkliste zur DIN 33430 mitsamt ihren jeweiligen Erfüllungsgraden – bezogen auf das entwickelte Verfahren zur Kompetenzmessung und -bilanzierung - beigefügt (s. Anhang C3).
Eine „Übersetzung“ der in der Norm formulierten Richtlinien in die unternehmensspezifischen Bedarfe und Anforderungen an das Verfahren zur Kompetenzmessung erfolgt in der Analyse- und Konzeptionsphase dessen letztendlicher betrieblichen Umsetzung (vgl. Kapitel 7).
Die Orientierung an den Richtlinien der DIN 33430 kann einen wichtigen Beitrag dazu leisten, allgemeingültige Standards auch für Verfahren zur Kompetenzmessung und -bilanzierung aufzustellen, die als methodische Leitlinien für die Konzeption, Umsetzung und Ergebnisverwertung derartiger Verfahren geltend gemacht werden können. Sie leisten einen Beitrag dazu,

1. dass anforderungsgerechte Verfahren konzipiert und implementiert werden, die auch wirklich das messen, was sie zu messen vorgeben,
2. die Betroffenen vor zu einseitigen und nicht fachgerechten Verfahren zu bewahren,
3. einen größtmöglichen wirtschaftlichen Nutzen aus dem Einsatz des Verfahrens zu erzielen.

5.2 Qualität von Kompetenzmessverfahren aus personalwirtschaftlicher Perspektive

Eine anforderungsgerechte Personalauswahl, -entwicklung und -bewertung sind zentrale Kernaufgaben eines jeden Unternehmens – und Fehlentscheidungen wirken sich in kaum einen anderen Unternehmensbereich so kostenintensiv aus. Dennoch erfolgt die Auswahl an Verfahren und Instrumenten im Einzugsbereich des Personalmanagements häufig unstrukturiert und wenig anforderungsorientiert (vgl. u. a. Kersting 2004), Entscheidungen werden – wie oben erwähnt – „aus den Bauch heraus getroffen" und der subjektive Eindruck – bei der Eignungsbeurteilung ebenso wie bei der Bewertung von Entwicklungsbedarfen einer Arbeitsperson – gibt häufig den entscheidenden Ausschlag für eine entsprechende Entscheidung.

Dies wird besonders jenseits von gut nachweis- und messbaren formellen Qualifikationen deutlich, wenn es um die Einschätzung des Ausprägungsgrads der Mitarbeiterkompetenzen und deren Abgleich mit stellenspezifischen Anforderungen geht. Hier werden zumeist traditionelle Verfahren der Fremdeinschätzung durch Vorgesetzte oder aber der einfachen Selbsteinschätzung angewendet, gemäß dem Schema „Kann ich gut", „Kann ich schlecht".

Eine derartige Vorgehensweise ist zwar ausgesprochen Ressourcen sparend, gibt jedoch sowohl im Bereich der Personalauswahl als auch hinsichtlich der Implementierung von Personalentwicklungsmaßnahmen wenig zuverlässige Informationen.

Eine anforderungsgerechte Planung, Durchführung und kritische Evaluation von Verfahren der Eignungsbeurteilung und Personalbewertung hingegen können dazu beitragen, die Folgekosten von Fehlentscheidungen im Personalbereich (vgl. Kapitel 5.1) zu vermeiden und einen langfristigen Nutzen zu garantieren. Häufig wird bei der Auswahl oder Konstruktion von Verfahren der Personaldiagnostik – und folglich auch bei Verfahren zur Kompetenzmessung und -bilanzierung – diese Folgekostenrechnung jedoch nicht ins Kalkül gezogen, vielmehr steht der Zeit und Kosten schonende Aspekt des Verfahrens selbst im Vordergrund. Dabei bemisst sich die organisationale Effizienz eines solchen Verfahrens aus verschiedenen Teilaspekten, die in ihrer Summe eine Aussage über die betriebliche Praktikabilität geben können:

- ökonomischer Nutzen und Aufwand (Kapitel 5.2.1)
- Zielerreichung und Schwierigkeit in der Anwendung (Kompetenzerfordernisse) (Kapitel 5.2.2)
  (vgl. Schuler 1995).

Im Folgenden werden diese Einflussgrößen betrieblicher Praktikabilität hinsichtlich ihrer Bedeutung und Ausprägung beim Einsatz von Kompetenzmessverfahren ausgeführt.

5.2.1 Ökonomischer Nutzen und Aufwand der Verfahren

Der ökonomische Nutzen eines Verfahrens zur Kompetenzmessung ist dann erreicht, wenn alle direkten und indirekten Kosten für die das Verfahren betreffenden Aufwendungen durch den Beitrag des Mitarbeiters – nach einer Stellenbesetzung oder Durchführung von Personalentwicklungsmaßnahmen – aufgewogen werden (vgl. Hornke, Winterfeld 2004). Dieser angestrebte Mehrwert ist zumeist wesentlich größer als die aufzuwendenden Kosten für das Verfahren selbst. In die Berechnung des ökonomischen Nutzens fließt auch der zeitliche Aufwand ein, den ein Verfahren in seiner Konstruktion und Implementierung in Anspruch nimmt. Daher gilt es, den Einsatz von Verfahren anzustreben, die ein Höchstmaß an erwünschten Informationen bei einem möglichst geringen zeitlichen Aufwand erbringen (vgl. Kersting 2004).
Bei der Kalkulation des ökonomischen Nutzens eines Verfahrens zur Kompetenzmessung gilt es also, die entstehenden indirekten und direkten Kosten in einer Bilanz dem angestrebten (Mitarbeiter-) Nutzen gegenüberzustellen.
Entstehende Kostenpunkte, die in die Kalkulation einfließen müssen, sind zum einen davon abhängig, ob das Verfahren unternehmensintern oder –extern entwickelt und umgesetzt wird. Im erstgenannten Fall ist die für die Konzeption und Implementierung aufgewendete Arbeitszeit der verantwortlichen Arbeitsperson der vorrangige Kostentreiber; bei der externen Durchführung einer Kompetenzmessung sind die notwendigen Beratertage zu vergüten. Zum anderen sind die Kosten in Abhängigkeit vom Einsatzbereich und von der Zieldefinition der Kompetenzmessung zu berechnen: Wird ein Verfahren zur Kompetenzmessung zur Personalauswahl eingesetzt, entfallen bei einer unternehmensexternen Bewerberauswahl die Kosten des Arbeitsausfalls des Bewerbers.
Mit der Kompetenzmessung kann die Ausprägung vorhandener Mitarbeiterkompetenzen im Unternehmen erhoben werden, um daran anknüpfend ein anforderungsgerechtes Personalentwicklungskonzept zu implementieren. Dann muss die für die Datenerhebung (Kompetenzmessung) aufgewendete Arbeitszeit der betroffenen Mitarbeiter in die Kostenkalkulation des gesamten Verfahrens einfließen.
Die in Tabelle 5.1 aufgeführten Kosten stellen exemplarisch die anfallenden Kostenpunkte einer systematischen und unternehmensspezifischen Entwicklung und Durchführung einer Kompetenzmessung dar. In dieser beispielhaften Kalkulation wird davon ausgegangen, dass die Entwicklung und Durchführung der Kompetenzmessung an externe Berater in

Auftrag gegeben und das Verfahren zum Zweck der Ermittlung eines Ist-Zustandes hinsichtlich der Ausprägung vorhandener Mitarbeiterkompetenzen im Unternehmen angewendet wird.
In der praktischen Erprobung des im Rahmen dieser Dissertation entwickelten Verfahrens zur Kompetenzmessung und -bilanzierung konnten diese Kostenpunkte hinsichtlich ihrer Vollständigkeit und hinsichtlich ihrer adäquaten monetären Bemessung für den genannten Einsatzbereich des Verfahrens validiert werden.

Tabelle 5.1: Kostenpunkte einer unternehmensextern durchgeführten Kompetenzmessung und –bilanzierung

Kostenpunkte	**Dauer in PT (=Personentage externe Berater)**	**Kosten (externe Berater)**	**Kosten (intern)**
Zieldefinition, Klärung der Rahmenbedingungen, Informations- und Analysephase	3-5 PT	Tagessatz	Ausfallzeit der eingebundenen MA
Datenerhebung (Kompetenzmessung)	je 20 (potenzielle) Mitarbeiter (MA) 1 PT	Tagessatz je 20 MA	1,5 – 2 Arbeitsstunden je Mitarbeiter (bei 7 – 10 Kompetenzdimensionen)
Dateneingabe und -auswertung	je 15 – 20 MA 1 PT	Tagessatz je 15 – 20 MA	-
Materialkosten	-	ca. 3 € je MA	-
Fahrtkosten	-	Kilometer-Pauschale	-

Dieses Kalkulationsbeispiel bezieht sich ausschließlich auf den Prozess der Konstruktion und Implementierung des Verfahrens zur Kompetenzmessung und -bilanzierung; die Ableitung von weiterführenden Maßnahmen (Ergebnisverwertung) ist hier nicht inbegriffen.
Es wird deutlich, dass die anfallenden Kosten für die Konstruktion und Implementierung eines unternehmensspezifischen Verfahrens zur Kompetenzmessung und -bilanzierung von verschiedenen Variablen abhängig sind:

- unternehmensinterne oder -externe Verfahrensdurchführung,
- Einsatzbereich des Verfahrens (Personalauswahl, Personalentwicklung, Weiterbildungscontrolling u. ä.),
- Anzahl der involvierten Mitarbeiter.

In jedem spezifischen Anwendungsfall müssen die zu erwartenden Kosten realistisch kalkuliert und dem erwarteten Output gegenübergestellt werden (Steigerung der Mitarbeiterproduktivität, unternehmerischer

Mehrwert durch anforderungsgerechte und optimierte Stellenbesetzung u. ä .); damit lässt sich prospektiv – also vor dem Einsatz des Kompetenzmessverfahrens – überprüfen, ob dessen Kosten-Nutzen-Bilanz wirtschaftlich effizient und nutzbringend einzuschätzen ist.

5.2.2 Zielerreichung und Schwierigkeit der Verfahren

Die Zielerreichung eines Verfahrens zur Kompetenzmessung wird zunächst durch dessen Validität bestimmt: Misst das Verfahren tatsächlich das, was es vorgibt zu messen? Werden durch das Verfahren wirklich Kompetenzen erhoben und sichtbar gemacht, die in Form einer Bilanzierung den Soll-Werten gegenüber gestellt werden können?
Des Weiteren kann eine adäquate Zielerreichung nur dann erfolgen, wenn das zu erreichende Ziel präzise und eindeutig formuliert wurde. Auf den Einsatz von Kompetenzmess- und -bilanzierungsverfahren bezogen, erfordert dies eine klare Zielvereinbarung bezüglich

1. des Einsatzzwecks des Verfahrens (Stellenbesetzung, Personalentwicklung, Personalbeurteilung o. ä.),
2. der angestrebten Ergebnisverwertung,
3. der Definition von Anforderungen, die in der Kompetenzbilanzierung als Soll-Werte den erhobenen Kompetenzen gegenüber gestellt werden und daher eine Bilanzierung im eigentlichen Sinne erst ermöglichen (Stellenanforderungen, Positions- / Unternehmensbenchmarks u. ä.).

Ein weiterer, die betriebliche Praktikabilität eines Verfahrens zur Kompetenzmessung bestimmender Aspekt ist die *Schwierigkeit der Umsetzung* des Verfahrens. Insbesondere bei komplexen Verfahren zur Kompetenzmessung ist der Zusammenhang zwischen Datenerhebung, -auswertung und Ergebnisgenerierung nicht immer zugänglich und wirkt auf den Praktiker häufig zu abstrakt (vgl. u. a. Kanning 2004). An dieser Stelle gilt es, eine durchgängige Transparenz des Verfahrens zu gewährleisten, um eine sachgerechte Anwendung und Ergebnisverwertung sicherstellen zu können. Eine transparente Verfahrensgestaltung ist auch dann für die Praktikabilität eines Verfahrens zur Kompetenzmessung unabdingbar, wenn das Verfahren unternehmensextern durchgeführt wird, da die Transparenz eines Verfahrens einen entscheidenden Einfluss auf dessen soziale Akzeptanz (s. Kapitel 5.3) hat.
Diese Kriterien der organisationalen Effizienz von Kompetenzmessverfahren sind nicht völlig trennscharf zu den methodologischen Anforderungen (vgl. Kapitel 5.1) zu betrachten, vielmehr beeinflussen sie sich zum Teil gegenseitig. Die Herausforderung für die Konzeption und Implementierung von Kompetenzmessverfahren besteht darin, sowohl me-

thodologischen Richtlinien und Gütekriterien zu genügen als auch die personal-wirtschaftliche Perspektive hinsichtlich der (ökonomischen) Praktikabilität zu integrieren. Die letztendliche Qualität eines Kompetenzmessverfahrens bemisst sich gleichermaßen aus beiden Anforderungsperspektiven; die Erfüllung der einen unter Missachtung der anderen Perspektive kann in keinem Fall zu einem effizienten Einsatz von Kompetenzmessverfahren führen.

5.3 Qualität von Verfahren zur Kompetenzmessung aus Sicht der Anwendergruppen – Soziale Akzeptanz

5.3.1 Soziale Akzeptanz – Bestehende Modelle und Forschungsergebnisse

Erfahrungen der betrieblichen Praxis von Kompetenzmessungen – als eine mögliche Form der Personal-(eignungs-) -beurteilung – haben gezeigt, dass es häufig grade nicht die methodisch exaktesten Verfahren sind, die sich etablieren konnten, sondern jede Verfahren, die aus Unternehmens- und Mitarbeiter- bzw. Bewerbersicht am ehesten akzeptiert waren (vgl. Erpenbeck, von Rosenstiel 2003). Doch was macht die Akzeptanz von Verfahren zur Kompetenzmessung aus bzw. welche Voraussetzungen müssen erfüllt sein, damit ein derartiges Verfahren aus Sicht der verschiedenen Benutzergruppen akzeptiert und folglich implementierfähig wird?
Die traditionelle Perspektive der Eignungsbeurteilung und -diagnostik ist die des Funktionierens der eingesetzten Methoden und Verfahren hinsichtlich der Erfüllung von klassischen Gütekriterien (Objektivität, Validität, Reliabilität) (vgl. Schuler 1996) und hinsichtlich der Berücksichtigung des unternehmerischen (ökonomischen) Nutzens (vgl. Kapitel 5.2.1). Die Sichtweisen und jeweiligen Anforderungen der unterschiedlichen Benutzergruppen von Verfahren der Eignungsbeurteilung – also derjenigen Personen, die sich Verfahren der Eignungsdiagnostik unterziehen (müssen), und auch jener, die aus betrieblicher Sicht derartige Verfahren umsetzen bzw. mit den Ergebnissen arbeiten – finden jedoch in der Konstruktion und Anwendung dieser Verfahren bislang nach wie vor wenig Berücksichtigung (vgl. Schuler 1996, Kersting 1998). Schuler und Stehle (1983) schlagen deshalb vier Parameter vor, von denen das Erleben von Auswahlsituationen als sozial akzeptable Situation – und damit ihre

„soziale Validität“[11] – abhängt: Information, Partizipation, Transparenz und Urteilskommunikation.

In Tabelle 5.2 sind diese nach Schuler (1990, S. 185) adaptierten erlebnisrelevanten Aspekte sozialer Akzeptanz ausgeführt. Diese Aspekte beziehen sich in erster Linie auf Auswahlverfahren und berücksichtigen ausschließlich die Akzeptanz von Eignungsbeurteilungen aus Sicht der Bewerber.

Tabelle 5.2: Erlebnisrelevante Aspekte sozialer Akzeptanz nach Schuler (1990)

Aspekte der „sozialen Akzeptanz“			
Information	**Partizipation**	**Transparenz**	**Urteilskommunikation**
über die Aufgabenbereiche der Tätigkeiten	im engeren Sinn als Beteiligung an der Gestaltung der Auswahlsituation oder -instrumente oder an der Entscheidung (z.B. über Arbeitnehmervertreter)	der Auswahlsituation incl. der handelnden Personen, ihrer Rollen, Intentionen und Kompetenzen sowie der Verhaltenserwartungen an die Bewerber	diagnostische Information durch die Verfahren und die Beurteiler
über erfolgskritische Anforderungen	im weiteren Sinn als Möglichkeit, Kontrolle über die Situation auszuüben oder über das eigene Verhalten / über das Verhalten bzw. die Entscheidungen relevanter anderer oder aber verstanden als Freiheit von der Machtausübung anderer	der Bedeutung und des Aufgabenbezugs der diagnostischen Instrumente	inhaltlich: offen, wahrhaftig, bezogen auf Erfolgswahrscheinlichkeit und Entwicklungsmöglichkeiten

[11] Die von Schuler gewählte Bezeichnung „soziale Validität“ ist als missverständlich zu bewerten, da das Bezeichnete nicht mit der eigentlichen Bedeutung des Konstrukts „Validität“ im Einklang steht. Im Gegensatz zu Abhängigkeitsbeziehungen einzelner Validitätskomponenten ist es ein zentrales Merkmal der Akzeptanz einer Auswahl- und Bewertungssituation, dass sie unabhängig von der tatsächlichen Validität des eingesetzten Verfahrens variieren kann. Deshalb wird im Folgenden die Bezeichnung der „sozialen Akzeptanz“ gewählt (vgl. Kersting 1998).

über die wichtigsten Organisationsmerkmale und -ziele		des Bewertungsprozesses und der Bewertungsregeln, d.h. der Beurteilungskriterien, Standards, Prinzipien des diagnostischen Schlusses und der Aggregation von Daten und der Transformation der Daten in Urteile und der Urteile in Entscheidungen	formal: verständlich, rücksichtsvoll, unterstützend; Selbsteinsicht, Integration in das Selbstkonzept und informierte Entscheidung der Kandidaten erleicternd
über Organisationskultur und -stil		des diagnostischen Prozesses in einer Form, die Selbstbeurteilung begünstigt	
über Möglichkeiten persönlicher und beruflicher Entwicklung und weitere Aspekte, die sich als bedeutsam für Leistung und Befinden erwiesen haben und Selbstselektion erleichtern			

Es stellt sich an dieser Stelle die Frage, ob das Modell von Schuler (1990) auch als Richtlinie für die Erfüllung der sozialen Akzeptanz von Kompetenzmessverfahren gelten kann. Hierbei gilt es zu berücksichtigen, dass Kompetenzmessung und -bilanzierung im betrieblichen Umfeld nicht nur zu Zwecken der internen oder externen Personalauswahl stattfindet, sondern auch im Rahmen von Personalentwicklungsmaßnahmen, Teamzusammenstellungen u. ä. Einsatz finden können. Insbesondere das Verständnis von Schuler bzgl. des Aspekts „Information“ bedarf an dieser Stelle einer Ausdifferenzierung bzw. Anpassung an die Besonderheiten von Kompetenzmessverfahren. Des Weiteren ist die Akzeptanz und folglich Praktikabilität von Kompetenzmessverfahren nicht nur von der Einstellung der betroffenen (potenziellen) Mitarbeiter abhängig, sondern auch von den Entscheidungsträgern im Unternehmen, die an der Umsetzung der Verfahren und an der Arbeit mit den Ergebnissen beteiligt sind. Damit ein Kompetenzmessverfahren in seiner betrieblichen

Anwendung von allen betroffenen Personengruppen akzeptiert wird und langfristig erfolgreich und effektiv implementiert werden kann, ist es also erforderlich, dass eine ganzheitliche Akzeptanz des Verfahrens erzielt wird.
Da in der bisherigen Literatur keinerlei Modelle zur Beschreibung von Einflussfaktoren auf eine ganzheitliche Akzeptanz von Kompetenzmessverfahren existieren, wird in der Konzeptionsphase des hier vorgestellten Verfahrens zur Kompetenzmessung und -bilanzierung nunmehr mittels Befragungen ein umfangreicher Katalog von Akzeptanzkriterien erstellt, der zum einen der Konzeption des Verfahrens zu Grunde gelegt und zum anderen als retrospektives Evaluationsinstrument für den Erfüllungsgrad der sozialen Akzeptanz des Verfahren nach dessen betrieblicher Anwendung eingesetzt wird (vgl. Kapitel 7.2.6).
Die Generierung der Akzeptanzkriterien erfolgt mittels Befragungen von drei verschiedenen Personengruppen, die als zentrale Benutzergruppen in verschiedenen Anwendungsbereichen von Kompetenzmessverfahren geltend gemacht werden können (vgl. Schröder, Meszléry 2003):

- Personengruppe 1: **Hochschulabsolventen** (n=102) →
  als potenzielle Benutzer von Kompetenzmessverfahren im Bewerbungsprozess (Eignungsbeurteilung) (siehe Kapitel 5.3.2)
- Personengruppe 2: **Personalverantwortliche** (n=45) →
  als betriebliche Entscheidungsträger hinsichtlich der Arbeit mit Verfahren zur Erfassung von Mitarbeiterkompetenzen und den daraus resultierenden Ergebnissen (s. Kapitel 5.3.4)
- Personengruppe 3: **Arbeitnehmer** (n=45) →
  als Personengruppe, die sich der Anwendung weiterer Einsatzfelder von Kompetenzmessverfahren unterziehen kann, wie z.B. zu Zwecken von Personalentwicklung oder -beurteilung (s. Kapitel 5.3.5).

5.3.2 Generierung ganzheitlicher Akzeptanzaspekte von Verfahren zur Kompetenzmessung – Befragung von Hochschulabsolventen (n=102)

Die Befragung der Hochschulabsolventen wird vor den Befragungen der Personalverantwortlichen und Arbeitnehmer durchgeführt und gilt der Generierung eines standardisierten Fragebogens, der bei der Befragung der beiden anderen Personengruppen zum Einsatz kommt.
Es werden hierbei 102 Studenten verschiedener Fachrichtungen befragt (55 männlich, 47 weiblich), die kurz vor Abschluss ihres Studiums stehen und sich bereits im Bewerbungsprozess befinden. Zur Generierung dieser Stichprobe werden Studenten nach dem Besuch von Vorlesungen und Seminaren höherer Fachsemester (Ingenieurs-, Geistes-, Wirt-

schafts- und Naturwissenschaften) zu ihrer Bereitwilligkeit zur Teilnahme an der Befragung befragt. Es werden insgesamt 152 Studenten angefragt, 135 erklären sich bereit, an der Befragung teilzunehmen und 102 Studenten erfüllen letztendlich die Voraussetzungen für die Teilnahme an der Befragung (Student im letzten Semester vor Studienabschluss sowie bereits gesammelte Erfahrungen im Bewerbungsprozess).
In einer kurzen Instruktion werden die Befragten in die Thematik und unternehmerische Bedeutung von informell erworbenen Kompetenzen, insbesondere im Gegensatz zu fachlichen Qualifikationen eingewiesen. Mittels eines Szenarios werden die Befragten sodann in die Lage versetzt, sich bei einem Bewerbungsgespräch einem Verfahren zur Erfassung ihrer informell erworbenen Kompetenzen unterziehen zu müssen. Es folgen zwei offen gestellte Fragen, die den Befragten ohne weitere Vorgaben Raum für ihre Antworten geben:

1. Welche Voraussetzungen müssten erfüllt sein, damit Sie sich einem solchen Verfahren (Kompetenzmessverfahren) vorbehaltlos unterziehen würden?
2. Welche Bedenken haben Sie generell bezüglich des Einsatzes solcher Verfahren?

Abgeschlossen wird die Befragung mit einer allgemeinen Einstellungsfrage bezüglich Kompetenzmessverfahren „Generell stehe ich Verfahren zur Kompetenzmessung positiv gegenüber". Als Antwortformat wird eine 5-stufige Likert-Skala (vgl. Häcker, Stapf 1998) von „stimmt überhaupt nicht" bis „stimmt völlig" gewählt.

Aus den insgesamt 554 genannten Antworten werden mittels der Durchführung von Inhaltsanalysen nach Mayring (1997) 16 Kategorien gebildet, die als Akzeptanzdimensionen in den standardisierten Fragebogen für die Befragung der Personengruppen 2 und 3 (s. Kapitel 5.3.4 und 5.3.5) einfließen. In Abbildung 5.2 sind diese 16 Dimensionen und die prozentuale Verteilung der 554 Nennungen auf die Dimensionen dargestellt.
Aus diesen Befragungsergebnissen wird deutlich, dass die Akzeptanz von Kompetenzmessverfahren als Instrumente der Personalauswahl und -bewertung aus Sicht der potenziellen Anwender von vielfältigen Variablen abhängt, die weit über die klassischen Gütekriterien der Eignungsdiagnostik hinausgehen. Es schließt sich nun die bereits in Kapitel 5.3.1 gestellte Frage an, ob die von Schuler aufgestellten Aspekte der sozialen Akzeptanz (vgl. Tabelle 5.2) von Auswahlsituationen im Allgemeinen auch auf die Akzeptanz von Kompetenzmessverfahren übertragbar sind. Orientiert man sich an dem Modell von Schuler (1990) mit den vier zentralen Erlebnisaspekten, Information, Transparenz, Partizipation und Ur-

teilskommunikation, so sind die aus der Absolventenbefragung generierten Kriterien diesen Aspekten zu einem Großteil durchaus zuzuordnen.

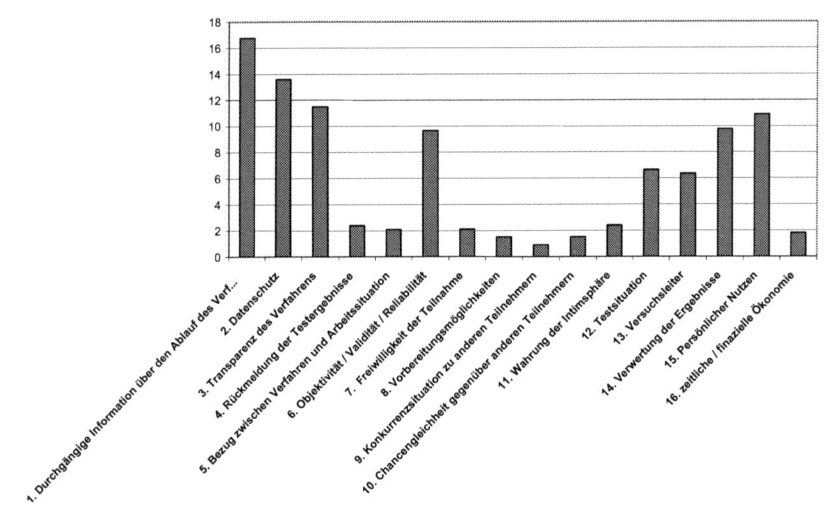

Abbildung 5.2: Generierte Akzeptanzkriterien mit prozentualer Verteilung der Nennungen (n=554)

In Tabelle 5.3 ist eine Einordnung der aus der Befragung generierten Akzeptanzkriterien unter die von Schuler aufgestellten erlebnisrelevanten Aspekte einer Auswahlsituation vorgenommen worden:

Tabelle 5.3: Zuordnung der generierten Akzeptanzkriterien bzgl. Kompetenzmessverfahren zu Schulers Aspekten der sozialen Akzeptanz

Aspekte der sozialen Validität nach Schuler (1990)	**aus Absolventenbefragung generierte Akzeptanzkriterien**
Information	• Durchgängige Information über den Ablauf des Verfahrens • Vorbereitungsmöglichkeiten
Partizipation / Kontrolle	• Datenschutz • Wahrung der Intimsphäre • Freiwilligkeit der Teilnahme
Transparenz	• Transparenz des Verfahrens • Versuchsleiter • Bezug zwischen Verfahren zur Arbeitssituation • Objektivität / Reliabilität / Validität
Urteilskommunikation / Feedback	• Rückmeldung der Testergebnisse • Verwertung der Ergebnisse

Es zeigt sich, dass die von Schuler (1990) genannten zentralen erlebnisrelevanten Aspekte einer Auswahlsituation als wichtige Einflussgrößen

auf die Akzeptanz von Kompetenzmessverfahren geltend gemacht werden können. Allein die Aspekte „Durchgängige Information über den Ablauf des Verfahrens“, „Transparenz des Verfahrens“, „Datenschutz“ sowie „Objektivität / Reliabilität / Validität“ und „Verwertung der Ergebnisse“ als meistgenannte Aspekte machen in der Befragung der Absolventen in der Summe ihrer Nennungen 61,29% bezogen auf die Gesamtheit aller Nennungen aus. Mittels bivariater Korrelationsanalyse nach Pearson (vgl. Bortz 1993) wird zudem der Einfluss dieser Aspekte auf die generelle Akzeptanz von Kompetenzmessverfahren deutlich: Zwischen den fünf Aspekten und der in der Befragung integrierten Einstellungsfrage „Generell stehe ich Verfahren zur Kompetenzmessung positiv gegenüber“ bestehen jeweils signifikante Korrelationswerte zwischen .75 und .93.
Einige der generierten Aspekte lassen sich jedoch nicht den Definitionen von Schulers Aspekten der sozialen Akzeptanz zuordnen, obgleich sie einen über die Korrelationsanalyse herausgestellten signifikanten Einfluss auf die Akzeptanz von Kompetenzmessverfahren nehmen:

- Testsituation (Korrelation zu Einstellungsfrage: .95)
- persönlicher Nutzen (Korrelation zu Einstellungsfrage: .85)
- zeitl. / finanzielle Ökonomie (Korrelation zu Einstellungsfrage: .77)

Unter den Aspekt „Testsituation“ fallen in erster Linie Aussagen der Befragten hinsichtlich einer angenehmen und stressfreien Atmosphäre der Testsituation. Der „persönliche Nutzen“ betreffend Kompetenzmessverfahren umfasst Aussagen bezüglich der Ergebnisverwertung der Kompetenzmessung über den unternehmerischen Nutzen hinaus, also zur konkreten Nutzbarmachung durch den Bewerber selbst. Dieser Kategorie, die sich aus 10,91% aller Nennungen bildet, liegt eine zentrale Anforderung an Kompetenzmessungen zu Grunde: Es wird angestrebt, die ermittelten Kompetenzen einer Person transparent und weiter verwertbar – auch über den situativen Anwendungszweck (in diesem Fall: die Bewerbungssituation) hinaus – abzubilden. Dies geschieht mit dem Ziel einer Zertifizierung dieser Kompetenzen, so dass (langfristig) eine Chancengleichheit zwischen informell erworbenen Kompetenzen und formellen Qualifikationen erzielt werden kann (vgl. u. a. EU, Weißbuch 2000, Straka et al. 2002). Dieser erwünschte und angestrebte Nutzen der Ergebnisverwertung von Kompetenzmessverfahren – auch über den Anlass der Erhebungssituation hinaus – stellt daher einen wichtigen Einflussfaktor auf die soziale Akzeptanz von Kompetenzmessverfahren dar und sollte bei der Implementierung von Kompetenzmessverfahren im betrieblichen Kontext unbedingt berücksichtigt werden.
Die Nennung des Aspekts der zeitlichen und finanziellen Ökonomie wäre eher aus Unternehmensperspektive im Sinne eines personalwirtschaftlich angestrebten ökonomischen Nutzens zu erwarten gewe-

sen, denn aus der Perspektive potenzieller Anwender. Die Nennung des Kriteriums aus Sicht von potenziell „Betroffenen" verdeutlicht die ganzheitliche Relevanz einer ökonomischen Angemessenheit von Kompetenzmessverfahren.
Zusammenfassend lässt sich herausstellen, dass die von Schuler (1990) formulierten und in der allgemeinen Eignungsdiagnostik integrierten Aspekte der sozialen Akzeptanz Information, Partizipation, Transparenz und Urteilskommunikation auch als Akzeptanzkriterien für Kompetenzmessverfahren geltend gemacht werden können. Es erscheint jedoch sinnvoll, diese Aspekte weiter auszudifferenzieren, um den vielfältigen Einsatzbereichen und verschiedenen Benutzergruppen von Kompetenzmessverfahren gerecht zu werden. Auch bedarf es der Ergänzung weiterer Akzeptanzkriterien, die in der Schulerschen Systematik nicht einzuordnen sind. Dies sind Kriterien wie die Berücksichtigung des persönlichen Nutzens der Ergebnisverwertung von Kompetenzmessungen und die Umsetzung einer zeitlichen und finanziellen Ökonomie von Verfahren zur Kompetenzmessung, deren Realisieren bzw. persönliches Erleben einen nicht unerheblichen Einfluss auf die Akzeptanz von Kompetenzmessverfahren nehmen können.
Für die Konzeption des standardisierten Fragebogens aus den in der Absolventenbefragung generierten Akzeptanzkriterien werden deshalb die Kriterien in ihrer differenzierten Ursprungsform beibehalten, um in den Folgebefragungen ein möglichst präzises Bild vom Einfluss der verschiedenen Akzeptanzkriterien aus Sicht von Personalverantwortlichen und Arbeitnehmern zu bekommen.

5.3.3 Konstruktion der Befragung von Personalverantwortlichen und Arbeitnehmern zur Akzeptanz von Verfahren zur Kompetenzmessung

Bei diesen Befragungen werden zunächst einige allgemeine Angaben zur Person (Alter, Schulabschluss, Berufserfahrung u. ä.) abgefragt und eine kurze Instruktion und Definition von Mitarbeiterkompetenzen, deren unternehmerische Bedeutung und Erhebungsmöglichkeiten in verschiedenen Anwendungsfeldern gegeben. Dann werden unter der einleitenden Fragestellung, „Welche Voraussetzungen sollte Ihrer Meinung nach ein Verfahren zur Kompetenzmessung gewährleisten, damit dieses seinen Zweck erfüllt?" die 16, zuvor in der Absolventenbefragung (vgl. Kapitel 5.3.2) generierten, Akzeptanzkriterien aufgelistet. Die Befragten werden mittels einer 5-stufigen Likert-Skala von „stimmt überhaupt nicht" bis „stimmt völlig" dazu angehalten, ihre Zustimmung bzw. Ablehnung zu den jeweiligen Kriterien auszudrücken. In einer anschließenden Einstellungsabfrage können sie ihre generelle Einstellung zu Kompetenzmessverfahren zum Ausdruck bringen. Abschließend besteht die Möglichkeit, die aufgeführten Kriterien um weitere zu ergänzen. Diese Möglichkeit

wird weder von der Befragungsgruppe der Arbeitnehmer noch von den Personalverantwortlichen in Anspruch genommen, was den Rückschluss erlaubt, dass die aus der Absolventenbefragung generierten Akzeptanzkriterien keiner Ergänzungen bedürfen. Der vollständige Fragebogen ist dem Anhang beigefügt (s. Anhang A2).
Dieses standardisierte Erhebungsinstrument wird anschließend als Online-Version an 100 Personalverantwortliche und 112 Arbeitnehmer verschickt, die Rücklaufquote beläuft sich im ersten Fall (Personalverantwortliche) auf 45%, im zweiten Fall (Arbeitnehmer) auf 40,2%, der Rücklauf ist damit als zufrieden stellend zu bewerten.

5.3.4 Befragung der Personalverantwortlichen (n=45)

Die 45 der angeschriebenen 100 Personalverantwortlichen, die sich der Befragung unterzogen, entstammen Unternehmen verschiedener Größen und Branchen, die Kontakte werden bestehenden Kontaktdatenbanken sowie der Hoppenstedt "Firmendatenbank" (vgl. www.hoppenstedt.de) entnommen:

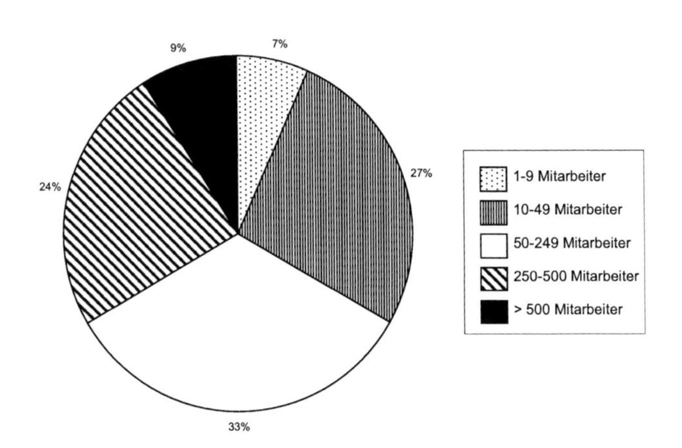

Abbildung 5.3: Prozentuale Verteilung der Unternehmensgrößen (n=45)

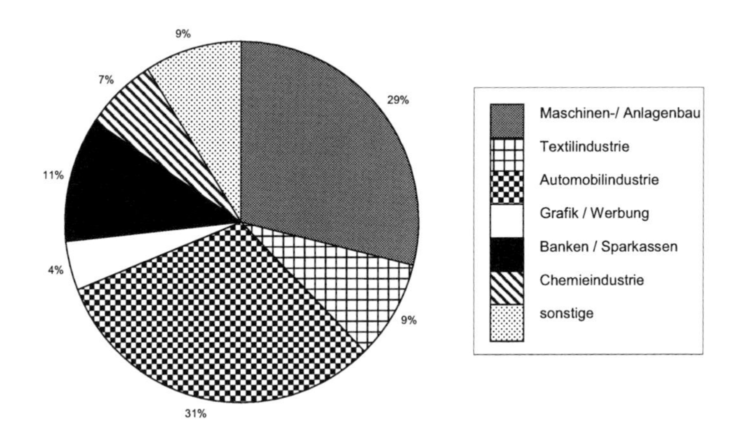

Abbildung 5.4: Prozentuale Verteilung der Unternehmensbranchen

In Abbildung 5.5 sind die gemittelten Werte der Zustimmungen bzw. Ablehnungen der Befragten hinsichtlich des Grads der Bedeutung der 16 Akzeptanzkriterien dargestellt (1=stimmt überhaupt nicht bis 5=stimmt völlig):

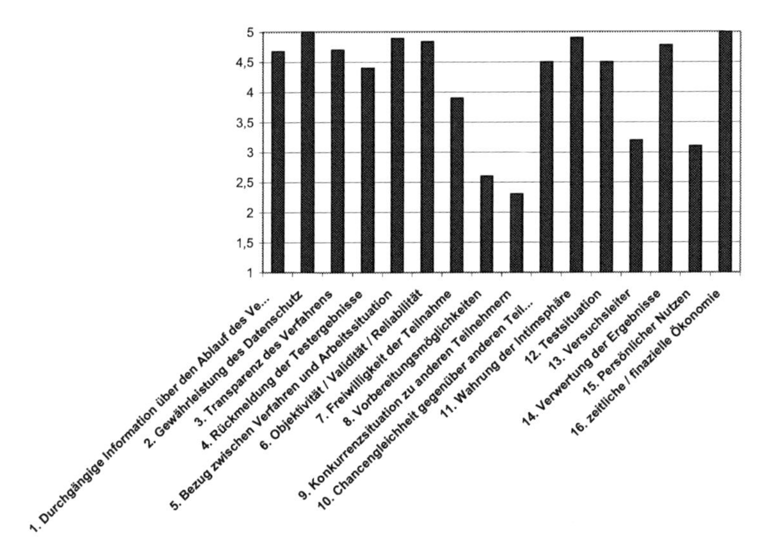

Abbildung 5.5: Mittelwerte der Bewertungen von Akzeptanzkriterien durch Personalverantwortliche (n=45)

Es wird deutlich, dass 14 der 16 Kriterien mit einer überdurchschnittlichen Bedeutung bewertet werden, lediglich den Kriterien „ausreichende Vorbereitungsmöglichkeiten“ und der „Vermeidung einer Konkurrenzsituation zu anderen Teilnehmern“ wird eine unterdurchschnittliche Bedeutung zugesprochen. Die Gewährleistung des *Datenschutzes* sowie einer *zeitlichen* und *finanziellen Ökonomie* stellen aus Sicht der Befragten die bedeutsamsten Kriterien für den Einsatz von Kompetenzmessverfahren dar.
In einer Gegenüberstellung der Bewertungen der Personalverantwortlichen mit den Ergebnissen aus der Absolventenbefragung (s. Kapitel 5.3.2) werden Unterschiede in der Bewertung bzw. Gewichtung der folgenden Kriterien deutlich:

1. Durchgängige Information über den Ablauf des Verfahrens,
15. persönlicher Nutzen der Kompetenzmessungsergebnisse,
16. zeitliche / finanzielle Ökonomie.

Von den *Hochschulabsolventen* wird eine durchgängige Information über den Ablauf des Verfahrens als Akzeptanz bestimmendes Kriterium von Kompetenzmessverfahren mit deutlichem Vorsprung am Häufigsten genannt (vgl. Abbildung 5.2). In der Befragung der *Personalverantwortlichen* hingegen nimmt dieses Kriterium in der Bedeutungsreihenfolge lediglich einen fünften Platz ein. Der aus den Ergebnissen einer Kompetenzmessung erwünschte *persönliche Nutzen* wird in der Absolventenbefragung mit 10,91% der Nennungen belegt und erhält damit im Rahmen dieser Befragungsgruppe eine verhältnismäßig große Bedeutung. Bei der Befragung der Personalverantwortlichen nimmt die zugemessene Bedeutung dieses Kriteriums lediglich die drittletzte Stelle ein.
Eine besonders große Diskrepanz in den Ergebnissen der beiden Befragungsgruppe zeigt sich in der Gewichtung der zeitlichen und finanziellen *Ökonomie* von Kompetenzmessverfahren: Diese wird von allen befragten Personalverantwortlichen mit der größten Bedeutung belegt, während das Kriterium in der Absolventenbefragung mit lediglich 1,81% aller Nennungen belegt wird.
Aus diesen differenten Befragungsergebnissen bezüglich der Kriterien 1, 15 und 16 (s. o.) werden die unterschiedlichen Perspektiven der Befragungsgruppen in ihrer Einflussnahme auf die generelle Akzeptanz von Kompetenzmessverfahren besonders deutlich.
Die abschließende Einstellungsfrage „Generell stehe ich Verfahren zur Kompetenzmessung positiv gegenüber“ wird von den befragten Personalverantwortlichen auf einer fünfstufigen Likert-Skala (1 = stimmt überhaupt nicht bis 5 = stimmt völlig) mit einer gemittelten Bewertung von 4,89 belegt. Es konnten weder signifikante Zusammenhänge zwischen der Unternehmensgröße und -branche noch dem Alter, Geschlecht und

beruflichem Hintergrund der Befragten und der generellen Einstellung gegenüber Kompetenzmessverfahren ermittelt werden (mittels Chi-Quadrat-Test bzw. Kendall-Tau, vgl. u. a. Bortz 1993).
In einer durchgeführten Regressionsanalyse gilt diese Einstellungsfrage als abhängige Variable, die 16 Akzeptanzkriterien als unabhängige Variable.
Den größten Einfluss auf die generelle Einstellung gegenüber Kompetenzmessverfahren nehmen in der Befragung der Personalverantwortlichen – gemäß den Ergebnissen der Regressionsanalyse – die Kriterien 1 (Durchgängige Information über den Ablauf des Verfahrens), 2 (Gewährleistung des Datenschutzes), 14 (Verwertung der Ergebnisse) und 15 (persönlicher Nutzen) ein. Ergänzungen zu den aufgeführten 16 Akzeptanzkriterien werden von den Befragten nicht vorgenommen; der Kriterienkatalog wird demnach von dieser Befragungsgruppe als vollständig erachtet.

5.3.5 Befragung der Arbeitnehmer (n=45)

Parallel zu der Befragung der Personalverantwortlichen werden 112 Arbeitnehmer verschiedenen Alters und unterschiedlicher Unternehmensbranchen mit demselben Fragebogen angeschrieben. Die Kontakte entstammen projektbezogenen Kontaktdatenbanken, es werden Kontakte mit einer breiten Streuung hinsichtlich der Zugehörigkeit zu betrieblichen Hierarchieebenen selektiert (mittleres Management bis Werkerebene) und zu einer Klumpen-Stichprobe zusammengeführt (vgl. Bortz 1993). 45 Fragebögen werden ausgefüllt zurück gesendet. Abbildung 5.6 und 5.7 stellen die Alterverteilung der Befragten und deren Branchenzugehörigkeit dar; das Geschlechterverhältnis setzt sich aus 33 männlichen und 12 weiblichen Befragten zusammen.

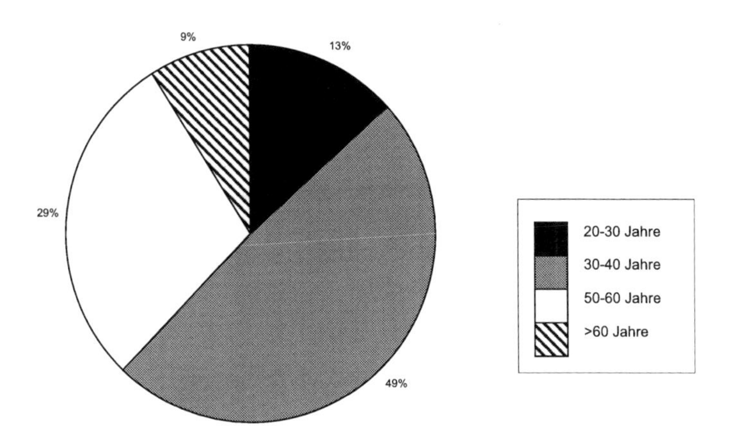

Abbildung 5.6: Alterverteilung der befragten Arbeitnehmer (n=45)

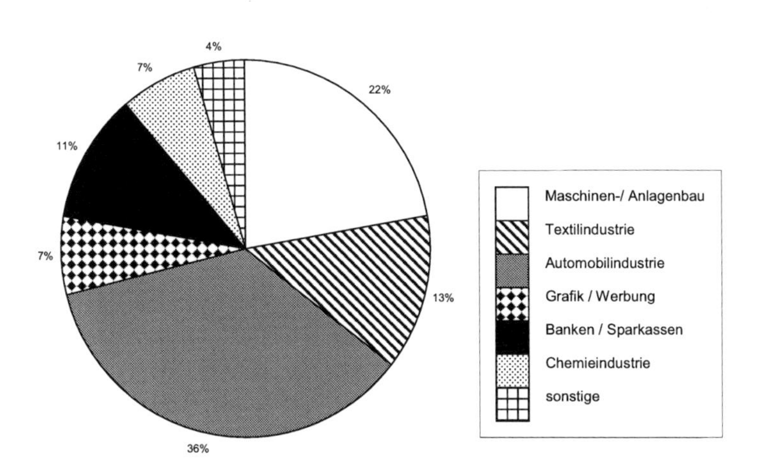

Abbildung 5.7: Prozentuale Verteilung der Branchenzugehörigkeit (n=45)

In Abbildung 5.8 sind die Ergebnisse der Arbeitnehmerbefragung hinsichtlich der Bewertung der 16 Akzeptanzkriterien im Überblick dargestellt:

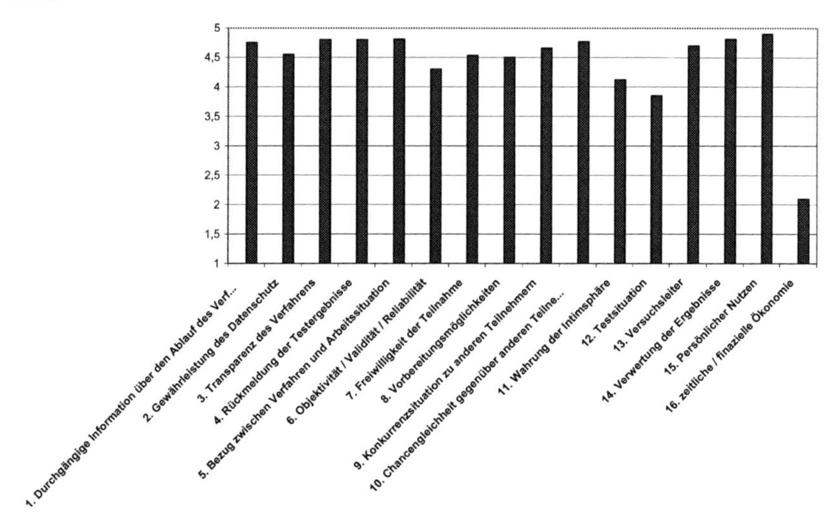

Abbildung 5.8: Mittelwerte der Bewertungen von Akzeptanzkriterien durch Arbeitnehmer (n=45)

Mit Ausnahme der zeitlichen und finanziellen Ökonomie werden alle Akzeptanzkriterien weit überdurchschnittlich bewertet. Gegenüber den Angaben der Personalverantwortlichen (vgl. Kapitel 5.3.4) ist hinsichtlich dieses Kriteriums eine deutliche Diskrepanz zu vermerken. Die generelle Einstellung gegenüber Kompetenzmessverfahren wird mit einem gemittelten Wert von 4,7 bewertet. Mittels Regressionsanalyse können die Kriterien 1 (Durchgängige Information über den Ablauf des Verfahrens), 2 (Gewährleistung des Datenschutzes), 3 (Transparenz des Verfahrens), 14 (Verwertung der Ergebnisse) und 15 (Persönlicher Nutzen) als zentrale Einflussgrößen auf die Gesamteinstellung bezüglich Kompetenzmessverfahren geltend gemacht werden. Es können keine signifikanten Korrelationen zwischen Alter, branchenspezifischer Betriebszugehörigkeit, Geschlecht und der Gesamteinstellung gegenüber Kompetenzmessverfahren ausfindig gemacht werden.
Ergänzungen zu den 16 Akzeptanzkriterien sind auch von dieser Befragungsgruppe nicht vorgenommen worden.

5.2 Zusammenfassung der Untersuchungsergebnisse – Dem Verfahren zu Grunde liegende Güte- und Anforderungskriterien

Der Einfluss bzw. die Bedeutung der sozialen Akzeptanz von Verfahren der Eignungsdiagnostik – und infolgedessen auch von Verfahren zur Kompetenzmessung und -bilanzierung – sind aus Unternehmenssicht vielfältiger Art: So können nicht akzeptierte, von potenziellen Mitarbeitern in Bewerbungssituationen abgelehnte Verfahren zur Personalauswahl negativen Einfluss auf das Unternehmensimage nehmen (vgl. Hanft 1999, S. 272); nicht-akzeptierte Verfahren zur Bestimmung von Personalentwicklungsbedarfen und -potenzialen können von der Belegschaft boykottiert und in ihre Zielerreichung behindert werden (vgl. Erpenbeck, von Rosenstiel 2003, S. XXVI).
Aus den Befragungen der unterschiedlichen, von Kompetenzmessungen potenziell tangierten Personengruppen (Absolventen, Arbeitgeber und Arbeitnehmer) wird deutlich, dass die Akzeptanz von Kompetenzmessverfahren von vielfältigen Kriterien abhängig ist. Von diesen stellen die wissenschaftliche Güte des Verfahrens selbst und dessen ökonomische Praktikabilität nur eine Einflussgröße unter vielen dar. Kriterien, die die Einbettung des Verfahrens in den betrieblichen Kontext und seine Rahmenbedingungen betreffen, nehmen einen weiteren bedeutenden Einfluss auf das subjektive Erleben und somit die Akzeptanz derartiger Verfahren. Die aus der Vorbefragung generierten 16 Akzeptanzkriterien zeigen – nach ihrer Prüfung auf Vollständigkeit über die Folgebefragungen – keine Notwendigkeit für Ergänzungen. Sie fließen daher hier in ihrer Gesamtheit in die Konzeption des Evaluationsinstruments ein, welches in der praktischen Erprobung des im Rahmen dieser Dissertation entwickelten Verfahrens als summatives Evaluationsinstrument dient (vgl. Kapitel 7.2.6).
Es wird weiterhin deutlich, dass zwar Übereinstimmungen zwischen den Befragungsgruppen hinsichtlich der Bedeutung von Kriterien wie Transparenz, Information und Datenschutz bestehen. Jedoch nehmen insbesondere Kriterien wie die zeitliche und finanzielle Ökonomie von Kompetenzmessverfahren sowie der angestrebte persönliche Nutzen aus den Erhebungsergebnissen – aus Unternehmensperspektive (Personalverantwortlichen) auf der einen Seite und aus „Betroffenen-Perspektive“ (Absolventen und Arbeitnehmer) auf der anderen Seite – stark unterschiedlichen Einfluss auf die Gesamteinstellung gegenüber Kompetenzmessverfahren. Zudem erfahren diese Kriterien sehr differente Bewertungen.
Daraus lässt sich schließen, dass die generierten Akzeptanzkriterien zwar für alle von Kompetenzmessverfahren tangierten Personengruppen

gültig sind, ihnen aber in Abhängigkeit von der Bewerter-Perspektive eine unterschiedliche Bedeutung zukommt. Insofern können sie in unterschiedlichem Maße die Akzeptanz eines Kompetenzmessverfahrens beeinflussen. Für das Erzielen einer größtmöglichen Akzeptanz eines Verfahrens zur Kompetenzmessung und -bilanzierung – sowohl aus Sicht eines Unternehmens als auch aus Sicht derer, die sich einem solchen Verfahren unterziehen (müssen) – scheint es daher unbedingt erforderlich, bei der Konzeption, Implementierung und Ergebnisverwertung eines betrieblichen Verfahrens zur Kompetenzmessung einen bestmöglichen Erfüllungsgrad *aller* aufgeführten Akzeptanzkriterien anzustreben.
Es lässt sich aus den Ausführungen der Kapitel 5.1 bis 5.3 zusammenfassen, dass die Qualität eines Kompetenzmessverfahrens gleichermaßen von vielfältigen Variablen und von benutzergruppenspezifischen Perspektiven beeinflusst wird:

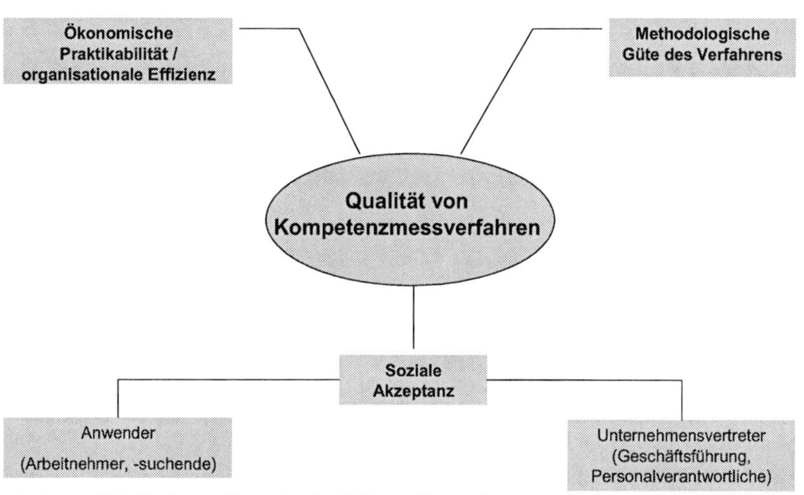

Abbildung 5.9: Einflussgrößen der Qualität von Kompetenzmessverfahren

Diese Einflussgrößen gilt es, bei der Konstruktion und Implementierung von Kompetenzmessverfahren im betrieblichen Kontext zu differenzieren und für sie in ihrer Gesamtheit einen größtmöglichen Erfüllungsgrad anzustreben. Erst unter dieser ganzheitlichen Betrachtung der Verfahrensqualität kann ein Verfahren zur Kompetenzmessung in seinen vielfältigen Einsatzfeldern einen größtmöglichen Nutzen erzielen und langfristig effizient und effektiv implementiert werden.
Der Konzeption, Entwicklung und betrieblichen Umsetzung des hier vorgestellten Verfahrens zur Kompetenzmessung und -bilanzierung wird ein

umfangreicher Katalog an Anforderungskriterien zu Grunde gelegt, der diese Qualitätsaspekte von Kompetenzmessverfahren aufgreift und integriert.
Der methodologischen Konzeption und Umsetzung gelten die in der DIN 33430 aufgeführten Gütekriterien als Richtlinien; in der betrieblichen Umsetzung stehen der ökonomische Nutzen und die wirtschaftliche Praktikabilität des Verfahrens im Vordergrund. Gleichzeitig werden die zuvor generierten Einflussgrößen der sozialen Akzeptanz des Verfahrens (vgl. Kapitel 5.3) als bestmöglich zu erfüllende Anforderungen in den Qualitätskriterienkatalog integriert. Daher wird einem ganzheitlichen Qualitätsanspruch an das Kompetenzmessverfahren Genüge getan. Dieses erhebt für sich den Anspruch, zum einen die Anforderungen aller relevanten Nutzergruppen zu integrieren (Arbeitnehmer, Arbeitgeber, Arbeitssuchende), zum anderen umfangreichen methodologischen und psychologisch-diagnostischen Standards zu entsprechen unter gleichzeitiger Berücksichtigung einer größtmöglichen ökonomischen Praktikabilität:

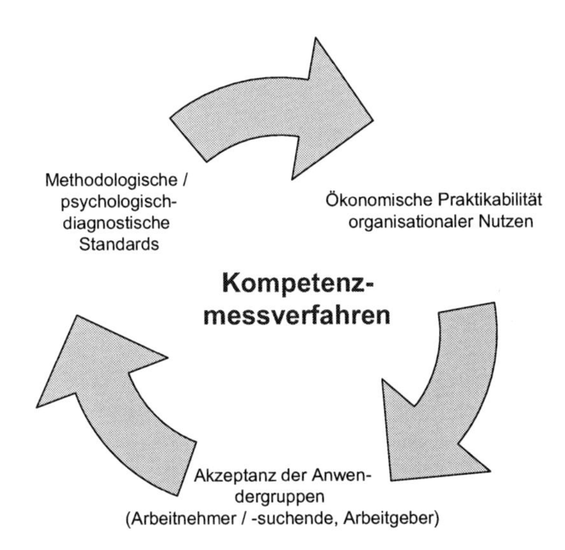

Abbildung 6.1: Anforderungskriterien an das Kompetenzmessverfahren

6 Konstruktion des modularen Verfahrens zur Kompetenzmessung und -bilanzierung

6.1 Auswahl der Verfahren

Mittels umfangreicher Voranalysen wurde zunächst der „Gegenstand" einer Kompetenzmessung – nämlich die zu messenden Kompetenzdimensionen – detailliert analysiert und definiert (vgl. Kapitel 4). Außerdem erfolgte eine Ausdifferenzierung von der Verfahrenskonstruktion zu Grunde liegenden Anforderungs- und Gütekriterien unter Berücksichtigung aller relevanten Anforderungsperspektiven (vgl. Kapitel 5). Auf der Basis dieser Analyseergebnisse beginnt nunmehr die eigentliche Verfahrensauswahl. Diese basiert auf einer umfangreichen Analyse von bestehenden nationalen und internationalen Verfahren, die entweder als Kompetenzmessverfahren im eigentlichen Sinne definiert sind oder im Rahmen der psychologischen Eignungsdiagnostik erfolgreich Einsatz gefunden haben. Zudem müssen diese den validen Anspruch erheben, eine oder mehrere der definierten 42 Kompetenzdimensionen (vgl. Kapitel 4.2) zuverlässig zu messen. Die zu messenden Konstrukte werden dabei jeweils mit der allgemeinen Kompetenzdefinition (vgl. Kapitel 2.1) abgeglichen um zu verhindern, dass Verfahren in den Auswahlpool gelangen, die kompetenz*unabhängige* Persönlichkeitseigenschaften erfassen.
Der Zusammenstellung des Verfahrenspools liegt die Annahme zu Grunde, dass standardisierte Verfahren zur Kompetenzmessung im betrieblichen Kontext wenig Erfolg versprechend sind. Betriebliche Rahmenbedingungen, unternehmensspezifischen Anforderungen an die Mitarbeiter ebenso wie die Unternehmenskultur sind als zentrale Einflussgrößen auf die Ausgestaltung und den Einsatz eines Verfahrens zur Kompetenzmessung und -bilanzierung ebenso vielfältig wie die Einsatzfelder und -ziele derselben. Deshalb könnte ein einziges standardisiertes Verfahren allen unternehmerischen Anforderungen nicht entsprechen und in seinem Einsatz Ziel führend sein.
Das im Rahmen dieser Dissertation entwickelte Verfahren zur Kompetenzmessung ist deshalb modular aufgebaut: in Form eines Methoden- und Instrumentarien-Pools. Es ermöglicht dadurch den bedarfsorientierten Einsatz von vielfältigen Verfahren, die – den Anforderungen des Unternehmens entsprechend – zu einem unternehmensspezifischen Verfahren zur Kompetenzmessung und -bilanzierung zusammengestellt werden können. Um der Vielfalt an Zugängen zu Kompetenzen gerecht zu werden (vgl. Erpenbeck in: Hasebrook et al. 2004), wird ein breites

Spektrum an qualitativen und quantitativen Verfahren und Instrumenten im Sinne der möglichen Anwendung eines Methodenmixes als Kompetenzmessoptionen zur Verfügung gestellt.
Hinsichtlich der Frage, welche Verfahren als Kompetenzmessverfahren geltend gemacht werden dürfen, dient die von Erpenbeck und von Rosenstiel (2003) entwickelte Systematik von Kompetenzmessverfahren (vgl. auch Kapitel 3.3). Das Verständnis von Kompetenzmessverfahren wird also in einem weiteren Sinne aufgefasst, insbesondere hinsichtlich der Berücksichtigung eines späteren Einsatzes der Verfahren im betrieblichen Kontext: Gerade unter stark limitierten zeitlichen und finanziellen Ressourcen ist es zumeist nicht möglich, umfangreiche und langwierige Methoden der Kompetenzmessung – wie Beobachtungen, biografische Analysen u. ä. – anzuwenden, auch wenn diese noch so exakt und methodisch präzise Informationen liefern. Dieser ökonomische Aspekt der Verfahren spielt daher bei dessen Auswahl eine entscheidende Rolle.
Eine erste Analyse und Zusammenstellung von bereits vorhandenen Verfahren zur Messung von Kompetenzen erfolgt anhand der in der Voranalyse generierten 42 Kompetenzdimensionen (vgl. Kapitel 4.2). Dies geschieht mit der Zielstellung, für jede der 42 Dimensionen mindestens zwei Verfahren zu deren Messung ausfindig zu machen, um eine unternehmensspezifische Auswahl zu ermöglichen.
Bei der Auswahl gelten die zuvor generierten Güte- und Anforderungskriterien (s. Kapitel 5) als Entscheidungsrichtlinien hinsichtlich der Aufnahme eines Verfahrens in den Pool. In Tabelle 6.1 ist ein Auszug der den jeweiligen Kompetenzdimensionen zugeordneten Verfahren dargestellt; in der letzten Spalte werden die Kompetenzdimensionen weiter ausdifferenziert. Eine Gesamtübersicht ist im Anhang zu finden (vgl. Anhang A 3).
Um die letztendliche Auswahl der für die Unternehmen in Frage kommenden Verfahren so einfach und effizient wie möglich zu gestalten, wird eine detaillierte Beschreibung der jeweiligen Verfahren vorgenommen, an Hand derer eine spezifischen und auf die jeweiligen Unternehmensbedarfe angepasste Auswahl erfolgen kann. Diese Beschreibungen beziehen sich sowohl auf die mit dem jeweiligen Verfahren erfassbaren Kompetenzdimensionen als auch auf die verfahrensspezifischen Gütekriterien. Weiterhin werden Erfahrungswerte hinsichtlich der sozialen Akzeptanz der Verfahren und die erforderliche zeitliche und finanzielle Aufwendung berücksichtigt.

Tabelle 6.1: Verfahren in Zuordnung zu erhebenden Kompetenzdimensionen (Auszug)

Kompetenzklasse (Erpenbeck & Heyse, 1999)	Kompetenzkategorie	Testverfahren	Fähigkeit, Fertigkeit, Kenntnis, Kompetenz
Sozialkommunikative Kompetenzen			
	Einfühlungsvermögen	FEAS, ISIS, BIP, CASA (qualitatives Verfahren), OSP, GPI, SKASUK	auf Kundenwünsche eingehen
			Gespür für die individuellen Bedürfnisse unserer Kunden
			Soziale Sensibilität
			Aufgeschlossenheit
			Einfühlungsvermögen
			Aktiver Zuhörer
	Kundenorientierung	SKASUK, BOT, FSK	Kundenorientierung
			Dienstleistungsorientierung
			Serviceorientierung
			Vorbildliches, kundenorientiertes Denken und Handeln
	Kommunikationsfähigkeit	IPS, F-DUP, Call-me, 16-PF-R, ATLANTIS, BIP, DEKRA, BOT, CASA (qualitatives Verfahren)	Umgang mit Menschen
			Kommunikation
			Beziehungsmanagement
			Kontaktstärke
			Kontaktfähigkeit
			Kontaktverhalten
			Kommunikationsfähigkeit
			Kommunikation/ Kommunikationsstark
			ausgeprägte kommunikative Kompetenz
			positives Kommunikationsverhalten
			Überzeugungsfähigkeit
			Argumentation
			Kommunikation und Darstellung
			Dialogfähigkeit
			Durchsetzungsfähigkeit/ Durchsetzungsvermögen
	Teamorientierung	OSP, CASA (qualitatives Verfahren), Team-Puls, TKI, DCT, FIT, BIP	Teamarbeit
			Teamorientierung
			Teamfähigkeit
			gerne im Team arbeiten
			im Team arbeiten zu können
			Anpassungsfähigkeit (auch bei Flexibilität)

Der für den Einsatz eines Verfahrens benötigte zeitliche Aufwand stellt ein zentrales Selektionskriterium bei der Auswahl des Verfahrenspools dar. Viele, vor allem qualitative Verfahren, erfordern eine zeitliche Aufwendung von mehreren Stunden bis hin zu Tagen. Damit kann dem Anspruch auf ökonomische Praktikabilität der Verfahren nicht mehr Genüge getan werden, insbesondere dann, wenn in einer betrieblichen Kompetenzmessung nicht nur einige wenige, sondern 10 oder mehr Kompetenzdimensionen erhoben werden sollen, was in der Regel den Einsatz von mehreren Verfahren erforderlich macht. In Abbildung 6.2 ist ein Ausschnitt der Verfahrensbeschreibungen dargestellt. Eine Gesamtübersicht ist im Anhang zu finden (vgl. Anhang A 4).

Name	Dimensionen	Durchführung	Gütekriterien					
			Objektivität	Reliablität	Validität	Normierung	Kosten	Zeit
Sozial-Kommunikative Kompetenzen								
BIP	➢ Leistungsmotivation ➢ Gestaltungs-motivation ➢ Führungsmotivation ➢ Gewissenhaftigkeit ➢ Flexibilität ➢ Handlungsorientie-rung ➢ Sensitivität ➢ Teamorientierung ➢ Durchsetzungs-stärke ➢ Emotionale Stabilität ➢ Belastbarkeit ➢ Selbstbewusstsein ➢ ...	Im Fragebogen befin-den sich Hinweise zur Bearbeitung. Einzel- & Gruppen-testung möglich.	Testmanual mit umfassenden Hinweisen und Hilfestellungen vorhanden – Objektivität gegeben	Retestreliabilität = .77 - .87 Interne Konsis-tenz = .75 - .92	Kriteriumsvalidi-täten zwischen .22 und .48 Zusammenhang Selbst-/ Fremd-bild= .24 - .49	Verschiedene Normgruppen vorhanden, N = 5354 Wahlweise 9- oder 10- stufige Normierung	382 € - Papier-version; 1779 € - PC-Version	45 Min + 20 Min Auswertung
CASA	➢ Einfühlungs-vermögen ➢ Kommunikations-fähigkeit ➢ Teamorientierung ➢ Konfliktfähigkeit ➢ Fachübergreifendes Engagement ➢ Führungsfähigkeit ➢ Verhandlungs-strategische Kenntnisse ➢ Gedächtnis (Zahlen, Namen, Gesicht, Gegenstände, Sachverhalte, visu-elles, räumliches) ➢ Moralisches Bewusstsein (Iden-tifikation mit dem Unternehmen) ➢ Planungskompetenz (strategisches Den-ken, Zielorientie-rung) ➢ Selbstständigkeit	Bearbeitung der Testbausteine aus-schließlich am Com-puter. Einzel- & Gruppentestung möglich.	Automatisierte Durchführung und Auswertung	keine Angaben	Multivariate Wilks' Lambda = .41 Weitere Infos zur Validierung im Validierungs-handbuch.	Entweder Stan-dard-Normstich-probe oder ei-gene unterneh-mensspezifische Normen.	Jedes der 8 Module 997 €	Je nach Modul 15 - 90 Min.

Abbildung 6.2: Verfahrensbeschreibungen (Auszug)

Ergebnis der bisherigen Voranalysen und -arbeiten stellt nunmehr ein umfangreicher Pool von 91 Verfahren dar. Diese genügen den folgenden Kriterien:

- sie entsprechen den vielfältigen messtheoretischen Zugängen von Kompetenzen,
- sie sind dem Ordnungsraster von Kompetenzmessverfahren (Erpenbeck, von Rosenstiel 2003) zuzuordnen (vgl. Kapitel 3.3),
- sie messen jeweils eine oder mehrere der durch die Voranalysen und -untersuchungen generierten und definierten Kompetenzdimensionen (vgl. Kapitel 4.2) und
- sie genügen den umfangreichen zu Grunde liegenden Güte- und Anforderungskriterien, insbesondere
  - den klassischen Gütekriterien (Objektivität, Validität, Reliabilität) zur Absicherung der methodischen Güte (vgl. Kapitel 5.1),
  - der ökonomischen Praktikabilität hinsichtlich Zeit und materiellen Ressourcen sowie einer positiven Kosten-Nutzen-Bilanz (vgl. Kapitel 5.2),
  - der sozialen Akzeptanz aller Anwendergruppen (vgl. Kapitel 5.3).

Dieser Verfahrenspool bildet die Grundlage für den betrieblichen Einsatz von Kompetenzmessungen: Aufbauend auf umfangreichen Bedarfsanalysen und unter Berücksichtigung des unternehmensspezifischen Einsatzziels der Kompetenzmessung und der strategischen Grundausrichtung des Unternehmens kann hiermit ein auf die konkrete unternehmerische Situation abgestimmtes Verfahrensset zusammengestellt werden. Das hier vorgestellte Vorgehen zur Kompetenzmessung ist also modular aufgebaut, ausbaufähig und auf die jeweilige Unternehmenssituation adaptierbar. Dieses Vorgehen entspricht der Grundannahme, dass ein standardisiertes Verfahren zur Kompetenzmessung weder deren vielfältigen Einsatzbereichen noch den unterschiedlichen unternehmerischen Bedarfen gerecht werden kann, wie bereits in Kapitel 1 betont wurde.

6.2 Ablaufmodell der Durchführung von Kompetenzmessungen / -bilanzierungen – Das 6-Phasen-Modell

Auf der Basis der durchgeführten Voranalysen (vgl. Kapitel 4 und 5) – und mit den daraus resultierenden Erkenntnissen – wird hier ein phasenorientiertes Ablaufschema für im betrieblichen Kontext angewandte Kompetenzmessung entwickelt, welches die folgenden sechs Phasen vorsieht:

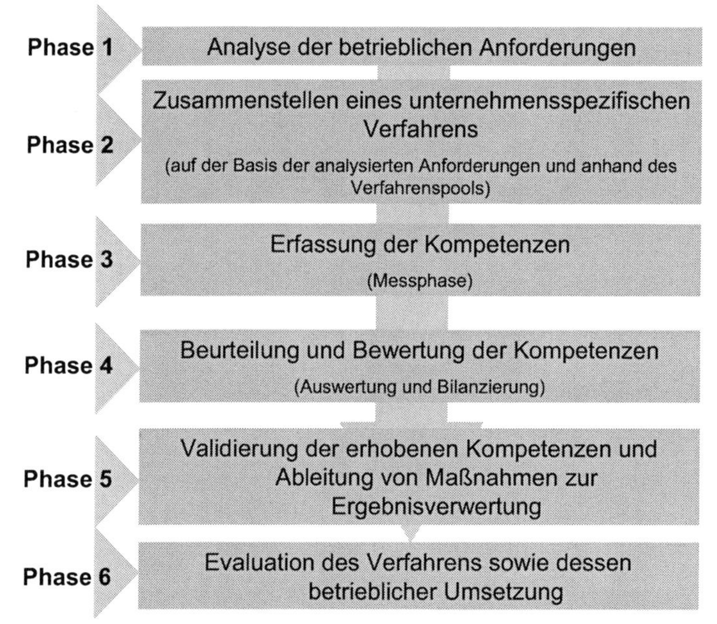

Abbildung 6.3: 6-Phasen-Modell angewandter Kompetenzmessung

Es wird von einer Durchführung der Kompetenzmessung und -bilanzierung durch unternehmensexternen Experten ausgegangen, basierend auf der Annahme, dass sich eine unternehmensexterne Durchführung von Anwenderseite förderlich auf diverse Akzeptanzkriterien auswirkt (z.B. durch glaubhafte Gewährleistung des Datenschutzes, vertrauliche Behandlung der Ergebnisse).
Im Folgenden werden die einzelnen Phasen zunächst schematisch dargestellt und in ihren Ablaufschritten näher erläutert.

6.2.1 Ablaufschritte von Phase 1: Analyse der betrieblichen Anforderungen

Als erster notwendiger Schritt im Rahmen eines betrieblichen Vorhabens zur Kompetenzmessung und -bilanzierung – unabhängig vom Einsatzbereich des Vorhabens – ist die Bildung eines *Projektteams* vorzunehmen. Das Projektteam sollte aus Vertretern der Geschäftsführung oder anderen betrieblichen Entscheidungsträgern, Mitgliedern der Arbeitnehmervertretung, Vertretern des Personalbereichs (soweit vorhanden) und den externen Experten bestehen.

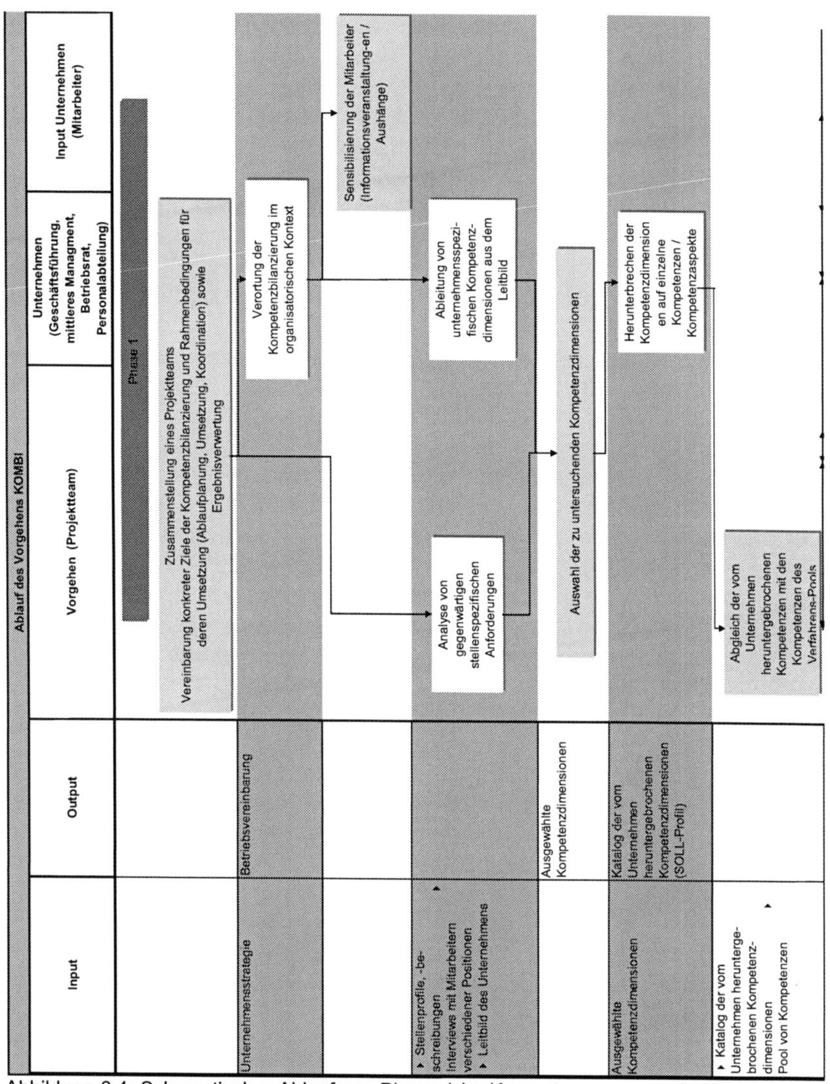

Abbildung 6.4: Schematischer Ablauf von Phase 1 im Kompetenzmess- und –bilanzierungsprozes

Aufgabe des Projektteams ist es zunächst, die konkreten Einsatzbereiche (Personalbeschaffung, Personalentwicklung, strategische Unternehmensausrichtung o. ä.) und *Ziele der Kompetenzbilanzierung* festzu-

legen. Ferner müssen deren zentrale betriebliche Rahmenbedingungen hinsichtlich der Ablaufplanung, Umsetzung und Koordination definiert und die angestrebte Ergebnisverwertung kommuniziert werden. Dazu gehört u. a. auch die Definition von Soll-Kennwerten bzw. Richtlinien, die in der letztendlichen Kompetenzbilanzierung als Vergleichswerte dienen: So können Stellenanforderungsprofile als alleinige Soll-Profile der Bilanzierung geltend gemacht werden; es können aber auch weitere Richtlinien, z.B. in Form von Benchmarks (Vergleichswerte aller Teilnehmer / der Mitarbeiter einer Position / einer Entgeltgruppe / anderer Unternehmensniederlassungen, u. a.) integriert und der Bilanzierung zu Grunde gelegt werden. Außerdem wird die Form der Ergebnisdarstellung durch das Unternehmen definiert: Mit welchen Skalenformaten, Skalenbeschriftungen u. ä. sollen die zu generierenden Kompetenzprofile dargestellt werden?
Um einen effektiven und langfristig effizienten Einsatz einer Kompetenzmessung und -bilanzierung im Unternehmen zu gewährleisten, ist deren Integration in den gesamtorganisatorischen Kontext unabdingbar (vgl. Kapitel 8.1). Es gilt an dieser Stelle, die strategische Ausrichtung des Unternehmens zu analysieren und das Vorhaben der Kompetenzmessung in die Unternehmensstrategie zu verankern. Dies kann z.B. über das Verfassen einer Betriebsvereinbarung geschehen. Dieses Vorgehen ist anzuraten, zumal gemäß des BetrVG §§92ff Maßnahmen zur Personalbeurteilung – wie sie Kompetenzmessungen im weiteren Sinne darstellen – der Zustimmung des Betriebsrates bedürfen. In Anbetracht des kausalen Zusammenhangs zwischen der Akzeptanz von Kompetenzmessverfahren und deren erfolgreichen und nutzbringenden Einsatzes ist ein frühzeitiger Einbezug der Arbeitnehmervertretung generell als akzeptanzförderliche Maßnahme einzustufen.
Sofern die Kompetenzmessung und -bilanzierung unternehmensintern bei einem Teil oder der gesamten Belegschaft durchgeführt wird, sollte an dieser Stelle bereits mit der Information und Sensibilisierung der Mitarbeiterschaft hinsichtlich der Zielsetzung, den Rahmenbedingungen und der angestrebten Ergebnisverwertung der Kompetenzbilanzierung begonnen werden. Dieses Vorgehen ist sinnvoll, um eine durchgängige Transparenz des Vorgehens zu gewährleisten, was als wesentliches Kriterium für die Akzeptanz des Verfahrens geltend gemacht werden kann (vgl. Kapitel 5.3).
Nachdem nunmehr eine Definition der betrieblichen Rahmenbedingungen und der Ziele der Kompetenzmessung und -bilanzierung erfolgt ist, geht es um die Erstellung von unternehmensspezifischen Anforderungsprofilen. Diese stellen in ihrer Endausprägung das Anforderungs- bzw. Soll-Profil der Kompetenz*bilanzierung* dar, also die Richtlinie, der das tatsächlich vorhandene Kompetenzpotenzial von derzeitigen oder potenziellen Mitarbeitern gegenüber gestellt wird. Die Quellen für die Erstel-

lung der Soll-Profile definieren sich zum einen aus dem unternehmensspezifischen Einsatzbereich der Kompetenzbilanzierung, zum anderen aus den bereits existierenden Stellen- und Anforderungsbeschreibungen, vorhandenen Unternehmensleidbildern oder -visionen.
Es ist jedoch generell anzuraten, für die Erstellung der Anforderungsprofile möglichst vielfältige Informationsquellen zu nutzen: Neben der Analyse von vorhandenen Stellenbeschreibungen ist eine Befragung von Stelleninhabern, Führungskräften, internen und / oder externen Kunden hinsichtlich der an eine bestimmte Position gerichteten, kompetenzorientierten Anforderungen zu empfehlen, um ein ganzheitliches und vollständiges Anforderungsprofil zu generieren.
Abhängig von der unternehmerischen Zielsetzung können gegenwärtige und / oder zukunftsgerichtete stellen- und unternehmensspezifische Anforderungen in das Anforderungsprofil integriert werden. Die Analyse und Generierung von zukünftigen (Stellen-) Anforderungen kann z.B. mittels Methoden der Szenariotechnik[12] oder in Form von Zukunftskonferenzen[13] erfolgen. Zusätzlich kann bei der Erstellung des Anforderungsprofils falls gewünscht / erforderlich, eine Gewichtung der jeweiligen Kompetenzen in ihrer Bedeutung zueinander vorgenommen werden. Dieses Vorgehen ist anzuraten, wenn die für eine Stelle erforderlichen Kompetenzen in ihrer Bedeutung für eine adäquate Stellenbesetzung stark unterschiedlich ausgeprägt sind. Die Gewichtung muss, ebenso wie die Generierung der relevanten Kompetenzdimensionen, in Abstimmung mit Stelleninhabern und Vorgesetzten und gegebenenfalls unter Berücksichtigung von bereits vorhandenen Stellenprofilen erfolgen; sie fließt in die Ergebnisauswertung bei der Erstellung der letztendlichen Ist-Profile mit ein.
Die nunmehr aus den Analysen und Befragungen bzw. Workshops gewonnenen kompetenzspezifischen Anforderungen – bezogen auf eine konkrete Arbeitsposition oder bezogen auf das gesamte Unternehmen – sind an dieser Stelle möglicher Weise noch wenig ausdifferenziert und definiert. Sie müssen daher im Folgenden mit den – in den Voranalysen dieses Dissertationsvorhabens generierten – 42 Kompetenzdimensionen und ihren zu Grunde liegenden Definitionen abgeglichen, bzw. in Übereinstimmung gebracht werden. Diese „Übersetzungsleistung" ist ein absolut notwendiger Schritt im Rahmen der Verfahrenskonstruktion. Denn ebenso vielfältig wie das Begriffsverständnis des Kompetenzkonstruktes als solches (vgl. Kapitel 2.1) kann auch das Verständnis von einzelnen Kompetenzdimensionen differieren. So kann z.B. unter der Kompetenzdimension „Kundenorientierung" die Disposition zur Kontaktfreudigkeit

[12] vgl. u. a. Götze, U.: Szenario-Technik in der strategischen Unternehmensplanung. Wiesbaden 1991

[13] vgl. u. a. Luczak (2004), zur Bonsen und Lau-Villlinger (1999)

und zur Kommunikationsstärke verstanden werden, aber auch Durchsetzungsvermögen, Konfliktfähigkeit und Einfühlungsvermögen. Welches unternehmensspezifische Verständnis den jeweiligen Kompetenzdimensionen zu Grunde liegt, gilt es, detailliert herauszuarbeiten. Ferner müssen die Kompetenzdimensionen (wie z. B. Kundenorientierung) auf einzelne Kompetenzen (wie z. B. Kommunikationsstärke) herunter gebrochen werden, damit nur die relevanten und auf die unternehmerischen Bedarfe abgestimmten Kompetenzen mit den ihnen zugeordneten Verfahren erhoben werden können.
Als Ergebnis dieser ersten Phase im Prozess der Kompetenzmessung und -bilanzierung liegt also nunmehr eine unternehmensspezifische, auf die konkreten stellen- und unternehmensbezogenen Bedarfe und Anforderungen ausgerichtete Auswahl an zu messenden Kompetenzen vor.

6.2.2 Ablaufschritte von Phase 2: Zusammenstellung eines unternehmensspezifischen Verfahrens

Input	Output	Vorgehen (Projektteam)	Unternehmen (Geschäftsführung, mittleres Managment, Betriebsrat, Personalabteilung)	Input Unternehmen (Mitarbeiter)
		Phase 2		
Katalog der zusammengestellten unternehmensspezifischen Kompetenzen / Kompetenzdimensionen		Auswahl relevanter Kompetenzmessverfahren, die die ausgewählten Kompetenzen messen können		
Verfahrenspool	unternehmensspezifisches Verfahrenspaket	Zusammenstellung des unternehmensspezifischen Kompetenzmessverfahrens		

Abbildung 6.5: Ablaufschema der zweiten Phase

Auf der Basis der in Phase 1 generierten, organisational relevanten Kompetenzen bzw. Kompetenzdimensionen kann nun in der zweiten Phase die Zusammenstellung des *unternehmensspezifischen Verfahrens* erfolgen:
Die in Phase 1 generierten Kompetenzen werden dem im Rahmen dieses Dissertationsvorhabens entwickelten Verfahrenspool gegenüber gestellt. An Hand der zu messenden Kompetenzen einerseits und den verfahrensbezogenen unternehmerischen Bedarfen andererseits können nunmehr Verfahren ausgewählt werden, die den folgenden Kriterien genügen:

1. Die Verfahren stimmen exakt mit dem unternehmensspezifischen Verständnis der jeweiligen Kompetenzen überein und können diese messen bzw. abbilden.
2. Die Verfahren genügen den unternehmensspezifischen Anforderungen hinsichtlich ökonomischer Praktikabilität, methodischer Vielfalt, Passgenauigkeit der Zielgruppe u. ä.

Insbesondere gilt es, das vom Unternehmen gesetzte zeitliche Limit für die Datenerhebung (Kompetenzmessung) zu berücksichtigen und bei der Auswahl der jeweiligen Verfahren deren summativen zeitlichen Aufwand zu kalkulieren.
Nach Abschluss der zweiten Phase liegt also nunmehr ein *unternehmensspezifischer Verfahrenskatalog* vor, dessen integrierte Verfahren in der Lage sind, die für das Unternehmen und / oder spezifische Stellen relevanten Kompetenzen in ihrer Gesamtheit zu messen.

6.2.3 Ablaufschritte von Phase 3: Erfassung der Kompetenzen

In der dritten Phase erfolgt nunmehr die eigentliche *Kompetenzmessung* mittels des in Phase 2 (auf der Basis der Voranalysen in Phase 1) entwickelten Verfahrenskatalogs. Diese Phase beginnt mit einer detaillierten Ablaufplanung des Kompetenzmessvorgangs durch die externen Experten unter Berücksichtigung

- der Anzahl der teilnehmenden Mitarbeiter / Bewerber (Einzel- oder Gruppenerhebung),
- der zeitlichen Einteilung des Erhebungsvorganges (wie viel Zeit steht maximal zur Verfügung, wo sind Pausen einzuplanen?),
- der für eine adäquate Bearbeitung der jeweiligen Verfahren notwendigen Instruktionen,
- von eventuellen zeitlichen Limitierungen einzelner Verfahren (z. B. Leistungsverfahren).

Außerdem gilt es auch von Unternehmensseite, den Ablauf der Kompetenzmessung zu planen. Vor allem bei einer unternehmensinternen Durchführung müssen Arbeits- und Schichtpläne der betroffenen Belegschaft bei der zeitlichen Ablaufplanung berücksichtigt werden, die Raumsituation muss geklärt sein u. ä. Die verfahrensbezogene Ablaufplanung gilt es, mit der unternehmensinternen Planung auf der Basis der vorhandenen unternehmensspezifischen Rahmenbedingungen abzugleichen und in Übereinstimmung zu bringen. Anhand der Ablaufplanung kann mit der Erhebung der Mitarbeiterkompetenzen begonnen werden.

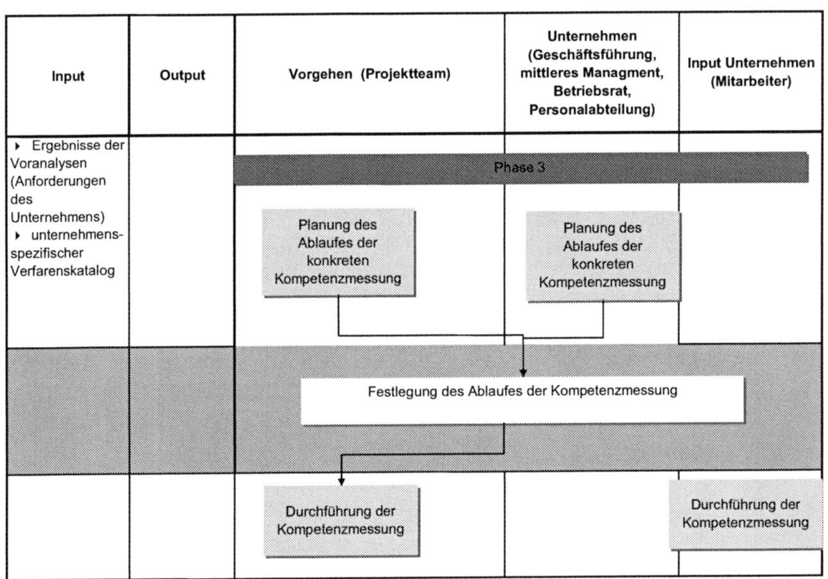

Abbildung 6.6: Schematischer Ablauf der dritten Phase

Diese Kompetenzmessung wird ausschließlich durch die externen Experten unter Einsatz des in Phase 2 zusammengestellten Verfahrenskatalogs durchgeführt. Zum einen kann dadurch gewährleistet werden, dass die verwendeten Verfahren sachgemäß und objektiv zum Einsatz kommen, und zum anderen kann dieses Vorgehen die Akzeptanz des Verfahrens bei der betroffenen Belegschaft oder den potenziellen Mitarbeitern erhöhen (vgl. Kapitel 5.3). Dennoch ist es anzuraten, den Prozess der Kompetenzmessung durch eine kurze Einweisung eines Unternehmensvertreters einzuleiten, um erneut auf das Ziel, die Einflussnahme der Ergebnisse und die angestrebte Ergebnisverwertung der Kompetenzbilanzierung einzugehen. Mit diesem Vorgehen können die Transparenz des Verfahrens erhöht und Vorbehalten und Ängsten der Teilnehmenden begegnet werden.
Die Datenerhebung (Kompetenzmessung) kann je nach unternehmensspezifischen Bedarf manuell (Papier-Bleistift-Verfahren) oder über Online-Versionen der verwendeten Verfahren erfolgen.
Mit Abschluss der dritten Phase ist der Prozess der Kompetenzmessung abgeschlossen und die individuelle Datenbasis als Grundlage für die Erstellung der *Kompetenz-Ist-Profile* liegt vor.

6.2.4 Ablaufschritte von Phase 4: Beurteilung und Bewertung der Kompetenzen

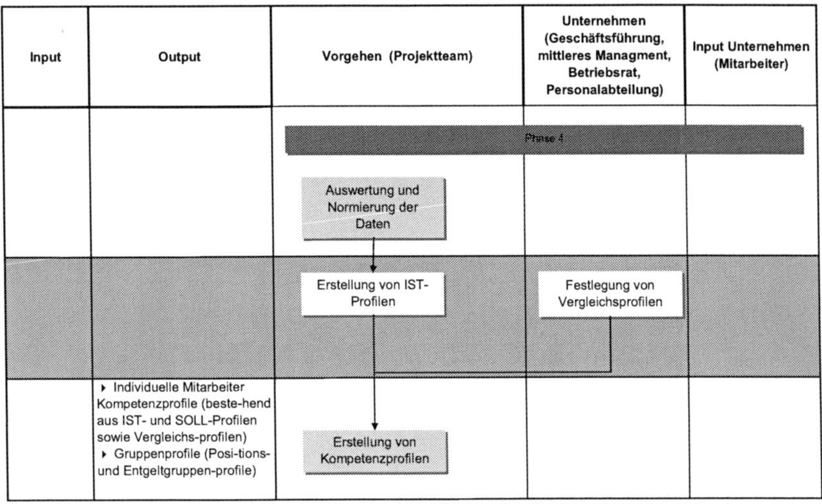

Abbildung 6.7: Schematischer Ablauf der vierten Phase

Auf der Basis der in Phase 3 erhaltenen Daten der an der Kompetenzmessung teilnehmenden Personen erfolgt nunmehr in Phase 4 die Datenauswertung und Ergebnisgenerierung. Die Daten werden normiert, verfahrensspezifisch ausgewertet und die Ergebnisse in Abhängigkeit von den unternehmensspezifisch zu erfassenden Kompetenzen bzw. Kompetenzdimensionen zusammengefasst.
Ergebnis der Datenauswertung sind nunmehr die individuellen Ist-Profile, also die Abbildung der derzeitigen und potenziellen Ausprägung vorhandener Kompetenzen in der vom Unternehmen in Phase 1 festgelegten Form. Außerdem werden – sofern geschehen – die neben den Anforderungsprofilen in Phase 1 definierten Vergleichsprofile gebildet (Benchmarks), die als Richtlinien in die Kompetenzbilanzierung einfließen. Die individuellen Ist-Profile werden nunmehr mittels der unternehmensspezifisch gewählten Darstellungsform den in Phase 1 erstellten Soll-Profilen und den ggf. vorhandenen weiteren Richtlinien / Benchmarks (s. o.) grafisch gegenübergestellt. Dies ist als die eigentliche Bilanzierungsphase zu verstehen.

6.2.5 Ablaufschritte von Phase 5: Bilanzierung der Kompetenzen und Ableitung von Maßnahmen

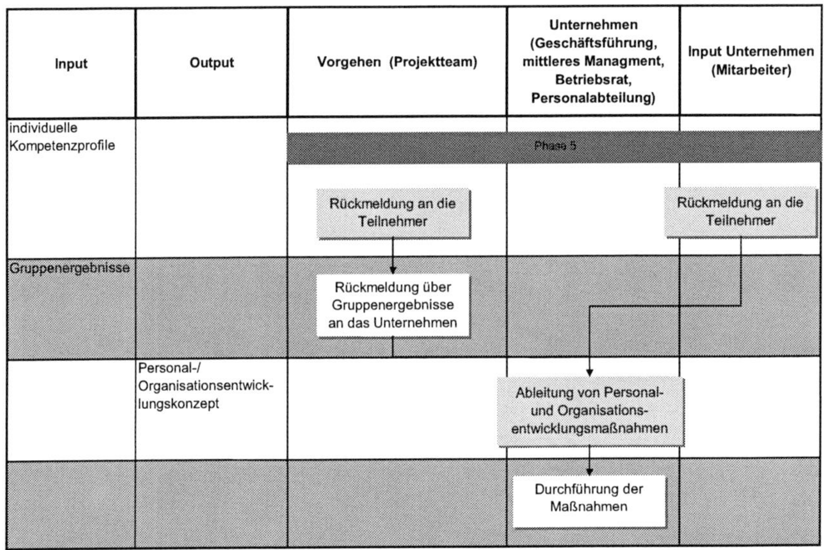

Abbildung 6.8: Schematischer Ablauf der fünften Phase

Die in Phase 4 erstellten Kompetenzprofile werden in der anschließenden fünften Phase den Teilnehmern rückgemeldet. In Abhängigkeit von dem unternehmensspezifisch vereinbarten Umgang mit den erhaltenen Daten erfolgt die *Datenrückmeldung* direkt an die Teilnehmer der Kompetenzbilanzierung über die externen Experten oder über von den Ergebnissen in Kenntnis gesetzten Unternehmensvertretern. In jedem Fall sollte eine Rückmeldung über die aus den Ergebnissen gezogene Konsequenz von Unternehmensseite an die Teilnehmer erfolgen.
Im Folgenden gilt es, *konkrete Maßnahmen* aus den erhaltenen Kompetenzbilanzen abzuleiten. Dies können Maßnahmen im Rahmen des Personalmanagements (Stellenbesetzung, Personalentwicklung, Entgeltgruppierung, Teamzusammenstellung u. ä.) oder im Rahmen von Organisationsentwicklungen (strategische Unternehmensausrichtung, Produktinnovationen, Entwicklung von Unternehmensleidbildern / -visionen) sein. Diese Maßnahmen werden entweder durch das Unternehmen selbstständig oder unter Zuhilfenahme von Beratungsleistungen der externen Experten abgeleitet und konzipiert und im Folgenden umgesetzt.

6.2.6 Ablauf von Phase 6: Evaluation des Verfahrens und seiner betrieblichen Umsetzung

Diese letzte Phase im Prozess der Kompetenzmessung und -bilanzierung ist als Evaluationsphase zu verstehen, sowohl hinsichtlich des Verfahrens selbst als auch hinsichtlich der Rahmenbedingungen seiner betrieblichen Umsetzung.
Die Evaluation des Verfahrens sollte der Bestimmung von dessen erzielter Akzeptanz aus *Anwenderperspektive* (vgl. Kapitel 5.3) ebenso dienen wie der Bewertung des Zielerfüllungsgrad aus *Unternehmenssicht.* Der Evaluation wird der in den Voranalysen dieser Dissertationsschrift generierte Anforderungskriterienkatalog für Kompetenzmessverfahren zu Grunde gelegt (vgl. Kapitel 5). Die verfahrensspezifischen Evaluationsergebnisse geben Auskunft über die Qualität des Verfahrens aus der Perspektive der verschiedenen Anwendergruppen (vgl. Kapitel 7.2.6 und 7.3) und dienen dem kontinuierlichen Verbesserungsprozess des Verfahrens und seines Ablaufs.
Eine Evaluation der betrieblichen Rahmenbedingungen des Kompetenzbilanzierungsprozesses aus Sicht der Teilnehmenden verschafft dem Unternehmen eine exemplarische detaillierte Fremdsicht hinsichtlich seines Umgangs mit der Kommunikation und hinsichtlich der Umsetzung von personalbezogenen Maßnahmen; sie gibt Anregungen zu diesbezüglichen unternehmensbezogenen Optimierungsmaßnahmen, die über Angelegenheiten des Personalmanagements hinausgehen können (Wie empfinden Mitarbeiter die Informationspolitik des Unternehmens? Wie wirkt das Unternehmen über seine Auswahlverfahren auf externe Bewerber?).
Das hier vorgestellte, auf der Basis von umfangreichen Voranalysen und empirischen Untersuchungen entwickelte Sechs-Phasen-Modell eines betrieblichen Kompetenzmess- und -bilanzierungsprozesses gilt es im Folgenden zu validieren und auf seine Gültigkeit ebenso wie auf seine praktische Umsetzungsfähigkeit hin zu überprüfen.

7. Betriebliche Umsetzung – Bewertung und Evaluation des Verfahrens

7.1 Beschreibung der Stichprobe

Die praktische Erprobung des Phasenmodells zur Kompetenzmessung und -bilanzierung erfolgt in einem Großunternehmen der Chemiebranche. Im Rahmen eines umfangreichen organisatorischen Reorganisationsprozesses galt es dort, ein bedarfs- und anforderungsorientiertes strategisches Personalentwicklungskonzept zu entwickeln, wofür die Messung und Bilanzierung der vorhandenen Mitarbeiterkompetenzen als Ausgangsbasis gelten sollte.
Das Verfahren sollte bei der gesamten Belegschaft von 500 Mitarbeitern durchgeführt werden. Die Stichprobengröße (= Anzahl der tatsächlich an der Kompetenzmessung und -bilanzierung teilnehmenden Mitarbeiter) beläuft sich auf 397 Mitarbeiter, die Geschlechter- und Altersverteilung ist in Tabelle 7.1 aufgeführt:

Tabelle 7.1: Stichprobenbeschreibung, n=397

	Anzahl Mitarbeiter (absolut)	**prozentualer Anteil an Gesamtsumme (n=397)**
Geschlechterverteilung		
männlich	361	90,93
weiblich	36	9,07
Altersverteilung		
17-25 Jahre	18	4,53
26-35 Jahre	114	28,72
36-45 Jahre	176	44,34
46-55 Jahre	78	19,64
55-65 Jahre	11	2,77
	Σ = 397	Σ = 100

Die teilnehmenden Mitarbeiter verteilen sich hierbei auf alle unternehmensspezifischen Hierarchiestufen, von der Geschäftsführung über das mittlere Management, die Verwaltung und die Meisterebene bis hin zum Anlagenfahrer.

7.2 Evaluation des Verfahrens an Hand des 6-Phasen-Modells

In der praktischen Umsetzung und Erprobung des Verfahrens zur Kompetenzbilanzierung erfolgt die Bewertung und Evaluation des in Kapitel 6.2 erläuterten Sechs-Phasen-Modells. Im Folgenden werden die betrieblichen Ablaufschritte an Hand der jeweiligen Phasen beschrieben.

7.2.1 Phase 1: Analyse der betrieblichen Anforderungen

Den Auftakt für die betriebliche Umsetzung des Phasenmodells zur Kompetenzbilanzierung bildete die Gründung eines Projektteams, bestehend aus Vertretern der Geschäftsführung, des Betriebsrates und zwei externen Experten. Das Projektteam definierte zunächst die konkreten unternehmensspezifischen Ziele der Kompetenzbilanzierung und die Rahmenbedingungen der betrieblichen Umsetzung.
Im Rahmen eines umfangreichen betrieblichen Reorganisationsprozess wurde der Kompetenzbilanzierung eine zentrale Schlüsselrolle im gesamtorganisatorischen Kontext zugeordnet: Mittels unternehmensweit erstellter Kompetenzbilanzen – positions- und hierarchieübergreifend – sollte ein innerbetrieblicher Ist-Zustand hinsichtlich aller vorhandenen Mitarbeiterkompetenzen herausgestellt werden, auf dessen Basis anforderungsorientierte und strategisch ausgerichtete Personalentwicklungskonzepte konzipiert werden sollten. Die Umsetzung dieser Entwicklungskonzepte wiederum sollte der Kompetenzentwicklung aller Mitarbeiter in Richtung eines effektiven und effizienten Vorantreibens des unternehmerischen Reorganisationsprozess dienen. Unabhängig von Position und Stellung im Unternehmen war es den Entscheidungsträgern wichtig, dass sich – im Sinne einer Chancengleichheit – alle 500 Mitarbeiter des Unternehmens demselben Verfahren unterziehen sollten. Langfristig wurde – im Falle einer erfolgreichen prototypischen Durchführung der Kompetenzbilanzierung – die Implementierung des Verfahrens als Evaluationsinstrument für betriebliche Weiterbildungsmaßnahmen und als Rekrutierungsverfahren anvisiert.
Das im Rahmen des betrieblichen Reorganisationsvorhabens angestrebte Partizipationsprinzip der Mitarbeiterschaft sollte sich auch in der Konzeption und Implementierung der Kompetenzbilanzierung wieder finden: Neben dem betrieblichen Nutzen der Kompetenzbilanzierung war es der Geschäftsführung und der Mitarbeitervertretung wichtig, dass die Ergebnisse der Kompetenzbilanzierung auch einen ersichtlichen *individuellen Nutzen* im Sinne einer partizipativen Personalentwicklung erwirken. Dies sollte zum einen dazu dienen, eine größtmöglichste Akzeptanz des Verfahrens bei der Belegschaft zu erzielen – als notwendige Voraussetzung

für einen langfristig effektiven und effizienten Einsatz des Verfahrens (vgl. Kapitel 5.3) – und zum anderen sollte damit die Bedeutung der Mitwirkung der Belegschaft an gesamtorganisatorischen Gestaltungsprozessen verdeutlich werden.
Dieser – der Kompetenzbilanzierung zu Grunde liegende – Partizipationsgedanke wurde in einer Betriebsvereinbarung mit einem „Freiwilligkeitsprinzip“ untermauert: Die unternehmensweite Kompetenzbilanzierung sollte unter dem Prinzip der freiwilligen Teilnahme durchgeführt werden (vgl. BetrVG § 94). Den Mitarbeitern wurde also die Teilnahme freigestellt, wobei aus einer Nicht-Teilnahme keinerlei Nachteile erwachsen sollten. Lediglich eine Individuum spezifische und auf die jeweiligen tatsächlichen Bedarfe ausgerichtete Personalentwicklung konnte im Falle einer Nicht-Teilnahme nicht zugesichert werden.
Da das Unternehmen im Drei-Schicht-System organisiert und folglich die ökonomisch verträgliche Ausfallzeit je Mitarbeiter relativ gering ist, wurde von der Geschäftsführung ein zeitliches Limit für die Durchführung der Kompetenzmessung von 2,5 Stunden je Mitarbeiter vorgegeben.
Der Konzeption und Umsetzung des Verfahrens zur Kompetenzmessung und -bilanzierung lagen also die folgenden zentralen Anforderungen zu Grunde:

1. **Das Verfahren muss bei der Belegschaft, der Geschäftsführung und der Arbeitnehmervertretung akzeptiert sein.**
   Da die Teilnahme an dem Verfahren auf Freiwilligkeit beruht, müssen die Vorteile der Kompetenzbilanzierung – auch über den unternehmerischen Nutzen hinaus – an die Belegschaft kommuniziert werden; ebenso ist eine größtmöglichste Transparenz des Verfahrensablaufs und der Ergebnisverwertung anzustreben, damit eine soziale Akzeptanz (vgl. Kapital 5.3) erzielt und eine grundlegende Teilnahmebereitschaft gewährleistet werden kann.
   Die Anforderungen und Bedarfe der aufgeführten Bezugsgruppen müssen in die Verfahrenskonzeption und -umsetzung integriert werden.
2. **Das Verfahren muss hierarchie- und positionsunabhängig einsatzfähig sein**
   Es sind Verfahren auszuwählen, die eine größtmögliche Schnittmenge der Belegschaft ansprechen, also weder über- noch unterfordern, und die bei Vertretern der Geschäftsführung ebenso wie bei ungelernten Arbeitern auf Akzeptanz stoßen.
   Diese Verfahren sind zudem auf der Basis von unternehmensweit erforderlichen Kompetenzen auszuwählen, die weniger auf einzelne Stellen bezogen als vielmehr zentraler Bestandteil der Unternehmenskultur und -philosophie sind.

3. **Das Verfahren muss aussagekräftige Kennzahlen über den Ist-Stand der vorhandenen Mitarbeiterkompetenzen liefern.**
   Aus den Kennzahlen muss eine Ableitung von entsprechenden strategischen (Personalentwicklungs-) Maßnahmen möglich sein.
4. **Das Verfahren muss ökonomisch praktikabel umsetzbar sein.**
   Bei einer Teilnahme von 500 Mitarbeitern darf der Zeit- und folglich Kostenaufwand, der für die Durchführung des Verfahrens veranschlagt wird, nicht zu hoch angesetzt sein. Daher müssen Verfahren ausgewählt werden, die – bei einem möglichst geringen zeitlichen Aufwand – verlässlich die erforderlichen Kompetenzen abbilden können.
5. **Das Verfahren muss den Anforderungen moderner Personalarbeit entsprechen.**
   Die Anforderungen der DIN 33430 (vgl. Kapitel 5.1) und aller weiteren, im Rahmen dieser Dissertationsschrift generierten Anforderungskriterien (vgl. Kapitel 5) müssen erfüllt sein.
   Die angewandten Verfahren müssen sich in ihrer betrieblichen Anwendung bewährt haben.

Bereits in der Phase der Anforderungsspezifizierung – und parallel zu den ersten Abstimmungsprozessen im Projektteam – wurde ein besonderer Wert auf die Informationspolitik im Unternehmen gelegt: In Informationsveranstaltungen informierten die Geschäftsführung, der Betriebsrat und die externen Berater die Belegschaft über die Zielsetzung, Umsetzung und angestrebte Ergebnisverwertung der Kompetenzbilanzierung. Dies hatte zum Ziel, eine durchgängige Transparenz des Verfahrens zu schaffen, individuelle Vorteile aufzuzeigen, Fragen zu beantworten und Ängsten bezüglich eventueller, mittels der Durchführung der Kompetenzbilanzierung legitimierter Rationalisierungsmaßnahmen zu begegnen.
Die Rolle des Betriebsrates als Vermittler zwischen Mitarbeiterängsten und Unternehmenszielen kam besonders in dieser ersten Phase im Prozess der Kompetenzbilanzierung zum Tragen.
Parallel zu der Informationsphase erfolgten die Analyse und das Zusammenstellen der unternehmensspezifischen Kompetenzdimensionen. Als übergeordnete Richtlinien dienten die im unternehmerischen Leitbild verankerten Kompetenzdimensionen, die als unternehmensweite, stellen- und positionsunabhängige Kompetenzanforderungen geltend gemacht werden konnten. Diese unternehmensspezifischen Kompetenzdimensionen erfuhren im Dialog zwischen den externen Experten und Unternehmensvertretern eine detaillierte Aufschlüsselung und Definition anhand der dem Verfahren zu Grunde liegenden Kompetenzklassifizierung (vgl. Kapitel 4.2. Dadurch wurde das wissenschaftliche Verständnis von Kompetenzdimensionen, wie z. B. Kundenorientierung, Teamfähig-

keit oder Führungsfähigkeiten, mit den unternehmensspezifischen Definitionen in Einklang gebracht. Letztere wurden sodann soweit auf einzelne Kompetenzen herunter gebrochen, dass sie eindeutig bestimmten Erhebungsverfahren zugeordnet werden konnten.
Es wurden sieben zentrale unternehmensspezifische Kompetenzdimensionen gemäß dem unternehmerischen Verständnis generiert, die sich wiederum – unter wissenschaftlich-definitorischen Gesichtspunkten – jeweils aus mehreren Kompetenzen zusammensetzen. Die begriffliche Ausdifferenzierung der unternehmensspezifischen Kompetenzdefinitionen in die diesem Vorhaben zu Grunde liegenden 42 Kompetenzen (vgl. Kapitel 4.2) geschah zunächst über Expertenbefragungen. Es wurde an 10 unternehmensinterne Experten die Aufgabe übertragen, die Definitionen und Inhalte der unternehmensspezifischen Kompetenzdimensionen mit den Definitionen der 42 Kompetenzen abzugleichen und letztere den Unternehmenskompetenzen zuzuordnen. In einem folgenden Schritt wurden diese vorgenommenen Zuordnungen Mitgliedern der Geschäftsführung, der Personalabteilung sowie dem Betriebsrat vorgelegt um die Zugehörigkeiten zu überprüfen und gegebenenfalls zu verifizieren. So wurden z.B. unter der Kompetenzdimension „Kundenorientierung“ Kompetenzen wie Kommunikationsfähigkeiten, Konfliktstärke, unternehmerisches Denken und Einfühlungsvermögen summiert. Diese Kompetenzen galt es nun, bei der Kompetenzmessung jeweils zu erfassen und abzubilden, damit sie in ihrer Gesamtheit exakt das unternehmensspezifische Verständnis der jeweiligen Kompetenzdimensionen abbilden konnten.
Für diese sieben zentralen Kompetenzdimensionen wurden im Folgenden positionsabhängige Anforderungsprofile generiert. Hierzu wurden detaillierte Stellenbeschreibungen für jede im Unternehmen vertretene Position unter Zusammenarbeit von Stelleninhabern und Vorgesetzten verfasst. Diese Stellenbeschreibungen umfassten – neben den erforderlichen fachlichen Qualifikationen – auch den gewünschten *Ausprägungsgrad* der jeweiligen Kompetenzdimensionen. Das folgende Beispiel verdeutlicht die Notwendigkeit der Definition des Ausprägungsgrades:
So fordert die Stellenbeschreibung eines Vertriebsingenieurs eine Ausprägung der Kundenorientierung des Stelleninhabers von 70% (relative Gewichtung im Verhältnis zu allen sieben Kompetenzdimensionen). Bei einem Anlagenfahrer hingegen ist diese Kompetenzdimension mit einer wesentlich geringeren Ausprägung vorgesehen (ca. 5%).
Zur Überprüfung der Stellenbeschreibungen und der Gewichtungen der jeweiligen Kompetenzdimensionen wurden durch die externen Experten standardisierte Interviews (vgl. Anhang B1) mit ausgewählten Stelleninhabern durchgeführt, um die positionsrelevanten Kompetenzdimensionen bzw. deren Gewichtungen zu verifizieren.
Es wurden je im Unternehmen vertretener Position fünf Mitarbeiter hinsichtlich ihrer Arbeitstätigkeit und der diesbezüglich erforderlichen Kom-

petenzen befragt. Die standardisierten Interviewleitfragen bezogen sich auf 22, aus den 7 unternehmensspezifischen Kompetenzdimensionen (s. o.) ausdifferenzierte Kompetenzen, wie z. B. Konfliktfähigkeit. Das dieser Kompetenz zugehörige Item des Interviewleitfadens lautet:
„In meiner täglichen Arbeit muss ich Auseinandersetzungen aufnehmen und durchstehen.“
Als Antwortformat wurde eine fünfstufige Likert-Skala von 1 = nie bis 5 = immer / täglich gewählt, die in der Auswertung auf prozentualen Angaben (0-100%) übertragen wurde. Während die Angaben der Inhaber einer Position untereinander jeweils nahezu deckungsgleich waren, fanden sich im Vergleich zu den von Unternehmensseite erstellten Anforderungsprofilen und Stellenbeschreibungen diverse Differenzen. In Gesprächen zwischen externen Experten, Vertretern der Geschäftsführung und dem Betriebsrat wurden diese Differenzen diskutiert und mit den Angaben der Stelleninhaber abgeglichen. Infolgedessen konnten aus diesen vielschichtigen Stellenbeschreibungen, bezogen auf die 7 zentralen unternehmensspezifischen Kompetenzdimensionen, Anforderungsprofile (Soll-Profile) einer jeden Position erstellt werden, die in die Kompetenzbilanzierung als Soll-Werte eingingen.
Als weitere Richtlinien / Vergleichswerte neben dem Anforderungs- bzw. Soll-Profil in der letztendlichen Kompetenzbilanzierung wurden Positions- und Engeltgruppenbenchmarks definiert. Die jeweiligen Kompetenzausprägungen eines jeden einzelnen Mitarbeiters sollten also drei Vergleichswerten gegenüber gestellt werden:

- den stellenspezifischen Anforderungen (Soll-Profil),
- den Kompetenzausprägungen aller Stellenbesetzer einer Position und
- den Kompetenzausprägungen aller Mitarbeiter einer Entgeltgruppe.

Outputvariablen der ersten Phase im Kompetenzbilanzierungsprozess waren nunmehr

- die Bildung einer Projektgruppe zur Koordination und Steuerung des Prozesses der Kompetenzmessung und -bilanzierung,
- eine klare unternehmerische, mit der Kompetenzbilanzierung verbundene Zieldefinition inklusive der zu generierenden Kennzahlen und angestrebten Ergebnisverwertung,
- die Definition der organisatorischen Rahmenbedingungen,
- eine den Prozess der Kompetenzbilanzierung regelnde Betriebsvereinbarung,
- eine bereits im Vorfeld informierte Mitarbeiterschaft,

- positionsspezifische und auf die Unternehmensleitlinien ausgerichtete, kompetenzorientierte Anforderungsprofile,
- definierte und ausdifferenzierte, unternehmensspezifisch relevante Kompetenzen,
- definierte Vergleichswerte und Richtlinien für die individuellen Kompetenzprofile.

7.2.2 Phase 2: Verfahrenskonzeption

Auf der Basis der in Phase 1 generierten, organisational relevanten Kompetenzen bzw. Kompetenzdimensionen konnte in der zweiten Phase mit der Zusammenstellung des *unternehmensspezifischen Verfahrenspakets* aus dem in den Voranalysen generierten Verfahrenskatalog (vgl. Kapitel 6.1) begonnen werden.
Wie bereits unter Phase 1 erwähnt, wurde von der Geschäftsführung beschlossen, dass sich jeder Mitarbeiter – unabhängig von seiner Position oder Hierarchiestufe im Unternehmen – demselben Verfahren unterziehen soll. Dies geschah zum einen hinsichtlich der Motivation, nicht nur täglich abrufbare, sondern auch versteckte Potenziale bei denjenigen Beschäftigten offen zu legen, die bis dahin einige der organisational relevanten Kompetenzen in ihrem beruflichen Alltag nicht zur Anwendung bringen müssen (können). Zum anderen sollte eine Chancengleichheit bei allen Mitarbeitern geschaffen und es sollte signalisiert werden, dass allen Mitarbeitern alle Möglichkeiten zur Weiterentwicklung offen stehen. Neben diesen Vorteilen eines einheitlichen Verfahrens birgt ein derartiges Vorgehen jedoch auch die Gefahr der Über- bzw. Unterforderung von einzelnen Mitarbeitern: Bei einer Belegschaft von 500 Mitarbeitern, die sich aus 17 organisationalen Hierarchiestufen und 19 Positionen zusammen setzt, ist mit durchaus heterogenen Anforderungen an ein Verfahren zur Kompetenzmessung und -bilanzierung zu rechnen. Daher war es eine zentrale Herausforderung im Rahmen des Vorgehens, Verfahren zusammenzustellen, die für alle Mitarbeiter gleichermaßen zugänglich und geeignet erscheinen. Zudem müssen die Verfahren in der Lage sein, die unternehmensspezifisch relevanten Kompetenzen zuverlässig zu messen und – neben den dieser Arbeit zu Grunde liegenden Anforderungskriterien an Kompetenzmessverfahren (vgl. Kapitel 5) – allen weiteren in Phase 1 definierten unternehmerischen Anforderungen genügen.
Das unternehmensspezifische und bedarfsorientierte „Verfahrenspaket“ umfasste schließlich je Mitarbeiter fünf verschiedene Verfahren, die einen Mix aus qualitativen und quantitativen Verfahren darstellen. Unter dem Anspruch, der (messtheoretischen) Vielfältigkeit des Kompetenzkonstruktes (vgl. Kapitel 2.1) gerecht zu werden bei gleichzeitiger Berücksichtigung einer größtmöglichen Praktikabilität der Verfahren zur

Kompetenzmessung, wurde ein – auf die unternehmensspezifisch erforderlichen Kompetenzen angepasster – biografischer Fragebogen (BiFa, V1) entwickelt. Dieser erfragt die Befindlichkeit in 22 Situationen – in Anpassung an die 22 ausdifferenzierten, aus den 7 unternehmensspezifischen Kompetenzdimensionen generierten Kompetenzen (vgl. Phase 1) – in denen die jeweiligen Kompetenzen bei dem Anwender im beruflichen oder privaten Alltag Anwendung gefunden haben bzw. Anwendung finden. So lautet z.B. Item 19: „Wenn es darum ging, in meinem beruflichen oder privaten Umfeld Lösungen für vielfältige Probleme zu finden, fühlte ich mich dabei immer voll in meinem Element." (Problemlösefähigkeit). Als Antwortformat wurde eine fünfstufige Likert-Skala von 1 = (trifft überhaupt nicht zu) bis 5 (= trifft völlig zu) gewählt. Abschließend wird der Anwender dieses Fragebogens dazu aufgefordert, 1-3 Situationen wie Vereinstätigkeiten, Situationen im familiären Kontext oder im Beruf zu nennen, die „...in der Vergangenheit dazu beigetragen haben, dass Sie eine oder mehrere der zuvor aufgeführten Situationen / Ereignisse (1-22) zu Ihrer Zufriedenheit gemeistert haben." Der vollständige Fragebogen befindet sich im Anhang (vgl. Anhang B2).
Die Aussagen über die Befindlichkeiten in den jeweiligen Anwendungen der Kompetenzen lassen Rückschlüsse auf die Ausprägungen der Kompetenzen zu; dieser biografische Fragebogen diente somit als zusammenfassende, qualitativ beschreibende Ergänzung der – über die übrigen Verfahren standardisiert erhobenen – Kompetenzausprägungen. Die übrigen vier ausgewählten standardisierten Verfahren setzten sich wie folgt zusammen:
In einem Fragebogen zur Berufsorientierung (Hossiep, Paschen 2003, V2) werden diverse Kompetenzgruppen übergreifende (vgl. Erpenbeck, von Rosenstiel 2003) Kompetenzen erhoben. Dies sind Reflexionsfähigkeit, Belastbarkeit, Kooperationsfähigkeit, Kommunikationsfähigkeit, Problemlösefähigkeit, Zielorientierung, Führungsfähigkeit, Leistungsorientierung, Flexibilität, Teamorientierung, Durchsetzungsvermögen, Einfühlungsvermögen und Selbstbewusstsein. Ihre Ausprägungen werden durch einfaches Ankreuzen einer 6-stufigen Skala (von „trifft völlig zu" bis „trifft überhaupt nicht zu") erfasst. Die Kriteriumsvalidität des Verfahrens wurde bei bereits im Beruf stehenden Personen hinsichtlich der Kriterien

- berufliches Entgelt (Produkt-Moment-Korrelationen zwischen den einzelnen Skalen und dem Kriterium r = -.10 bis r = .33),
- hierarchische Position (r = -.10 bis .37),
- eigene Berufserfolgseinschätzung (r = .03 bis .39) und
- Tätigkeitszufriedenheit (.02 bis .36)

überprüft sowie bei Absolventen von Hoch- und Fachhochschulen und im Studium fortgeschrittenen Teilnehmern hinsichtlich der Kriterien

- Durchschnittsnote der Hochschulzugangszeugnisse (r = -.12 bis .07),
- Leistungen im ersten Studienabschnitt (r = -.21 bis .08),
- Gesamtdauer des Studiums in Semestern (r = -.01 bis .15),
- Entscheidungssicherheit für den nach Studienabschluss angestrebten Tätigkeitsbereich (r = -.01 bis .33),
- über das Studium hinausgehendes gesellschaftliches Engagement (r = .01 bis .26),
- Anzahl absolvierter Praktika von Studierenden (r = .05 bis .20) sowie
- Gesamtdauer der absolvierten Praktika in Monaten bei Studierenden (r = .02 bis .20).

(vgl. Hossiep, Paschen 2003)
Hinsichtlich der Faktoren „berufliches Entgelt“ sowie „hierarchischer Position“, als relativ „harte“ Operationalisierungsmöglichkeiten des Leistungsvermögens eines Beschäftigten, sind zudem nähere Informationen zum Einfluss einzelner Skalen auf das jeweilige Kriterium sinnvoll, da diese Faktoren als bekannte Größen bei der betrieblichen Umsetzung des in dieser Dissertationsschrift vorgestellten Verfahrens zur Kompetenzmessung und -bilanzierung geltend gemacht und somit vergleichende Untersuchungen durchgeführt werden können (vgl. Kapitel 7.4). So haben die Skalen des Verfahrens V2 zur Ermittlung von Führungsfähigkeit (r = .33), Durchsetzungsvermögen (r = .28), Belastbarkeit (r = .27) und Selbstbewusstsein (r = .26) den größten signifikanten Einfluss auf die Ausprägung des Kriteriums „berufliches Entgelt“. In Bezug auf das Kriterium der hierarchischen Position sind es dieselben Skalen, die den größten Einfluss auf das Kriterium aufweisen: Führungsfähigkeit (r = .37), Durchsetzungsvermögen (r = .31), Selbstbewusstsein (r = .26) und Belastbarkeit (r = .24).
Zur Erhebung der Organisationsfähigkeit und Planungskompetenz der Belegschaft wurde ein zeitlich optimiertes, praxis- und unternehmensbezogenes Postkorbverfahren (vgl. u. a. Sarges 1996) angewandt (V3), welches in modifizierter Form in einem ungarischen psychologischen Labor entwickelt und in Ungarn im betrieblichen Kontext mehrfach angewendet wurde. In diesem Verfahren werden die Anwender dazu angehalten, an Hand eines praxisbezogenen Szenarios unter zeitlicher Limitierung eine Reihe von Aufgaben zu erledigen, die mit dem Zurücklegen bestimmter Wegzeiten verbunden sind. Für eine erfolgreiche Aufgabenlösung gilt es, Prioritäten in der Aufgabenbearbeitung zu setzen, Termine zu planen und einzuhalten sowie Aufgabenreihen zu organisieren. Als Ergebnis soll der Anwender eine Reihenfolge in der Aufgabenbearbeitung angeben, die möglichst effizient ist. Die Auswertung der Postkorbübung erfolgt anhand der erarbeiteten Aufgabenreihenfolgen.

Für die Positionierung einer Aufgabe in der gesamten Aufgabenplanung werden in Abhängigkeit von deren Position Punkte vergeben, aus der Summe der Punktevergabe jeder Position ergibt sich der gesamte Aufgabenwert. Dieser wird anhand von Probandengruppen spezifischen Normierungen in das gewünschte Skalenformat übertragen. Die Kriteriumsvalidität des Verfahrens wurde anhand der Kriterien

- Einkommen (r = .317),
- rechnerische Fähigkeiten (r = .302)
- Problemlösefähigkeit (r = .500) und
- Kooperationsbereitschaft (r = .461)

überprüft.

In einem weiteren Verfahren (Amthauer et al. 1999, V4) werden analytisches Denken, Abstraktionsfähigkeit, numerische sowie verbale Fähigkeiten und räumliches Vorstellungsvermögen mittels verschiedener Aufgabencluster erfasst.

Ein letztes Verfahren (Schaarschmidt, Fischer 1996, V5) zielt auf die Erfassung der Leistungsbereitschaft, Konfliktfähigkeit, Selbstmotivation, sicherheitsbewusstes Handeln und Begeisterungsfähigkeit der Anwender (Beispiel-Item für sicherheitsbewusstes Handeln: „Bei meiner Arbeit habe ich den Ehrgeiz, keine fahrlässigen Fehler zu begehen.“) über eine fünfstufig Likert-Skala von 1 (= trifft völlig zu) bis 5 (= trifft überhaupt nicht zu). Laut Angaben der Autoren lassen sich für die einzelnen Dimensionen eindeutige und immer hypothesenkonforme Zusammenhänge mit den folgenden Merkmalen ausweisen: Zahl der Krankentage im Jahr, Absichten vorzeitiger Berentung / Pensionierung, Bewertung von Arbeitsbedingungen nach dem Grad ihrer Gesundheits- und Persönlichkeitsförderlichkeit, physiologischen Indikatoren des Belastungs- und Erholungsverhaltens, Angaben zum Beschwerdeerleben im psychischen und körperlich-funktionellen Bereich (vgl. Schaarschmidt, Fischer 1996).

In Abbildung 7.1 sind die 22 unternehmensspezifisch ausdifferenzierten Kompetenzen (s. Phase 1) in ihrer Zuordnung zu den sie erfassenden Verfahren (V1-V5) dargestellt. Die Legenden dieser Kompetenzen nennen die insgesamt 7 unternehmensspezifischen Kompetenzdimensionen (s. Phase 1), die sich in ihrer organisatorischen Bedeutung aus den jeweiligen Kompetenzen bilden.

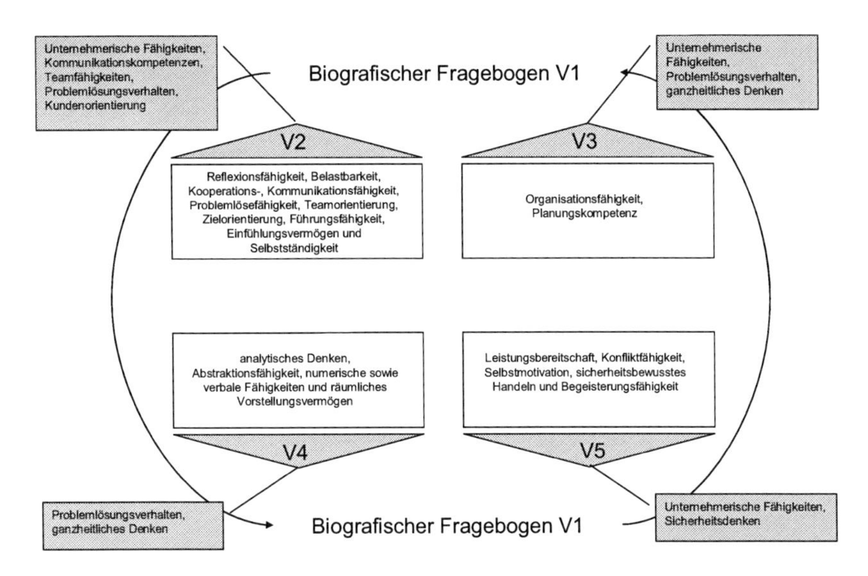

Abbildung 7.1: Kompetenzen- und Verfahrenszuordnung in der unternehmensspezifischen Umsetzung

Den Verfahren lagen jeweils unterschiedliche Skalenformate zu Grunde. In Abstimmung mit dem Projektteam wurde für die Abbildung der individuellen Kompetenzprofile jedes Mitarbeiters eine 5-stufige Skala von 1 (= Kompetenzausprägung sehr gering bzw. Kompetenz in geringer Ausprägung erforderlich) bis 5 (= Kompetenz mit einer ausgesprochen großen Ausprägung bzw. Kompetenz in großer Ausprägung erforderlich) gewählt. Für die Datenauswertung wurde daher eine unternehmensspezifische Norm gebildet, die eine einheitliche Abbildung der Ergebnisse der jeweiligen Verfahren in einer 5-stufigen Skala ermöglichte.
Jedes der oben aufgeführten Verfahren nimmt in seiner Bearbeitung jeweils 10-30 Minuten ein, wobei V3 und V4 zeitlich streng limitiert sind. Nach jedem bearbeiteten Verfahren V1-V4 wurde die Bearbeitung von Akzeptanzfragebögen (vgl. Kersting 2003) bezüglich des jeweils vorhergehenden Verfahrens eingeplant. Diese Akzeptanzfragebögen beziehen sich auf die Verständlichkeit der jeweiligen Verfahren / Fragebögen / Items. Außerdem erfragen sie die Einschätzung der Probanden hinsichtlich der Einhaltung von Objektivität, Reliabilität und Validität für jedes Verfahren (Beispiel-Item zur Objektivität: „Meinen Sie, dass das Ergebnis, was Sie mit dem Verfahren erzielen werden, unabhängig von der Person des Versuchsleiters ist?").
Der Einsatz von Akzeptanzfragebögen dient zum einen der Erfassung des subjektiven Erlebens der Verfahrenssituation aus Anwendersicht und daher als Vergleichswert zu objektiviert durchgeführten Verfahren

zur Bestimmung der jeweiligen Erfüllung von klassischen Gütekriterien (vgl. Kapitel 7.2.6, Evaluation des Verfahrens). Zum anderen konnte dadurch die soziale Akzeptanz (vgl. Kapitel 5.3) eines jeden Verfahrens bestimmt und ein Vergleichswert für die Bewertung des gesamten Prozesses (vgl. Kapitel 7.2.6 und 7.3) der Kompetenzbilanzierung generiert werden. Diesem Vorgehen liegt die Annahme zu Grunde, dass Verfahren zur Kompetenzmessung und -bilanzierung nur dann langfristig erfolgreich und Gewinn bringend eingesetzt werden können, wenn sie nicht nur von Seiten des durchführenden Unternehmens und aus wissenschaftlich-methodischer Perspektive, sondern auch von den Mitarbeitern selbst akzeptiert sind (vgl. Kapitel 5.3).

7.2.3 Phase 3: Kompetenzmessung

In dieser Phase erfolgte die eigentliche Kompetenzmessung mittels des in Phase 2 ausgewählten und konzeptionell erarbeiteten Verfahrenspakets.
Die Kompetenzmessung erfolgte in Gruppen von 10-20 Mitarbeitern in Abhängigkeit von der Schichtbesetzung unter der Aufsicht von mindestens einem externen Experten.
Der zeitliche Rahmen für die Kompetenzmessung war auf 2,5 Stunden je Gruppe bzw. Mitarbeiter angesetzt, davon betrug die für die Bearbeitung der Verfahren erforderliche Nettozeit 1,5 Stunden. Dieser umfangreiche Zeithorizont wurde von der Geschäftsführung mit dem Ziel angesetzt, das subjektive Erleben der Verfahrenssituation mittels Reduktion des Stressfaktors „zeitlicher Druck" zu verbessern. Darüber hinaus sollte der Belegschaft ausreichend Raum und Zeit für Fragen – die Kompetenzbilanzierung betreffend – zur Verfügung stehen, die Transparenz folglich erhöht und eine Steigerung der Akzeptanz des Verfahrens erzielt werden. Der über die reine Bearbeitungszeit hinausgehende zeitliche Puffer von 60 Minuten wurde für Instruktionen, Pausen und Diskussionsbedarf der Teilnehmer eingeplant.
Die Gruppenerhebungen begannen mit einer kurzen Einleitung hinsichtlich unternehmerischer Zielsetzung, Ergebnisverwertung und Ablaufplanung der Kompetenzbilanzierung. An dieser Stelle wurde bei den überwiegenden Gruppen folgendes deutlich: Trotz der – parallel zu den betrieblichen Voranalysen (vgl. Kapitel 7.2.1) durchgeführten – Informationsveranstaltungen bezüglich des Ziels und der Rahmenbedingungen der Kompetenzbilanzierung, bestanden große Informationsdefizite bei der Belegschaft. Diese Defizite äußerten sich zumeist in anfänglicher Ablehnung des gesamten Verfahrens auf Grund von stark vertretenen Rationalisierungsängsten. Diesen aufgestauten Ängsten versuchten die externen Experten über intensive und lückenlose Informationsphasen zu Beginn des eigentlichen Erhebungsprozesses zu begegnen.

Die Instruktionen zu den jeweiligen Verfahren lagen den Mitarbeitern schriftlich vor; zusätzlich wurden mündliche Einweisungen von den externen Experten vorgenommen. Im Falle der zwei zeitbegrenzten Verfahren wurde die Bearbeitungsdauer limitiert. Die Bearbeitung der übrigen Verfahren konnte in frei gewählten Zeitfenstern durchgeführt werden. Die Erfassung der individuellen Daten und Antworten erfolgte ausschließlich manuell über Papier-Stift-Verfahren. Der Einsatz von computergestützten Erhebungsmethoden wurde von der Geschäftsführung als zu problematisch in Bezug auf die Anwenderakzeptanz eingeschätzt.

Schwierigkeiten traten in dieser Erhebungsphase bei sehr heterogenen Gruppen hinsichtlich der Lese- und Schreibgeschwindigkeit der Mitglieder auf: Mitarbeiter mit Lese- und Schreibschwächen benötigten für das Ausführen der Verfahren ohne Zeitlimitierung teilweise die dreifache Dauer im Vergleich zur übrigen Gruppe, wodurch sich z. T. der psychische Druck bei ersteren stark erhöhte. Diesem Problem ist jedoch, ohne eine Stigmatisierung durch Separierung derjenigen Mitarbeiter mit Lese- und Schreibschwächen vorzunehmen, nur schwer zu begegnen. Auf den ersten Blick bot sich hier der Einsatz einer computer-gestützten Durchführung der Kompetenzmessung an, um deren Vorteile im Sinne des individuellen Lernens (vgl. u. a. Fischer und Mandel 2000) unter zeitlicher Unabhängigkeit von anderen Lernenden zu nutzen. In Gesprächen mit den Beschäftigten des Partnerunternehmens stellte sich jedoch heraus, dass die überwiegende Anzahl der Mitarbeiter der unteren betrieblichen Hierarchieebenen weder einen privaten PC besaßen noch im beruflichen Alltag Computerkenntnisse erwerben und umsetzen konnten. Daher war anzunehmen, dass eine computergestützte Version des Verfahrens bei einem großen Teil der Beschäftigten Berührungsängste forcieren würde. Generell ist eine softwaretechnische Umsetzung des Verfahrens jedoch durchaus denkbar, sofern dies aus Unternehmenssicht sinnvoll erscheint.

Vereinzelnd traten bei der Umsetzung des Verfahrens Schwierigkeiten bei Nicht-Muttersprachlern auf. Im späteren Verlauf der Kompetenzerhebung wurde zwar eine englischsprachige Übersetzung aller Verfahren vorgenommen. Es hätte jedoch auch Bedarf an polnischen und türkischen Übersetzungen bestanden, der im Vorfeld jedoch nicht im Projektteam kommuniziert wurde.

Die Ergebnisse der Kompetenzbilanzierung von Mitarbeitern, die diesen aufgeführten Personengruppen zuzuordnen sind, müssen demzufolge unter den genannten erschwerten Bedingungen der Datenerhebung interpretiert werden. In der Datenauswertungsphase (vgl. Phase 3) wurden diese Besonderheiten berücksichtigt.

Insgesamt haben von 500 Beschäftigten 397 Mitarbeiter an der Kompetenzbilanzierung teilgenommen. Dies entspricht einer Beteiligungsquote von 79,4%. Die restlichen 20,6% der Belegschaft setzten sich zu einem

überwiegenden Teil aus Leiharbeitern zusammen, so dass die Beteiligungsquote der festen Belegschaft als durchaus zufrieden stellend einzustufen ist.
Mit Beendigung der dritten Phase im Kompetenzbilanzierungsprozess lagen also nunmehr 397 individuelle Datensätze als Grundlage für die Erstellung der Kompetenz-Ist-Profile vor.

7.2.4 Phase 4: Bilanzierungsprozess

Diese Phase ist als eigentliche Bilanzierungsphase zu verstehen. Hier erfolgte die Dateneingabe und Auswertung der Angaben der an der Kompetenzbilanzierung teilnehmenden Belegschaft. Die Eingabe und die statistischen Auswertungsschritte wurden mittels des statistischen Auswertungsprogramms SPSS vorgenommen.
Die über die Verfahren V1-V5 erfassten 22 Kompetenzen wurden in Abhängigkeit von den verfahrensspezifischen Auswertungsmodalitäten ausgewertet und gemäß ihrer definitorischen Zugehörigkeit den 7 unternehmensspezifischen Kompetenzdimensionen zugeteilt. Infolgedessen konnte je Mitarbeiter ein individuelles Ist-Profil der vorhandenen derzeitigen Kompetenzausprägungen erstellt werden.
Weiterhin konnten nunmehr die in Phase 1 definierten Entgeltgruppen- und Positionsbenchmarks als Mittelwerte der erhobenen Kompetenzausprägungen von Mitarbeitern einer Entgelt- bzw. Positionsgruppe ermittelt werden.
Diese Vergleichswerte wurden zusammen mit den ebenfalls in Phase 1 generierten stellen- und positionsbezogenen gewichteten Anforderungsprofilen den jeweiligen individuellen Ist-Profilen grafisch gegenüber gestellt.
Die daraus entstehenden persönlichen Kompetenzbilanzen lassen also nicht nur einen unmittelbaren Abgleich zwischen stellenabhängigem Anforderungsprofil und tatsächlich vorhandenen individuellen Kompetenzen zu. Jeder Mitarbeiter ist darüber hinaus in der Lage, einen unmittelbaren Vergleich zu den restlichen Inhabern seiner Position und Entgeltgruppe vorzunehmen und sich dadurch zu verorten. In Abhängigkeit von den unternehmensspezifischen Bedarfen sind auch weitere Vergleichsnormen denkbar, wie z. B. die Ergebnisse anderer Unternehmensstandorte, von Konkurrenzfirmen, anderen Positionsgruppen u. ä. .
Aus diesen visualisierten Diskrepanzen (im positiven oder negativen Sinne) zwischen Ist- und Soll-Profil lassen sich nunmehr individuelle Entwicklungsbedarfe und Potenziale aufzeigen, wodurch bedarfsorientierte und strategisch ausgerichtete Personalentwicklung effektiv und effizient umgesetzt werden kann.
In Abbildung 7.2 ist ein exemplarisches Kompetenzprofil dargestellt:

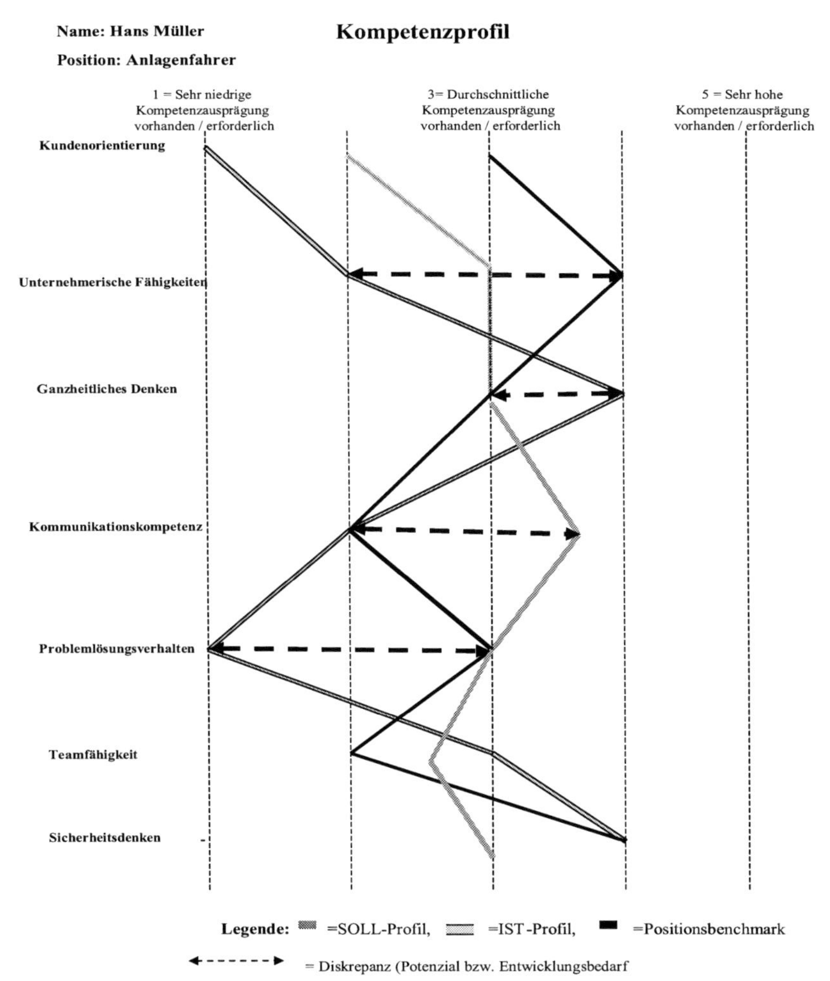

Abbildung 7.2: Beispiel eines persönlichen Kompetenzprofils

Als Skalierung wurde eine fünfstufige Skala von 1 bis 5 gewählt. Für das IST-Profil und den Positionsbenchmark – letzterer stellt einen Durchschnittswert der jeweiligen Kompetenzausprägungen von allen Inhabern einer Position dar – trägt die Skalierung die folgende Bedeutung: 1 = sehr niedrige Kompetenzausprägung vorhanden bis 5 = sehr hohe Kompetenzausprägung vorhanden. Für das SOLL-Profil ist die Skalierung komplementär zu übersetzen: 1 = sehr niedrige Kompetenzausprägung erforderlich bis 5 = sehr hohe Kompetenzausprägung erforderlich.

7.2.5 Phase 5: Ergebnisrückmeldung und Ableitung von Maßnahmen

In dieser Phase erfolgte zunächst die Ergebnisrückmeldung an die teilnehmende Belegschaft.
Die persönlichen Profile wurden allen teilnehmenden Mitarbeitern auf Wunsch der Geschäftsführung direkt durch die externen Experten per Post zugestellt, um eine durchgängige Zusicherung des Datenschutzes zu gewährleisten und um den – mit der Kompetenzbilanzierung angestrebten – partizipativen Charakter des betrieblichen Personalmanagements herauszustellen: Jedem Mitarbeiter sollte das Vorrecht zugestanden werden, als erster Einblick in sein persönliches Kompetenzprofil zu nehmen, um dann eigenständig zu entscheiden, ob er sein Profil bzw. dessen Ergebnisse in anstehende Personalentwicklungsmaßnahmen einfließen lassen möchte.
Zusätzlich zu den Profilausdrucken erhielt jeder Mitarbeiter eine Anleitung zur Interpretation seiner persönlichen Ergebnisse sowie Hinweise darauf, wie diese zukünftig unternehmensintern genutzt und weiter verwertet werden könnten (z.B. als Ausgangsbasis für anstehende Personalentwicklungsgespräche oder Diskussionsansatz für neue Entgeltgruppierungen).
Sofern ein Mitarbeiter einer der unter Phase 3 aufgeführten Personengruppen angehörte, die bei der Durchführung der Kompetenzmessung erschwerten Bedingungen ausgesetzt war, wurde ein diesbezüglicher Zusatz in die Interpretationsanleitung aufgenommen. Außerdem wurde dem persönlichen Profil ein Evaluationsfragebogen beigefügt. Über die Beantwortung der Evaluationsfragen wurden die beteiligten Mitarbeiter dazu angehalten, ihr persönliches Empfinden bezüglich des Verfahrens selbst und seiner betrieblichen Umsetzung mitzuteilen. Dieser Evaluationsfragebogen wurde aus den in den Voranalysen dieses Dissertationsvorhabens generierten Anforderungskriterien an Kompetenzmessverfahren entwickelt (vgl. Kapitel 5).
Der Geschäftsführung gingen zunächst lediglich die Profile der jeweiligen Positions- und Entgelt*gruppen* zu, die aus den Kompetenzmittelwerten der jeweiligen Gruppen gebildet wurden. Diese dienten in den persönlichen Profilen als Benchmarks. Die Gruppen-Werte geben einen Überblick über die Entwicklungsbedarfe und Potenziale von Subgruppen im Unternehmen und können – neben den individuellen Profilen – ebenfalls als Ausgangsbasis für anforderungsgerechte Maßnahmen zur Personalentwicklung auf Gruppenebene dienen.
Nach der Zustellung der persönlichen Kompetenzprofile wurden durch die Personalabteilung des Unternehmens entgelt- und positionsgruppenbezogene Tendenzen in den jeweiligen Kompetenzausprägungen analysiert. Darauf aufbauend wurden erste gruppenbezogene Personalentwicklungsmaßnahmen konzipiert und an die Belegschaft kommuniziert.

Für die Entwicklung und Umsetzung von individuellen bedarfsorientierten Personalentwicklungsmaßnahmen wurde die Belegschaft dazu angehalten, die persönlichen Kompetenzprofile eigenständig in die Personalentwicklungsplanung einzubringen.
Die Ergebnisse der Kompetenzbilanzierung dienten also hier als Ausgangsbasis für eine anforderungsgerechte Personalentwicklung und als Diskussionsgrundlage für Entgeltgruppierungen und interne Stellenbesetzungen. Langfristig soll das Verfahren als Controlling-Instrument für implementierte betriebliche (Weiter-) Bildungsmaßnahmen dienen und bei der Rekrutierung von neuen Mitarbeitern eine Ergänzung zu herkömmlichen Einstellungs- und Auswahlverfahren darstellen.
Somit konnte betriebsintern ein wichtiger erster Schritt in Richtung einer Gleichwertigkeit zwischen Kompetenzen und fachlichen Qualifikationen getan werden. Dass diese Bestrebungen auch von der Belegschaft getragen wurden, zeigte sich u. a. in der erheblichen Anzahl an unmittelbaren Rückmeldungen, die der Personalabteilung und unmittelbaren Vorgesetzten nach dem Aushändigen der persönlichen Profile von Seiten der Belegschaft zugingen.
Diese fünfte Phase im Prozess der Kompetenzbilanzierung verlief vornehmlich unternehmensintern: zwischen Geschäftsführung, Personalabteilung und Belegschaft. Die Ableitung von Maßnahmen aus den Ergebnissen wurde anschließend unternehmens*intern* vorgenommen; lediglich die Rückmeldung der persönlichen Kompetenzprofile an die Belegschaft erfolgte durch die *externen* Experten.

7.2.6 Phase 6: Evaluation des Verfahrens durch Belegschaft, Geschäftsführung und Betriebsrat

Evaluation durch die Belegschaft

Nach der Durchführung der Kompetenzerhebung, der Datenauswertung und Rückmeldung der Ergebnisse an alle beteiligten Personengruppen erfolgte abschließend eine umfassende Evaluation des Verfahrens. Sie wurde sowohl hinsichtlich seiner erzielten Güte unter den in Kapitel 5 aufgeführten Gesichtspunkten als auch bezüglich der Rahmenbedingungen der betrieblichen Umsetzung der Kompetenzbilanzierung durchgeführt. Dabei diente der aus den Voranalysen generierte Anforderungskriterienkatalog (vgl. Kapitel 5.3.2), der bereits als Fragebogen in den Akzeptanzbefragungen (vgl. Kapitel 5.3.3) zum Einsatz gekommen ist, als „Checkliste“ für die tatsächlich realisierten Anforderungen. Diese Anforderungskriterien beziehen sich auf

- die Erfüllung von klassischen Gütekriterien
  - Objektivität,
  - Validität,
  - Reliabilität,
- die persönliche Einstellung gegenüber Verfahren zur Kompetenzmessung,
- (betriebliche) Rahmenbedingungen der Testsituation,
- die Transparenz des Verfahrens,
- die Zusicherung des Datenschutzes,
- den persönlichen Nutzen der Kompetenzmessung.

Aus diesen Kriterien wurde ein Evaluationsfragebogen – bestehend aus 25 Items – erstellt, der an alle Mitarbeiter, die sich dem Verfahren unterzogen haben, verteilt wurde (vgl. Anhang C1). Die Beteiligungs- bzw. Rücklaufquote dieser Evaluation belief sich auf 20%.
Als Antwortformat im Evaluationsfragebogen wurde eine fünfstufige Likert-Skala von 1 (= stimmt überhaupt nicht) bis 5 (= stimmt völlig) gewählt.
Vor der Berechnung der internen Konsistenz des Erhebungsinstruments wurde eine Faktorenanalyse durchgeführt, um die Zugehörigkeit der Items zu den unterschiedlichen Dimensionen zu verifizieren. Die von der Autorin durchgeführte Gruppierung der Items zu den oben aufgeführten Dimensionen konnte durch die Faktorenanalyse bestätigt werden. Lediglich die Dimension „Reliabilität" kann nur bedingt als solche bezeichnet werden, da ihr nur ein einziges Item zuzuordnen ist. Die Werte der internen Konsistenz der jeweiligen Skalen des Evaluationsfragebogens stellen sich folgender Maßen dar:

- Objektivität r = .702
- Validität r = .714
- Einstellung gegenüber Kompetenzmessverfahren r = .839
- Rahmenbedingungen der Testsituation r = .714
- Transparenz des Verfahren r = .740
- Datenschutz r = .701
- Persönlicher Nutzen r = .839
- Reliabilität r = kann nicht berechnet werden, da dieser Dimension nur ein Item zugeordnet ist.

Die Zuverlässigkeit der Messung des Evaluationsfragebogens ist somit als zufrieden stellend zu bewerten.
Die gemittelten Bewertungen der 81 an der Evaluation teilnehmenden Mitarbeiter hinsichtlich der Evaluationskriterien 1-25 sind in Tabelle 7.2 in aufsteigender Reihenfolge dargestellt:

Tabelle 7.2: Mittlere Bewertungen der Evaluationskriterien 1-25

Evaluationskriterium (Itemnummer)	Mittelwert
Tagesform unabhängige Ergebnisse (Reliabilitätsaspekt) (12)	2,48
Generelle positive Grundeinstellung zu Verfahren der Kompetenzmessung / -bilanzierung (19)	2,68
Herausstellen von wahren Kompetenzen / Fähigkeiten durch das Verfahren möglich (Validitätsaspekt) (22)	2,8
Bezug des Verfahrens zu der jeweiligen Arbeitsstelle (7)	2,82
Objektivität des Verfahrens (8)	2,84
Persönlicher Nutzen erkennbar (20)	3,05
ausreichende Vorbereitungsmöglichkeiten (2)	3,09
Aussage über persönliche Kompetenzen / Fähigkeiten möglich (Validitätsaspekt) (13)	3,36
Wahrung der Intimsphäre (14)	3,61
Vertrauliche Behandlung der Daten und Testergebnisse (Datenschutz) (3)	3,65
Ausreichende Informationen über den Ablauf des Verfahrens (1)	3,66
Entspannte Testsituation (16)	3,68
Gesamtzufriedenheit mit dem Verfahren (25)	**3,68**
Angenehme Testsituation (15)	3,75
Keine Konkurrenzsituation zu anderen Teilnehmern (10)	3,75
Wiederholung der Erhebung denkbar (21)	3,79
Einleuchtendes Ziel des Verfahrens gegeben (5)	3,8
Hoffnung auf weiter führende Konsequenzen (Ergebnisverwertung) (24)	3,95
Freiwilligkeit der Teilnahme umgesetzt (9)	4,05
Chancengleichheit zwischen den Teilnehmern realisiert (11)	4,14
Kein Unwohlsein bei der Testsituation (17)	4,14
Zweck des Verfahrens bekannt (4)	4,2
Sympathische Versuchsleiter (18)	4,23
Rückmeldung der Ergebnisse ausreichend erfolgt (6)	4,56

In den Bewertungen der jeweiligen Dimensionen und Kriterien zeigt sich deutlich, dass die Einhaltung der klassischen Gütekriterien Validität (Item 13, 22), Objektivität (Item 8) und Reliabilität (Item 12) des Verfahrens von den Teilnehmern angezweifelt bzw. mit einem subjektiv gering empfundenen Erfüllungsgrad bewertet wurden. Dies kann u. U. mit dem geringen Kenntnisstand der am Verfahren teilnehmenden Personen hinsichtlich des Verfahrens, seines Aufbaus und seinen Funktionsweisen erklärt werden, woraus eine gewisse Skepsis der Belegschaft resultierte.

Weiter führende Analysen zur Objektivität und Reliabilität des Verfahrens (s. u.) widersprechen zumindest diesen subjektiven Bewertungen.
Dass der Bezug des Verfahrens zu der jeweiligen Arbeitsstelle bzw. -aufgabe für einige Mitarbeiter nicht ersichtlich wurde, kann darin begründet liegen, dass sich alle Mitarbeiter – unabhängig von Position und Hierarchiestufe (s. Phase 1) – dem selben Verfahren unterzogen haben; dadurch wurden auch Kompetenzen angesprochen und abgerufen, die nicht für jede Position im Betrieb im Berufsalltag erforderlich erschienen.
Die Gesamtzufriedenheit des Verfahrens kann mit einer gemittelten Bewertung von 3,68 als überdurchschnittlich betrachtet werden. Als zentrale Einflussfaktoren auf die Gesamtzufriedenheit konnten mittels bivariater Korrelationsanalyse nach Pearson (vgl. u. a. Bortz 1993) die folgenden Dimensionen kenntlich gemacht werden:
Es wiesen diejenigen Dimensionen, die sich auf den Erfüllungsgrad der klassischen Gütekriterien bezogen (Validität, Reliabilität und Objektivität, Items 12, 22, 8 und 13), signifikante Korrelationen zu der Gesamtzufriedenheit mit dem Verfahren auf (.62 bis .74, bivariate Korrelation). Diese Dimensionen wurden insgesamt unterdurchschnittlich von den Teilnehmern bewertet (vgl. Tabelle 7.2). Als weitere zentrale Einflussgrößen auf die Gesamtzufriedenheit mit dem Verfahren konnten das subjektiven Erleben der Testsituation (Item 15 und 16, bivariate Korrelation .59 bis .67) sowie die Hoffnung auf eine adäquate Ergebnisverwertung (Item 24, bivariate Korrelation .62) geltend gemacht werden. Außerdem wurde das Gesamturteil signifikant durch eine generelle positive Grundeinstellung gegenüber Verfahren zur Kompetenzmessung beeinflusst (Item 19, bivariate Korrelation .62), die jedoch bei der teilnehmenden Belegschaft bei einer mittleren Bewertung von 2,68 eher gering ausgeprägt war.
Zudem besteht eine signifikante Korrelation zwischen der positiven Grundeinstellung gegenüber Verfahren zur Kompetenzmessung und -bilanzierung und einer Erwartungshaltung hinsichtlich einer adäquaten Ergebnis-(-weiter-)-verwertung (bivariate Korrelation .62).
Dies verdeutlicht die Bedeutung einer adäquaten Weiterverwertung der erhaltenen Ergebnisse aus Mitarbeitersicht: Nur indem offenkundig unternehmensintern demonstriert wird, dass mit den Ergebnissen einer Kompetenzbilanzierung gearbeitet wird und dass Maßnahmen abgeleitet und implementiert werden, kann die Skepsis der Belegschaft ausgeräumt werden, dass unternehmensinterne Projekte ohne ersichtliche Konsequenzen durchgeführt werden, dass sich also „sowieso nie etwas ändert".
Insbesondere unter dem Gesichtspunkt einer möglichen wiederholten Durchführung der Kompetenzbilanzierung – z.B. zu Controlling-Zwecken nach der Implementierung von Weiterbildungsmaßnahmen – ist es als unabdingbar für die langfristige Akzeptanz des Verfahrens einzuschätzen, dass den beteiligten Personengruppen der praktische Nutzen der

Kompetenzbilanzierung in Form adäquater Maßnahmen aus den Ergebnissen verdeutlicht wird.
Insgesamt sind die Evaluationsergebnisse aus den verfahrensbezogenen Angaben der beteiligten Mitarbeiter unter dem Gesichtspunkt einer gemittelten Gesamtbewertung des Verfahrens von 3,68 (1= vollkommene Ablehnung bis 5 = vollkommene Zustimmung der Aussage: „Insgesamt bin ich mit dem Verfahren und seiner Durchführung zufrieden.“) als durchaus zufrieden stellend einzustufen.
Interessant ist an dieser Stelle die Frage, inwieweit die Gesamtzufriedenheit mit dem Verfahren in Abhängigkeit zu dem persönlich erzielten Ergebnis der Kompetenzmessung steht. Dieser Frage kann jedoch auf Grund der Anonymität der Durchführung der Evaluationsbefragung nicht nachgegangen werden.
Aus den anwenderbezogenen Evaluationsergebnissen lassen sich diverse Anregungen und Handlungsempfehlungen im Sinne eines kontinuierlichen Verbesserungsprozesses generieren. So stellt sich die Frage, wie das subjektive Empfinden eines mangelnden Einhaltens der klassischen Gütekriterien mit den tatsächlichen, objektiviert gewonnenen Daten in Einklang gebracht werden kann. Es liegt die Vermutung nahe, dass mangelnde Kenntnisse von messtheoretischen Zugängen Zweifel an deren Güte aufkommen lassen. Diesen Zweifeln könnte durch eine verstärkte Transparenz bezüglich der Verfahrenskonstruktionen und Auswertungslogiken begegnet werden. So wäre es denkbar, zusätzlich zu der Interpretationsanleitung, die jedem persönlichen Kompetenzprofil beigefügt wird, eine kurze Erläuterung über die Generierung der Ausprägung der jeweiligen Kompetenzdimensionen aus den unterschiedlichen Verfahren zur Verfügung zu stellen.
Auch aus Unternehmenssicht bieten diese Evaluationsergebnisse wichtige Hinweise bzw. Anregungen zu Handlungsempfehlungen zur Beeinflussung der allgemeinen Akzeptanz des Verfahrens: So kann bei einer angestrebten Wiederholung der Verfahrensdurchführung durchaus mit der Unterstützung der Belegschaft gerechnet werden, die eine Wiederholung des Verfahrens mit einer gemittelten Bewertung von 3,79 für denkbar hält. Weiterhin zeigen sich für das Unternehmen die Bedeutung der Ergebnisverwertung für die teilnehmenden Beschäftigten und dessen signifikanter Einfluss auf die generelle positive Grundeinstellung gegenüber dem Verfahren. Zum langfristigen Erreichen einer unternehmensweiten Akzeptanz des Verfahrens ist eine erkennbare Arbeit mit den Ergebnissen also als überaus zentral einzuschätzen.
Die Evaluation des Verfahrens sollte zum einen der Bestimmung von dessen erzielter Akzeptanz aus Anwenderperspektive, zum anderen der Bewertung des Zielerfüllungsgrad aus Unternehmenssicht dienen. Der Evaluation wird der in den Voranalysen dieser Dissertationsschrift gene-

rierte Katalog von Anforderungskriterien für Kompetenzmessverfahren zu Grunde gelegt (vgl. Kapitel 5).
Die verfahrensspezifischen Evaluationsergebnisse geben Auskunft über die Qualität des Verfahrens aus der Perspektive der verschiedenen Anwendergruppen und dienen dem kontinuierlichen Verbesserungsprozess des Verfahrens und seines Ablaufs.
Eine Evaluation der betrieblichen Rahmenbedingungen des Kompetenzbilanzierungsprozesses aus Sicht der Teilnehmenden verschafft dem Unternehmen eine exemplarische detaillierte Fremdsicht hinsichtlich seines Umgangs mit der Kommunikation und mit der Umsetzung von personalbezogenen Maßnahmen. Außerdem gibt sie Anregungen zu diesbezüglichen unternehmensbezogenen Optimierungsmaßnahmen, die über Angelegenheiten des Personalmanagements hinausgehen können. Folgende Fragen können hierbei u. a. thematisiert werden: Wie empfinden Mitarbeiter die Informationspolitik des Unternehmens? Wie wirkt das Unternehmen über seine Auswahlverfahren auf externe Bewerber?
Zusätzlich zu der Evaluation der gesamten Kompetenzmessung wird jedes der fünf angewandten Verfahren (V1-V5, vgl. Kapitel 7.2.2) mittels Akzeptanzfragebögen (vgl. Kapitel 7.2.2) durch die Teilnehmer bewertet. Eine Bewertung erfolgte hier anhand von Indikatoren für die klassischen Gütekriterien Objektivität, Reliabilität und Validität sowie für klare Aufgabenstellungen, für die Verfahren V3 und V4 zusätzlich für Schwierigkeit und Trennschärfe. Die gemittelten Ergebnisse der Akzeptanzbefragungen sind in Abbildung 7.3 für die Verfahren V1, V2 und V5 und in Abbildung 7.4 für die Verfahren V3 und V4 dargestellt. Als Antwortformat wird eine sechsstufige Likert-Skala (1 = trifft nicht zu bis 6 = trifft genau zu) verwendet (vgl. Anhang B 3a und B 3b).

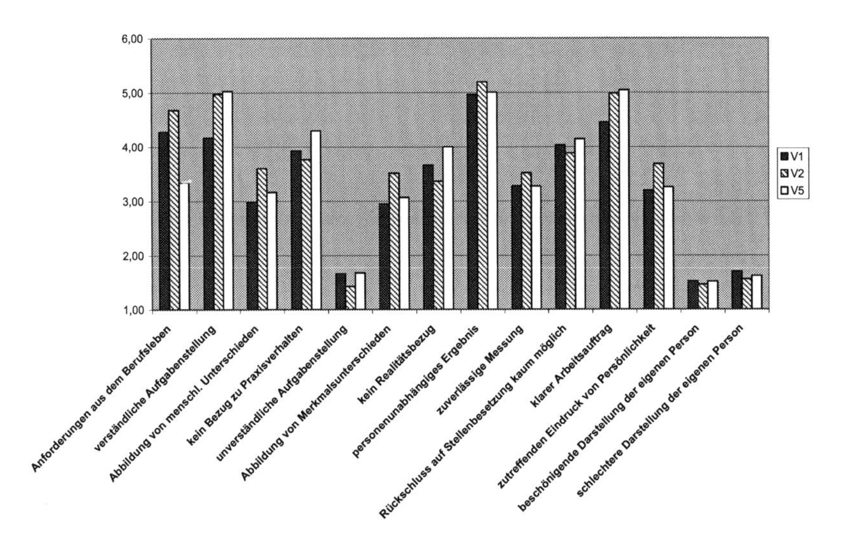

Abbildung 7.3: Ergebnisse der Akzeptanzbefragung der Verfahren V1, V2, V5 (n = 397)

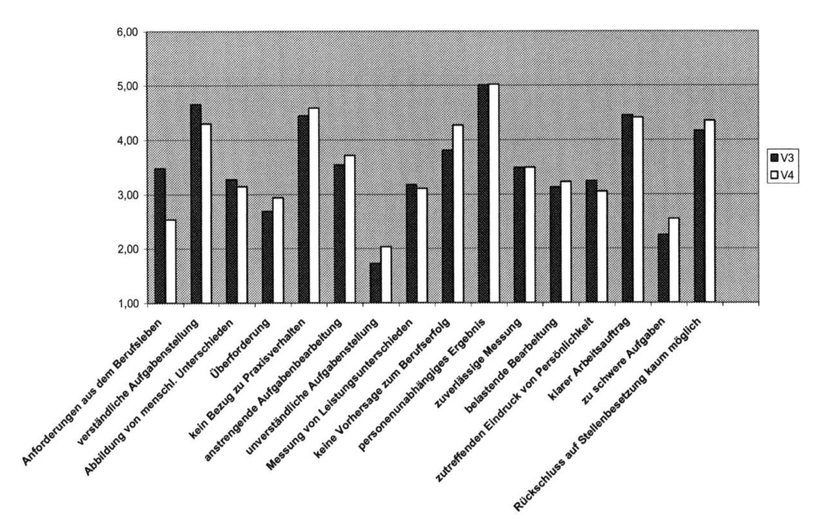

Abbildung 7.4: Ergebnisse der Akzeptanzbefragung der Verfahren V3 und V4 (n = 397)

Die interne Konsistenz des Fragebogens variiert für die jeweilig erfassten Dimensionen zwischen r = .73 bis r = .91.
Es wird deutlich, dass die Indikatoren aller Gütekriterien über dem theoretischen Mittel von 3 bewertet wurden (bei den in den Abbildungen 7.3 und 7.4 augenscheinlich unterdurchschnittlich bewerteten Kriterien handelt es sich um negative Polungen der Items), so dass aus Sicht der Teilnehmer die in das Verfahren zur Kompetenzmessung integrierten Einzelverfahren sowohl hinsichtlich ihrer Objektivität, Reliabilität und Validität als auch bezüglich deren Trennschärfe und Schwierigkeit zufrieden stellend bewertet wurden.

Evaluation des Verfahrens aus Sicht der Geschäftsführung und des Betriebsrates

Zusätzlich zu der Evaluation des Verfahrens und seiner betrieblichen Umsetzung aus Anwendersicht, wurden standardisierte Interviews mit Vertretern der Geschäftsführung und des Betriebsrates durchgeführt (n=8). Diese Interviews bezogen sich in erster Linie auf

- den *Zielerfüllungsgrad* des Verfahrens,
- *Schwierigkeiten*, die aus unternehmerischer Sicht und aus der Perspektive der Arbeitnehmervertretung bei der Verfahrensdurchführung aufgetreten sind,
- *Verbesserungsvorschläge* hinsichtlich der Durchführung des Verfahrens,
- die Erfahrungen, die mit der Durchführung der Kompetenzbilanzierung durch *externe Berater* gemacht wurden,
- *Ziele und zeitliche Rahmen* für eine Wiederholung der Kompetenzmessung und -bilanzierung (Interviewleitfaden s. Anhang C2).

Die *Zielerreichung* wurde von den Befragten (6 Vertreter der Führungsebene und 2 Vertreter des Betriebsrates) durchgängig mit sehr hoch (>80%) angegeben, wobei das erreichte Ziel einstimmig als „Zwischenziel“ auf dem Weg zur Umsetzung der Ergebnisse in anforderungsorientierte Maßnahmen definiert wurde.

Schwierigkeiten bei der Umsetzung des Verfahrens sahen die Befragten auf einer rein unternehmensinternen Basis: Der Kommunikations- und Informationsprozess bezüglich der Zielsetzung der Kompetenzmessung und -bilanzierung hätte nach Ansicht der Befragten noch intensiver und über alle betrieblichen Hierarchieebenen hinweg vorgenommen werden müssen. Damit hätte vorzeitig Ängsten der Mitarbeiter bezüglich Rationalisierungsvorhaben begegnet und eine Vertrauensbasis zwischen Geschäftsführung und Belegschaft geschaffen werden können. Diese Befragungsergebnisse bestätigten den Eindruck eines unzureichenden Informationsflusses, den die Mehrzahl der an der Kompetenzmessung teilnehmenden Mitarbeiter bei den externen Experten hinterließ.

Die Durchführung des Verfahrens durch *externe Experten* wurde von allen Befragten als uneingeschränkt positiv bewertet. Insbesondere aus Sicht des Betriebsrates hat der Einsatz der externen Berater zu einer deutlichen Steigerung der Akzeptanz des Kompetenzmessverfahrens beigetragen, hinsichtlich der subjektiven Einschätzung der Objektivität des Verfahrens, der Einhaltung des Datenschutzes und der Chancengleichheit zwischen den Teilnehmern. Auch konnten Ängste der Belegschaft bezüglich befürchteter, mit der Kompetenzbilanzierung verbundener Rationalisierungsmaßnahmen durch die Zusicherungen des Betriebsrates und der Geschäftsführung begegnet werden, dass die persönlichen Kompetenzprofile unmittelbar von den externen Beratern an die Teilnehmer verschickt werden, ohne dass Unternehmensangehörige Einblick in die persönlichen Daten erhielten.
Die Vertreter der Geschäftsführung, inklusive des Vertreters der Personalabteilung, betonten zudem, dass allein auf Grund von methodischen Schwierigkeiten und mangelnden diesbezüglichen innerbetrieblichen Fähigkeiten und Kompetenzen das Unternehmen nicht in der Lage gewesen wäre, eigenständig ein valides Kompetenzmessverfahren zu konzipieren und zu implementieren.
Einer *Wiederholung* der Erhebung stimmten alle Befragten vorbehaltlos zu. Der zeitliche Abstand sollte sich jedoch auf mindestens drei Jahre zu der vorhergehenden Befragung belaufen. Als *Ziel* für eine Wiederholung der Kompetenzmessung und -bilanzierung gaben die Befragten in erster Linie die Kontrollmöglichkeit für bis dahin umgesetzte Maßnahmen zur Weiterbildung und Schulungskonzepte an. Außerdem konnten sich die Befragten vorstellen, das Verfahren zu Rekrutierungszwecken sowie als Diskussionsbasis für interne Stellenneu- und -umbesetzungen einzusetzen.
Die *Gesamtzufriedenheit* mit dem Verfahren an sich ebenso wie mit seiner Umsetzung durch die externen Experten wurde mit „zufrieden“ bis „sehr zufrieden“ angegeben.
Aus den Evaluationsergebnissen aus Unternehmenssicht zeigt sich deutlich, dass das hier vorgestellte Verfahren zur Kompetenzmessung und -bilanzierung aus Unternehmenssicht ausgesprochen zufrieden stellende Ergebnisse erbringen kann, die als Basis für weiterführende unternehmerische strategische Maßnahmen dienen können. Mängel in der betrieblichen Umsetzung wurden lediglich auf Unternehmensseite, hinsichtlich eines unzureichenden innerbetrieblichen Informationsflusses gesehen. Dies verdeutlicht erneut die Bedeutung von Transparenz im Prozess der Kompetenzbilanzierung – hinsichtlich des Verfahrens und seiner Umsetzung selbst und auch hinsichtlich seiner betrieblichen Zielset-

zung und Ergebnisverwertung. Außerdem wird der Einfluss dieses Kriteriums auf die generelle Akzeptanz und Güte eines Verfahrens zur Kompetenzmessung herausgestellt.

7.3 Ergänzungen zu den Evaluationsergebnissen

Neben den aufgeführten Evaluationsergebnissen aus Anwender- und Unternehmenssicht, konnten zusätzliche, z. T. objektivierte Aussagen und Interpretationen zu den zentralen Evaluationskriterien (vgl. Kapitel 7.2.6) gewonnen werden, die im Folgenden ausgeführt sind.

7.3.1 Die Erfüllung von klassischen Gütekriterien (Objektivität, Validität, Reliabilität)

Die *Objektivität* des gesamten Prozesses der Kompetenzmessung und -bilanzierung konnte durch das Vorhandensein von detaillierten Verfahrenshinweisen gewährleistet werden, die ein standardisiertes Vorgehen hinsichtlich der Durchführung, Auswertung und Interpretation des jeweiligen Verfahrens beschreiben. Infolgedessen kann eine Subjektivität in der Durchführung des Verfahrens sowie in der Beurteilung reduziert werden.
Die Unabhängigkeit der Ergebnisse von dem jeweiligen Versuchsleiter bzw. externem Experten ist durch eine durchgängige Standardisierung der Erhebungs- und Auswertungsphase gewährleistet: Jeder Mitarbeiter, der sich dem Verfahren unterzog, bekam exakt dieselben Instruktionen, Informationen und zeitlichen Vorgaben sowie sonstige Rahmenbedingungen wie seine Kollegen. Die Datenauswertung wurde mittels standardisierten Auswertungsregeln über computergestützte Auswertungssysteme durchgeführt. Ebenso wurde durch die verbindlichen Regelungen der Verfahrensmanuals – sofern vorhanden – eine größtmögliche Unabhängigkeit der Interpretation der Ergebnisse der Verfahren von den Personen, die diese Interpretation vornehmen, erzielt. Dadurch konnte sowohl die Durchführungs- als auch die Auswertungs- und Interpretationsobjektivität sichergestellt werden. Die Teilnehmer bewerteten die Objektivität der Verfahren V1 – V5 (vgl. Kapitel 7.2.6) überdurchschnittlich hoch (vgl. Abbildungen 7.3 und 7.4): Das Item „Das von mir in diesem Verfahren erzielte Ergebnis ist unabhängig von anderen Personen (z. B. dem Testleiter)“ wurde mit einem über alle fünf Verfahren gemittelten Wert von 5,04 bewertet. Dem liegt eine sechs-stufige Likert-Skala zu Grunde von 1 = trifft nicht zu bis 6 = trifft genau zu.
Des Weiteren wurden die *Reliabilitäten* (vgl. Bortz 1993) der einzelnen Verfahren aus der betrieblichen Anwendung zusätzlich zu den z. T. be-

reits vorhandenen Testkennwerten erhoben. Die ermittelten Werte sind in Tabelle 7.3 den allgemeinen Testkennwerten gegenübergestellt. Die Erläuterungen zu den Verfahrensbezeichnungen V1-V5 sind in Kapitel 7.2.2 zu finden.

Tabelle 7.3: Testkennwerte der verwendeten Verfahren

Verfahren	**Reliabilitätswerte[14] aus der betrieblichen Anwendung**	**Reliabilitätswerte[15] aus Testmanuals**
V1	.93	
V2	.73 bis .87	.85
V3	.88	
V4	.93 bis .98	.90
V5	-.31 bis.80	.81

Die eingesetzten Verfahren V1-V5 zeigen also in ihrer betrieblichen Anwendung gute bis sehr gute Reliabilitätswerte, auch im Vergleich zu den – sofern vorhandenen – Testkennwerten der bereits etablierten Verfahren V2, V4 und V5. Lediglich das Verfahren V5 wies bei drei Dimensionen kritische Reliabilitätswerte auf. Diese Dimensionen wurden von der letztendlichen Kompetenzprofilberechnung der Belegschaft ausgenommen, es wurden ausschließlich Dimensionen mit hoher interner Konsistenz berücksichtigt und integriert.
Es wurde zudem eine Gesamtreliabilität[16] für das ganze Verfahren ermittelt, die einen Cronbach´s Alpha von .947 erreichte und sich somit als ausgesprochen zufrieden stellend darstellt.
Der *subjektive* Eindruck der an dem Verfahren teilnehmenden Belegschaft hinsichtlich der Reliabilitäten der jeweiligen Verfahren stimmt jedoch – wie zuvor angesprochen – mit den statistisch gewonnenen Daten nicht überein: In den verfahrensbezogenen Akzeptanzfragebögen, die jedem Verfahren beigefügt wurden (vgl. Anhang B3a und B3b), sind diejenigen Items, die den subjektiven Eindruck der Reliabilität der Verfahren betreffen, bei allen Verfahren unterdurchschnittlich bewertet worden. Dieses Ergebnis deckt sich mit der Einschätzung der Teilnehmenden bezüglich der Reliabilität des gesamten Verfahrens in der Evaluationsbefragung (vgl. Kapitel 7.2.6). Dies könnte ebenfalls damit begründet werden, dass die Funktionsweise und Ergebnisgenerierung von Verfahren zur Eignungsdiagnostik bzw. Kompetenzmessung für die Mehrheit der teilnehmenden Belegschaft wenig transparent und einleuchtend

[14] Bei den Angaben der Reliabilitätswerte handelt es sich jeweils um die interne Konsistenz der Verfahren bzw. Skalen (Cronbach´s Alpha) (vgl. Lienert, Raatz 1994). Die Werte der Verfahren V2, V4 und V5 geben die Reliabilitätswerte der integrierten Skalen an.

[15] Bei diesen Angaben handelt es sich um die Mittelwerte der Reliabilitäten für die integrierten Skalen.

[16] Die Berechnung der Gesamtreliabilität erfolgte über alle Items aller Verfahren (V1 – V5).

erschien oder aber, dass die entsprechende Frage für die Teilnehmer unverständlich formuliert war.
Die Schwierigkeiten und Trennschärfen der eingesetzten Verfahren konnten lediglich für die Verfahren V3 und V4 als Leistungsbeurteilungsverfahren bestimmt werden, während es sich bei den übrigen Verfahren V1, V2 und V5 um standardisierte Persönlichkeits- bzw. biografische Verfahren handelt. Die diesbezüglichen Testkennwerte sind in Tabelle 7.4 dargestellt:

Tabelle 7.4: Schwierigkeit und Trennschärfe der eingesetzten Verfahren

	Schwierigkeit (ohne Korrektur)[17]	**Trennschärfe**[18]
V3	.17 - .52	.49 - .66
V4	.0 - .98[19]	.0 - .74

Die *Validität* des Verfahrens wurde sowohl hinsichtlich der internen als auch der externen Validität (Kriteriums- und Konstruktvalidität) untersucht (vgl. Bortz 1993):
Zur Bestimmung der Konstruktvalidität der Kompetenzkategorien wurden 10 Experten in einem ersten Schritt die definitorischen Inhalte der 42 zu Grunde liegenden Kompetenzkategorien (vgl. Kapitel 4.2) vorgelegt mit der Aufgabenstellung, die jeweiligen Definitionsinhalte den 42 Kompetenzkategorien zuzuordnen. Diese Zuordnung erfolgte mit einer gemittelten Übereinstimmung der Experten untereinander von 97,8%, die gemittelten Bewertungen der Experten zu den von der Autorin vorgenommenen Zuordnungen zeigten Übereinstimmungen von 98,2%.
Dies wurde über die Ermittlung der Cohen-Kappa-Koeffizienten (Cohen 1960) der jeweiligen Zuordnungen berechnet. Zur Interpretation der Kappa-Werte wurde die folgende Interpretationshilfe gewählt:

$\kappa < 0.20$ Übereinstimmung sehr schwach
κ 0.21-0.40 Übereinstimmung schwach
κ 0.41-0.60 Übereinstimmung mittelmäßig
κ 0.61-0.80 Übereinstimmung gut
κ 0.81-1.0 Übereinstimmung sehr gut

[17] Die Schwierigkeit eines Items gibt die Wahrscheinlichkeit an, mit der ein Item positiv beantwortet wird.
Dieser Index entspricht dem Anteil derjenigen Personen, die das jeweilige Item richtig lösen.
[18] Die Trennschärfe stellt die Korrelation zwischen einem Item und dem Gesamtergebnis bzw. dem Ergebnis einzelner Skalen eines Tests / Verfahrens dar. Eine hohe Trennschärfe weist darauf hin, dass Personen mit einer stärkeren Ausprägung in einem Item deutlich von Personen mit schwächeren Ausprägungen unterschieden
werden können.
[19] Das Verfahren V4 ist so konstruiert, dass sich die Schwierigkeit der Items im Verlauf des Verfahrens stetig erhöht.

Ein weiterer Abgleich der Kompetenzkonstrukte und -definitionen wurde über Literaturanalysen und Befragungen von Unternehmensvertretern durchgeführt (vgl. Kapitel 4.2), so dass ein Abgleich zwischen wissenschaftlichen Definitionen und in der betrieblichen Praxis gebräuchlichen Begrifflichkeiten hergestellt wurde.
In einem zweiten Schritt wurden 10 Experten dazu angehalten, die Items der Verfahren V1, V3, V4 und V5 den 42 Kompetenzkategorien hinsichtlich ihres persönlichen Verständnisses des jeweiligen Konstruktes zuzuordnen. Für das Verfahren V2 wurde dieses Vorgehen nicht durchgeführt, da hierzu bereits verlässliche Untersuchungen durchgeführt und dokumentiert wurden. Es konnte insgesamt eine gemittelte Übereinstimmung zwischen den Zuordnungen der Experten und den von der Autorin vorgenommenen Zuordnungen von 98,5% erzielt werden. Auch hier erfolgte die Ermittlung der Übereinstimmung über den Cohen-Kappa-Koeffizienten (s. o.) anhand der oben zu Grunde gelegten Interpretationshilfe. Es liegt also eine sehr hohe Übereinstimmung der Zuordnung Item-Kompetenzen zwischen Autorin und Expertenteam vor. Dies lässt Rückschlüsse auf eine zufrieden stellende Konstruktvalidität der Verfahren zu.
Für die Verfahren V2 bis V5 wurde zudem eine Faktorenanalyse durchgeführt. Für Verfahren V1 wurde keine Faktorenanalyse durchgeführt, da eine eindeutige (inhaltliche) Zuordnung zwischen Item bzw. Fragestellung und zugehörigen Kompetenzdimensionen vorliegt (vgl. Anhang B2).
Bei Verfahren V2 konnten insgesamt 4 Faktoren identifiziert werden, die auf Grund der Bedingungen der Faktorenanalyse interpretierbar sind und 26,7% der Gesamtvarianz erklären. Insgesamt sind 56 Faktoren identifiziert worden, deren Eigenwert größer ist als 1 und die 76,5% der Gesamtvarianz erklären, die übrigen Faktoren sind jedoch auf Grund fehlender erfüllter Bedingungen nicht interpretierbar.
35 Items konnten nicht zu Faktoren zugeordnet werden, die auf Grund der Bedingungen der Faktorenanalyse als eigene Faktoren interpretiert werden können.
Bei den Kompetenzdimensionen Einfühlungsvermögen, Kontaktbereitschaft, Problemlösefähigkeit, Zuverlässigkeit, Präzisionsvermögen, Reflexionsfähigkeit, Organisationsfähigkeit, Flexibilität, Kreativität, Leistungsbereitschaft und Belastbarkeit ist eine gute bis sehr gute Übereinstimmung zwischen den Ergebnissen der Faktorenanalyse und der Zuordnung der Items zu den Kompetenzdimensionen durch die Autorin zu erkennen. Leichte Abweichungen treten bei den Kompetenzdimensionen Teamorientierung, Führungsfähigkeit und Selbstbewusstsein auf. So bilden nach den Ergebnissen der Faktorenanalyse drei Items, die in der Zuordnung der Autorin der Kompetenzdimension „Teamorientierung“ zugehörig sind, einen eigenen Faktor. Nach Überprüfung der Iteminhalte wäre eine Zuordnung dieser Items zur Dimension

„Selbstständigkeit" denkbar, dies erscheint jedoch auf Grund der inhaltlichen Differenzierung beider Dimensionen nur für eines der Items sinnvoll. Dieses wird in zukünftigen Anwendungen des Verfahrens der Dimension „Selbstständigkeit" zugeordnet.
Bei den Items, die eine Zuordnung zur Dimension „Führungsfähigkeit" erfahren
haben, bilden vier Items einen eigenen Faktor. Eine inhaltliche Prüfung der einzelnen Items lässt jedoch trotz dieser Ergebnisse die Zuordnung zur Dimension „Führungsfähigkeit" sinnvoll erscheinen.
Fünf Items bilden im Rahmen der Dimension „Selbstbewusstsein" einen eigenen Faktor. Eine inhaltliche Prüfung der Items lässt weitere Zuordnungsmöglichkeiten zu den Dimensionen Reflexionsfähigkeit sowie Selbstständigkeit zu. Bei zwei Items sollte in Folgeanwendungen des Verfahrens eine neue Zuordnung erfolgen, die übrigen drei abweichenden Items bleiben nach inhaltlicher Prüfung in ihrer derzeitigen Zuordnung sinnvoll.
Verfahren V3 misst auf Grund der definitorischen Inhalte der Kompetenzdimensionen lediglich ein Konstrukt, es wurde dennoch zur Überprüfung dieser Aussage eine Faktorenanalyse durchgeführt. Es konnten insgesamt vier Faktoren identifiziert werden, deren Eigenwert > 1 ist und die 64,9% der Gesamtvarianz erklären. Auf Grund der Bedingungen der Faktorenanalyse ist jedoch nur ein Faktor interpretierbar. Alle Items laden positiv auf dem ersten Faktor und sieben der elf Items haben ihre höchste Ladung auf diesem Faktor. Die durch die Autorin vorgenommene Zuordnung konnte somit bestätigt werden.
Das Verfahren V4 geht in seiner Konstruktion von Generalfaktoren der Intelligenz aus (Generalfaktor 1 = fluide Intelligenz, Generalfaktor 2 = kristallisierte Intelligenz) und unterteilt die zu erhebenden Intelligenzdimensionen in drei Teilbereiche (verbale, numerische sowie figurale Intelligenz) (vgl. Amthauer et al. 1999). In der Zuordnung der Autorin wurden die Verfahrensbereiche den Kompetenzdimensionen analytisches Denken, Abstraktionsfähigkeit, numerische sowie verbale Fähigkeiten und räumliches Vorstellungsvermögen zugeordnet.
Durch die Faktorenanalyse wurden sieben Faktoren identifiziert, die auf Grund der Bedingungen der Faktorenanalyse interpretierbar sind. Diese 7 Faktoren erklären 57,4% der Gesamtvarianz. Innerhalb der durch die Autorin vorgenommenen Zuordnung zu den Dimensionen numerische und verbale Fähigkeiten sowie räumliches Vorstellungsvermögen, finden sich Abweichungen zu den Ergebnissen der Faktorenanalyse in dem ersten Faktor. Zu diesem ersten Faktor gehören Items aller drei Dimensionen. Dies könnte ein Hinweis auf die zu Grunde liegenden Generalfaktoren sein. Ebenso ist die Wahrscheinlichkeit in Betracht zu ziehen, dass die Dimension des analytischen Denkens sowie der Abstraktionsfähigkeit als Generalfaktor zu interpretieren ist.

Bei zwei weiteren Faktoren dominiert zwar jeweils nur eine der Dimensionen, es laden jedoch auch Items anderer Dimensionen. Dies könnte ebenfalls auf die Generalfaktoren hinweisen. Bei vier der sieben Faktoren ist eine eindeutige Zuordnung erkennbar. Des Weiteren lassen die Ergebnisse der Faktorenanalyse erkennen, dass die Items der Dimension „verbale Fähigkeiten“ keinen eigenen Faktor bilden. Es gilt durch weitere gezielte Forschungen zu überprüfen, inwieweit das Verfahren V4 eindeutig verbale Fähigkeiten abbildet bzw. inwieweit auf diese Kompetenz auch andere Kompetenzen Einfluss haben.
Bei Verfahren V5 wurden neun Faktoren identifiziert, die auf Grund der Bedingungen der Faktorenanalyse interpretierbar sind. Diese 9 Faktoren erklären 52,3% der Gesamtvarianz. Insgesamt sind 16 Faktoren identifiziert worden, deren Eigenwert größer ist als 1, und die 64,8% der Gesamtvarianz erklären, jedoch nicht interpretierbar sind.
Es sind sehr gute Übereinstimmung zwischen den Ergebnissen der Faktorenanalyse und der Zuordnung der Items zu den Kompetenzdimensionen durch die Autorin bei vier Kompetenzdimensionen zu erkennen. Abweichungen finden sich in Zuordnungen der Items zu den Dimensionen „Selbstbewusstsein“ und „Reflexionsfähigkeit“. Die Ergebnisse der Faktorenanalyse ergaben in der Dimension „Selbstbewusstsein“ Abweichungen in der Zuordnung von 6 Items, die einen eigenen Faktor bilden. Nach inhaltlichem Prüfen der Items und Abgleich mit den definitorischen Inhalten der Kompetenzdimensionen erscheint die Zuordnung dieser Items zu der Dimension durch die Autorin dennoch sinnvoll.
In der Dimension „Reflexionsfähigkeit“ konnten drei der von der Autorin zugeordneten Items keinem Faktor zugeordnet werden. Das inhaltliche Prüfen der Items ergab, dass diese Items aufgrund der definitorischen Inhalte der Kompetenzdimension dieser nicht zugehörig erscheinen und zukünftig eine eigene Dimension bilden sollte.
Die Konstruktvalidität der Verfahren V2 bis V5 kann aus den Ergebnissen der Faktorenanalyse heraus insgesamt als zufrieden stellend beurteilt werden.
Als zusätzliche Information hinsichtlich der Absicherung der Konstruktvalidität können die Ergebnisse der Verfahrensevaluation aus Sicht der Teilnehmer an der Kompetenzmessung (vgl. Kapitel 7.2.6) gewertet werden: Die Frage in der Evaluationserhebung, ob nach Ansicht der Teilnehmer das Verfahren dazu in der Lage ist, tatsächlich wahre Kompetenzen / Fähigkeiten herauszustellen („Misst das Verfahren wirklich das, was es zu messen vorgibt?“), erfordert eine Einschätzung der an der Kompetenzmessung teilnehmenden Mitarbeiter der Validität des Verfahrens. Mit einer durchschnittlichen Bewertung von 2,8 (vgl. Kapitel 7.2.6) wurde dieses Evaluationskriterium etwas über dem theoretischen Mittelwert von 2,5 (fünfstufige Likert-Skala) bewertet, jedoch nicht ausgesprochen deutlich im positiven Bereich. Dies kann u. U. mit dem ge-

ringen Kenntnisstand der am Verfahren teilnehmenden Personen hinsichtlich des Verfahrens, seines Aufbaus und seinen Funktionsweisen erklärt werden, woraus eine gewisse Skepsis der Belegschaft hinsichtlich der Validität des Verfahrens resultierte (vgl. Kapitel 7.2.6). Zudem ist es denkbar, dass die Frage nicht eindeutig bzw. unverständlich formuliert war und somit Schwierigkeiten bei deren Beantwortung auftraten.
Eine Wiederholung der Verfahrensdurchführung wird nicht vor 2-3 Jahren angestrebt (vgl. Kapitel 7.2.6). Die in dieser Retest-Untersuchung erzielten Messergebnisse sollen im Sinne eines Vorher-Nachher-Vergleichs der Bewertung der zwischenzeitlich durchgeführten anforderungsorientierten Personalentwicklungsmaßnahmen dienen.
Hinsichtlich der Kriteriumsvalidität konnten vergleichende Untersuchungen zwischen Ergebnissen von Potenzialanalysen - die 3 Monate vor der Kompetenzmessung bei 15 Führungskräften durch ein externes Beratungsunternehmen durchgeführt wurden - und einigen der erfassten Kompetenzkategorien durchgeführt werden. Bei den Potenzialanalysen handelt es sich um von dem Beratungsunternehmen konzipierte und validierte s. g. „Persönlichkeitsscans", die Einschätzungen von Personen anhand verschiedener Kriterien vornehmen, u. a. auch anhand von Kompetenzen, wie sie im Rahmen dieser Dissertationsschrift definiert sind. Die in den Persönlichkeitsscans vorgenommenen Einschätzungen setzen sich aus drei verschiedenen Zugängen zusammen:

1. einem biografischen Fragebogenanteil, in dem Situationen erläutert werden, zu denen die Verfahrensteilnehmer persönliche, in der Vergangenheit bereits angewandte Strategien und Verhaltensweisen skizzieren,
2. einem Rollenspiel, in dem die Teilnehmer eine vorgegebene Rolle einnehmen und diese in der Gruppe vertreten müssen und
3. aus einem Selbsteinschätzungsfragebogen hinsichtlich verschiedener Persönlichkeitseigenschaften und Kompetenzen.

Es konnte eine definitorische Übereinstimmung bei fünf der durch die Kompetenzmessung und des Persönlichkeitsscans erfassten Kompetenzkategorien festgestellt werden. Diese sind:

1. Teamfähigkeit
2. Kundenorientierung
3. unternehmerisches Denken
4. Kommunikationskompetenz
5. Problemlöseverhalten

Die Begrifflichkeiten des Persönlichkeitsscans wichen z. T. von den unternehmensspezifischen Definitionen ab, jedoch konnten die Inhalte der jeweiligen Konstrukte anhand der zu Grunde liegenden Definitionen detailliert miteinander abgeglichen und somit Übereinstimmungen und Abweichungen analysiert werden. Bei den oben aufgeführten fünf unter-

nehmensspezifischen Kompetenzkategorien fanden sich eindeutig komplementäre Definitionen zu denen des Persönlichkeitsscans, so dass diese Kriterien als Variablen zur Überprüfung der Kriteriumsvalidität des Verfahrens zur Kompetenzmessung und –bilanzierung geltend gemacht werden konnten.
Die Ergebnisse des Persönlichkeitsscans korrelieren (bivariate Korrelationsanalyse nach Pearson, vgl. Bortz 1993) mit den Ergebnissen des Kompetenzchecks mit $r = .611$ ($p<0{,}005$). Somit kann davon ausgegangen werden, dass das hier vorgestellte und in der betrieblichen Praxis angewandte Verfahren hinsichtlich der erhobenen Kompetenzkategorien eine relativ hohe Kriteriumsvalidität vorzuweisen hat.
Eine weitere Überprüfung der externen Validität konnte durch das Heranziehen von zusätzlichen externen Vergleichswerten durchgeführt werden.
Bei 20 Mitarbeitern des Partnerunternehmens, die sich der Kompetenzmessung unterzogen haben, wurde parallel dazu eine Fremdeinschätzung der Personen anhand der erhobenen sieben Kompetenzkategorien vorgenommen durch

a. einen betreuenden Coach
b. einen unmittelbaren Vorgesetzten
c. jeweils 2 Partnern, die in unmittelbarem internen oder externen Kundenverhältnis zu den betreffenden Personen stehen.

Um eine Einschätzung zu erleichtern, wurden die Bewertungen der sieben Kompetenzkategorien mittels der in Kapitel 4.2 beschriebenen Ausdifferenzierungen über die jeweilig enthaltenen Kompetenzen

- Kooperationsfähigkeit
- Teamorientierung
- Einfühlungsvermögen
- Selbstbewusstsein
- Leistungsorientierung
- Führungsfähigkeit
- Durchsetzungsstärke
- Zuverlässigkeit
- Flexibilität
- Planungskompetenz
- Kommunikationsfähigkeit sowie
- Organisationsfähigkeit

vorgenommen.
Die Fremdeinschätzungen zu den jeweiligen Kompetenzen korrelieren mit den Ergebnissen der Kompetenzmessung mit $r = .58$ ($p < 0{,}001$).
Dies lässt den Schluss zu, dass das Verfahren zur Kompetenzmessung tatsächlich dazu in der Lage ist, berufs- und arbeitsplatzbezogene Kom-

petenzen abzubilden und somit ein realistisches Bild von dem kompetenzbezogenen Verhalten einer Person in seinem Arbeitsumfeld schafft.

Hinsichtlich der klassischen Gütekriterien weist das Verfahren also einen hohen bis sehr hohen Erfüllungsgrad auf.

7.3.2 Die ökonomische Praktikabilität des Verfahrens

Die *ökonomische Praktikabilität* nahm in der Entwicklung und Umsetzung des Verfahrens eine vorrangige Stellung ein. Jedoch wurden bezüglich der zeitlichen Ökonomie von Seiten der Geschäftsführung Einbußen zugunsten einer höheren Akzeptanz des Verfahrens von Seiten der Belegschaft vorgenommen: Das mit einer Nettozeit von 1,5 Stunden für die reine Kompetenzmessung / -erhebung vorgesehene Verfahren wurde in Abstimmung mit dem Betriebsrat mit einer Vergrößerung des Zeitfensters auf 2,5 Stunden versehen, um den Mitarbeitern den Stressfaktor des zeitlichen Drucks zu nehmen und genügend Raum für Fragen und Diskussionen zu lassen. Daher konnte die zeitliche Ökonomie in der prototypischen Anwendung nur bedingt Anwendung erfahren.
Hinsichtlich des zeitlichen Umfangs des Verfahrens bleibt zudem zu berücksichtigen, dass dieser unmittelbar mit der Anzahl der zu erhebenden Kompetenzen korreliert: Je mehr Kompetenzen in einem Unternehmen erfasst werden sollen, desto mehr Verfahren müssen in dem unternehmensspezifischen Verfahrenspaket integriert werden, und desto größer ist folglich der zeitliche Aufwand der Kompetenzmessung anzusetzen.
Im Falle der prototypischen Umsetzung des Verfahrens wurden 7 Kompetenzdimensionen erfasst (vgl. Kapitel 7.2.1), die eine detaillierte Ausdifferenzierung erfuhren und – unter klassischen Definitionskriterien betrachtet – jeweils mehrere Kompetenzen vereinen (insgesamt 22, vgl. Kapitel 7.2.1).
Dies machte die Anwendung von unterschiedlichen Verfahren zur Erfassung von nur einer Kompetenzdimension erforderlich und vergrößerte deshalb den benötigten zeitlichen Aufwand für die gesamte Kompetenzmessung.
Hinsichtlich der finanziellen Ökonomie erzielte das Verfahren in seiner betrieblichen Anwendung durchaus zufrieden stellende Kenngrößen. In Tabelle 7.5 ist eine Kostenaufstellung aufgeführt, wie sie in der betrieblichen Anwendung des Verfahrens geltend gemacht wurde (vgl. Kapitel 5.2.1):

Tabelle 7.5: Kostenaufstellung der betrieblichen Kompetenzmessung und -bilanzierung

Kostenpunkte	Dauer (PT = Personentage externer Berater)	Kosten (externe Berater)	Kosten (intern)
Zieldefinition, Klärung der Rahmenbedingungen, Informations- und Analysephase	4 PT	Tagessatz (Beratungsentgelt)	Ausfallzeit der eingebundenen Mitarbeiter
Datenerhebung	1 PT je 20 Mitarbeiter (MA) = 20 PT	Tagessatz je 20 MA = 20 * Tagessatz	max. 2,5 Arbeitsstunden je Mitarbeiter = 992,5 Arbeitsstunden
Dateneingabe und -auswertung	1 PT je 15 Mitarbeiter = 26,5 PT	Tagessatz je 15 Mitarbeiter = 15 * Tagessatz	-
Materialkosten	-	3 € je MA = 1191 €	-
Fahrtkosten	-	km-Pauschale	-

Diese Kostenpunkte konnten im Voraus beschrieben und berechnet werden; es sind folglich keine variablen Kostenanteile enthalten. Ausschlaggebend für die Höhe des finanziellen Aufwandes für das gesamte Verfahren sind die Anzahl der teilnehmenden Mitarbeiter, die zum einen die resultierenden Kosten für die entstehenden Ausfallzeiten bestimmen und zum anderen die Anzahl der benötigten Personentage der externen Berater festlegen. Die anfallenden Kosten konnten bereits im Vorfeld der Kompetenzbilanzierung ermittelt und der Nutzenerwartung von Unternehmensseite gegenüber gestellt werden.

7.3.3 Integration der Betroffenen

Die Interessen der Betroffenen des Verfahrens – Management und Belegschaft – wurden im Hinblick auf Transparenz, Freiwilligkeit, Datenschutz und Unternehmensrelevanz in folgender Weise berücksichtigt.
Die *Transparenz des Verfahrens* nahm in der Verfahrenskonstruktion, -durchführung und -auswertung eine zentrale Position ein. Durch intensive Vorgespräche und Informationsveranstaltungen mit dem Management und der Belegschaft wurden durch die externen Berater die Hintergründe der Verfahrensentwicklung offen gelegt und auch Einsicht in die Manuals der eingesetzten Verfahren gewährt. Außerdem wurden in Veranstaltun-

gen für das mittlere Management die Verfahrenskonstruktion und die Ergebnisgenerierung detailliert beschrieben. Der Belegschaft wurde dabei stets Raum für Fragen und Diskussionen eingeräumt, ebenso wie dies vor und während jeder Gruppenkompetenzerhebung der Fall war.
Von Seiten der externen Experten als Verfahrenskonstrukteure und -umsetzer konnte demzufolge davon ausgegangen werden, dass eine größtmögliche Transparenz des Verfahrens und seiner betrieblichen Zielsetzungen erreicht wurde. Diese Annahme bestätigte sich durch die Rückmeldungen der Belegschaft über die Verfahrensevaluation (vgl. Kapitel 7.2.6): 95% der 81 rückmeldenden Mitarbeiter bestätigten, dass sie sich durch die externen Berater gut bis sehr gut über das Verfahren und seine Umsetzung informiert gefühlt haben.
Differenzierter stellte sich das diesbezügliche Meinungsbild hinsichtlich der Transparenz der Unternehmensziele dar, die mit der Umsetzung der Kompetenzbilanzierung verbunden waren, wie es in der Phase der praktischen Umsetzung in Gesprächen mit der Belegschaft immer wieder deutlich wurde: Die Mehrheit der Mitarbeiter fühlte sich durch das Management nur unzureichend über die Zielsetzung der Kompetenzbilanzierung informiert, wodurch Ängste hinsichtlich Rationalisierungsabsichten geschürt wurden. Dies zeigte deutlich, dass sich die Verfahrenstransparenz, die als wichtige Einflussgröße auf die verfahrensspezifische Akzeptanz geltend gemacht werden konnte (vgl. Kapitel 5.3), nicht nur auf das Verfahren selbst, seine Konstruktion und Umsetzung beziehen darf, sondern auch die Transparenz der damit verbundenen Unternehmensziele einbeziehen muss. Nur mit einer realisierten Transparenz von Unternehmensseite können Vorbehalte der Belegschaft reduziert und die Akzeptanz des Verfahrens von Seiten der Mitarbeiterschaft erhöht werden.
Weiterhin wurde unter diesem Gesichtspunkt deutlich, dass eine unmittelbare, direkt an die Belegschaft gerichtete Informationspolitik hinsichtlich der Umsetzung und Zielvorgabe der Kompetenzbilanzierung umgesetzt werden sollte; denn der hier beschrittene Weg über das mittlere Management gemäß eines Multiplikatorenprinzips führte zu vielfältigen Missverständnissen und Informationslücken, die es zukünftig zu vermeiden gilt.
Die *Freiwilligkeit der Teilnahme* an der Kompetenzbilanzierung konnte in den Voranalysen (vgl. Kapitel 5.3) als wichtiges Kriterium für eine sozial akzeptierte Kompetenzmessung und -bilanzierung geltend gemacht werden. In der unternehmerischen Umsetzung wurde die Teilnahme am Verfahren – wie arbeitsrechtlich gefordert (vgl. BetrVG §94) – von Betriebsrat und Geschäftsführung ebenfalls unter dem Prinzip der Freiwilligkeit gestellt. Mitarbeitern, die sich gegen die Kompetenzerhebung entschieden haben, sollten daher keinerlei Nachteile erwachsen. Nur konnte in

diesem Fall eine individuelle und auf die persönlichen Bedarfe angepasste Personalentwicklung nicht zugesichert werden.
In der Durchführungsphase wurde diese Freiwilligkeit der Teilnahme von Seiten der Mitarbeiterschaft häufig als „versteckter Zwang" interpretiert, wodurch Unsicherheiten entstanden, ob eine Nicht-Teilnahme an der Erhebung nicht doch mit negativen Konsequenzen verbunden sein könnte. Jedoch spiegeln die Evaluationsergebnisse aus Sicht der Belegschaft diese Skepsis nicht mehr wider (vgl. Kapitel 7.2.6). Dennoch ist nur schwer einzuschätzen, ob die hohe Beteiligung an der Kompetenzerfassung (rund 80% der Belegschaft, vgl. Kapitel 7.2.3) aus einer intrinsischen Motivation (vgl. Luczak 1998) heraus erfolgte oder ob dies eher als Vermeidungsbestrebungen hinsichtlich erwarteter negativer Konsequenzen zu interpretieren ist.
Die *Einhaltung des Datenschutzes* konnte in den Voranalysen ebenfalls als zentraler Einflussfaktor auf die Akzeptanz von Kompetenzmessverfahren geltend gemacht werden. Im Falle des hier vorgestellten Verfahrens wurde die Diskussion um die Gewährleistung des Datenschutzes eingehend zwischen Betriebsrat, Geschäftsführung und externen Beratern geführt (s. Kapitel 7.2.1). Durch den Beschluss, dass die Einsicht in die persönlichen Kompetenzprofile vorrangig den Mitarbeitern selbst vorbehalten und die Einsichtnahme von Dritten nur auf eigenständigen Beschluss des jeweiligen Mitarbeiters selbst möglich ist, konnte ein Maximum an durchgängigem Datenschutz gewährleistet werden. Dies wurde durch die subjektive Einschätzung der teilnehmenden Belegschaft in der Evaluationsbefragung bestätigt, wonach der Einhaltung des Datenschutzes in ausreichendem Maße entsprochen wurde.
Dieses Vorgehen ist jedoch nur Ziel führend, wenn die Bereitschaft bei der Mitarbeiterschaft vorhanden ist, eigenständig den Anstoß für eine Individuum zentrierte Personalarbeit zu geben, indem sie ihre Kompetenzprofile gezielt zur Konzeption und Implementierung von bedarfsorientierten Personalentwicklungsmaßnahmen einsetzen. Darüber hinaus wäre das Vorrecht einer Ergebniseinsicht für den Verfahrensteilnehmer in anderen Einsatzfeldern von Kompetenzmessungen- und -bilanzierungen, wie z. B. im Personalbeschaffungsprozess, nicht angemessen.
Unabhängig davon, wie unternehmens- und bedarfsspezifisch mit der Einsicht der Ergebnisse verfahren wird, ist es unerlässlich, dass alle persönlichen Angaben (biografische Daten und Ergebnisse der standardisierten Verfahren) auch über das Projektende hinaus in der Hand der externen Berater verbleiben und nicht vom Auftraggeber eingesehen werden können (gemäß Datenschutzgesetzes §28).
Die *Unternehmensrelevanz* – d. h. der unmittelbare Bezug des Verfahrens zu dem Unternehmen – war bereits durch die direkte Anpassung des Verfahrens an die unternehmensspezifischen Bedarfe und unter-

nehmensrelevanten Kompetenzen gegeben. Es kamen ausschließlich solche Verfahren in der Kompetenzmessung zur Anwendung, die der Erfassung von unternehmensrelevanten Anforderungen dienten. Durch den modularen Aufbau des Verfahrens ist ein unmittelbarer Unternehmens- und Positionsbezug allein dadurch gegeben, dass es sich nicht um ein standardisiertes Vorgehen handelt, sondern vielmehr dynamisch und variabel auf die jeweiligen unternehmensspezifischen Bedarfe und Anforderungen adaptierbar ist.
Aus Mitarbeitersicht ist dieser Bezug zwischen Verfahren und Position nur bedingt gegeben. Das diesbezügliche Evaluationskriterium wurde unterdurchschnittlich bewertet (vgl. Kapitel 7.2.6). Dies lässt sich u. a. damit erklären, dass sich jeder Mitarbeiter des Unternehmens demselben Verfahren unterzogen hat (vgl. Kapitel 7.2.1), wodurch in einigen Positionen Kompetenzen erhoben wurden, die in kleinem unmittelbar ersichtlichen Zusammenhang mit den positionsspezifischen Anforderungen standen.

7.3.4 Erfüllungsgrad der DIN 33430

Zusätzlich zu den verfahrensintern festgelegten und mittels Befragungen und objektivierter Methoden überprüften Evaluationskriterien kam ein weiteres Evaluationsinstrument zum Einsatz, welches die Güte des Verfahrens hinsichtlich der Anforderungen der DIN-Norm 33430 (vgl. Kapitel 5.1) bewertet. Es handelt sich hierbei um die bereits in Kapitel 5.1 erwähnte, von Hornke und Kersting (in: Hornke, Winterfeld 2004) entwickelte Checkliste zur DIN-Norm, in der die in der Norm festgelegten Richtlinien hinsichtlich ihres jeweiligen Erfüllungsgrades überprüft werden können. Dem Anhang ist diese Checkliste mit dem erzielten Erfüllungsgrad der jeweiligen normspezifischen Richtlinien angefügt (vgl. Anhang C3). Die in ihrer Erfüllung zu überprüfenden Richtlinien beziehen sich auf

1. Grundsätzliche Anforderungen in der Eignungsbeurteilung (Anforderungsanalysen u. ä.),
2. vorhandene Verfahrenshinweise,
3. Objektivität,
4. Zuverlässigkeit,
5. Gültigkeit,
6. Normwerte / Referenzkennwerte,
7. Planung der Untersuchungssituation,
8. Durchführung des Verfahrens,
9. Auswertung, Interpretation und Urteilsbildung,
10. Verantwortlichkeiten,

11. Qualitätsanforderungen an den Auftragnehmer und die Mitwirkenden und
12. Qualitätsanforderungen zur Durchführung von Eignungsinterviews, Verhaltensbeobachtungen und -beurteilungen.

Des Weiteren wurden die in der Norm aufgeführten Leitsätze (vgl. DIN 33430) hinsichtlich ihres Erfüllungsgrades überprüft. Diese Leitsätze beziehen sich auf

13. den Anforderungsbezug des Verfahrens,
14. die Informationen über den Arbeitsplatz,
15. die Vorauswahl,
16. die Einhaltung von gesetzlichen Vorgaben,
17. die Untersuchungssituation,
18. Anforderungen an die Verfahrenshinweise,
19. den Wahrheitsgehalt der verfahrensspezifischen Informationen,
20. den Aufwand und Zeitbedarf,
21. die Zielsetzung des Verfahrens,
22. die Erfüllung von theoretischen Grundlagen psychometrischer Verfahren,
23. die Zuverlässigkeit (Reliabilität) des Verfahrens,
24. die Gültigkeit (Validität) des Verfahrens,
25. die Konstruktgültigkeit,
26. die Kriteriumsgültigkeit,
27. die Inhaltsgültigkeit des Verfahrens.

Sowohl die in der Norm definierten Richtlinien zu normgerechten Verfahren der Eignungsdiagnostik als auch die in der Norm als nicht-normative Leitsätze beschriebenen Rahmenbedingungen und Voraussetzungen von derartigen Verfahren haben in dem hier vorgestellten Vorgehen einen ausgesprochen hohen Erfüllungsgrad erreicht. Das entwickelte Verfahren zur Kompetenzmessung und -bilanzierung entspricht hiernach in allen Punkten den Richtlinien der DIN 33430 und kann daher als normgerecht beurteilt werden.

7.4 Versuchsgruppenspezifische Ergebnisse und allgemeine Zusammenhänge

Neben den verfahrensbezogenen Ergebnissen ist es an dieser Stelle interessant zu hinterfragen, ob die Ergebnisse der Kompetenzmessung in der prototypischen betrieblichen Anwendung allgemeingültige Rückschlüsse auf Zusammenhänge zwischen den jeweiligen Kompetenzaus-

prägungen und abhängigen Variablen wie Geschlecht, Alter, Berufserfahrungen u. ä. zulassen.
Zur Beantwortung dieser Frage wurden mit den erhaltenen 397 Datensätzen bezüglich der erfassten 7 Kompetenzdimensionen (Teamfähigkeit, Problemlösungsverhalten, Sicherheitsdenken, Kommunikationskompetenzen, Kundenorientierung, Unternehmerische Fähigkeiten und Ganzheitliches Denken, vgl. Kapitel 7.2.1) sowie den im Folgenden aufgeführten Variablen bivariate Korrelationsanalysen bzw. Chi – Quadrat Tests (vgl. Bortz 1993) durchgeführt:

- Geschlecht,
- Altersgruppe,
- Nationalität,
- Entgeltgruppe,
- Positionsgruppe,
- Berufs- / Schulausbildung,
- Berufliche Erfahrungen.

Es konnten die folgenden signifikanten Zusammenhänge herausgestellt werden:
Zwischen dem *Geschlecht* der teilnehmenden Mitarbeiter und der Ausprägung der Kompetenzdimension *Sicherheitsdenken* bestehen signifikanten Zusammenhänge, weibliche Verfahrensteilnehmer weisen eine größere Ausprägung an Sicherheitsdenken auf (Chi-Quadrat = 221,555 – df = 185 – p<.005 – Phi = -.747; n = 397).
Bei näherer Betrachtung dieser unternehmensspezifischen Kompetenzdimension bzw. der sie bildenden Kompetenzen, lassen sich für diesen Zusammenhang mögliche Erklärungen finden. So definiert sich die unternehmensspezifische Kompetenzdimension „Sicherheitsdenken“ aus Kompetenzen wie eine (geringere) Risikobereitschaft, Pflichtbewusstsein, Sorgfältigkeit u. ä. Diese gelten allgemein als geschlechtsspezifisch unterschiedlich ausgeprägt. Insbesondere hinsichtlich der geschlechtsspezifischen Risikobereitschaft existieren zahlreiche Untersuchungen aus unterschiedlichen Lebensbereichen (vgl. u. a. Statistisches Bundesamt 2003, Byrnes, Miller, und Schafer 1999), die Frauen generell eine geringere Risikobereitschaft als Männern zusprechen.
Hinsichtlich des *Alters* konnten bei einem Niveau von 0,05 eine signifikante Korrelation zu *unternehmerischen Fähigkeiten* aufgezeigt werden (je älter die Verfahrensteilnehmer, desto größer die Ausprägung der unternehmerischen Fähigkeiten). Auch bezüglich dieses Zusammenhangs liefert eine nähere Betrachtung der in diese unternehmensspezifische Kompetenzdimension einfließenden Kompetenzen Erklärungsansätze. So integriert das Konstrukt der unternehmerischen Fähigkeiten Kompe-

tenzen wie Kooperationsfähigkeiten, Problemlösungsverhalten und Führungsfähigkeiten. Vielfältige Untersuchungen zum demografischen Wandel und den diesbezüglichen betrieblichen Konsequenzen zeigen, dass diese Kompetenzen unter älteren Mitarbeitern generell höher ausgeprägt sind, als dies bei jüngeren Mitarbeitern der Fall ist (vgl. Eckstein 2004). Hinsichtlich der *Nationalitätenzugehörigkeit* konnten keine Korrelationen zu den Kompetenzdimensionen aufgezeigt werden. Auch zwischen der Art der *Berufs- und Schulausbildung* sowie der Dauer an beruflichen Erfahrungen und den Kompetenzdimensionen lassen sich keinerlei Zusammenhänge aufzeigen. Aus diesen letzten beiden Punkten wird die Unabhängigkeit zwischen der Ausprägung von Kompetenzen auf der einen und der Grad an formell erworbenen Qualifikationen auf der anderen Seite besonders deutlich: Mitarbeiter, die einen Hochschulabschluss erworben haben, zeigen keineswegs stärkere Ausprägungen in einer oder mehreren Kompetenzdimensionen, als dies bei ungelernten Arbeitern der Fall ist. Ebenso steht die Dauer der Berufserfahrungen in keinem Zusammenhang mit dem Ausprägungsgrad der Kompetenzdimensionen. Dies deutet darauf hin, dass Kompetenzerwerb in erster Linie *außerhalb* von formellen Lernprozessen (Schule, Berufsausbildung, Studium u. ä.) stattfindet und zudem als unabhängig von Berufserfahrungen zu betrachten ist.
Diese Erkenntnis konnte in der hier beschriebenen betrieblichen Umsetzung des Verfahrens über die Ergebnisse des eingesetzten biografischen Fragebogens (V1, vgl. Kapitel 7.2.2) verifiziert werden: Mitarbeiter aus betriebsorganisatorisch *unteren* hierarchischen Schichten – wie ungelernte Arbeiter oder Anlagenfahrer wiesen erstaunlich häufig große Ausprägungen von Kompetenzen wie unternehmerische Fähigkeiten, Kundenorientierung, ganzheitliches Denken oder Problemlösungsverhalten auf, obgleich sie diese Kompetenzen in der Regel in ihren beruflichen Alltag nur selten bis nie zum Einsatz bringen. Unter Einbezug der biografischen Angaben zur Lebenssituation – über den beruflichen Alltag hinaus – wurde folgendes deutlich: Diese Mitarbeiter zeigen im Vergleich zu betrieblich „Ranghöheren" mit größerer Aufgaben- und Anforderungsvielfalt im Betrieb ein wesentlich ausgeprägteres Engagement in ihrer Freizeit; Vereinstätigkeiten (Jugendtrainer, Kassenwart, freiwillige Feuerwehr u. ä.) oder soziales Engagement (Arbeit in karitativen Einrichtungen, Organisation / Leitung von Jugendfreizeiten u. ä.) sind bei diesen Mitarbeitern deutlich häufiger vertreten. Dies lässt den Schluss zu, dass Kompetenzen wie die oben aufgeführten in deutlichem Umfang *außerhalb* von formellen Lernsituationen und -umgebungen gefordert werden. Diese Erkenntnisse werden u. a. durch Erpenbeck und Heyse (1999) in Untersuchungen zum biografischen Kompetenzerwerb von Führungskräften, nachgeordneten Mitarbeitern und Betriebsräten bestätigt.

Diese Ergebnisse der Kompetenzausprägungen manifestieren sich besonders plastisch in den Zusammenhängen zwischen Positions- und Entgeltgruppenzugehörigkeit der teilnehmenden Belegschaft und einzelnen Kompetenzausprägungen: So besteht eine signifikant *negative Korrelation* zwischen der Zugehörigkeit zu Entgelt- und Positionsgruppen und den Kompetenzdimensionen „Unternehmerische Fähigkeiten“ sowie „Kundenorientierung“. Dabei gilt der folgende Bezug zwischen der Zuordnung zu einer Entgelt- und Positionsgruppen einerseits und dem betriebsorganisatorisch hierarchische Rang andererseits: Je größer die Ziffer der Entgelt- und Positionsgruppe (1-15 bzw. 1-19), desto höher ist der hierarchische Rang des betreffenden Mitarbeiters in der Betriebsorganisation. Demzufolge zeigen die Ergebnisse der Kompetenzbilanzierung, dass *höher* eingestufte Entgelt- und Positionsgruppenangehörige eine *geringere* Kompetenzausprägung hinsichtlich der genannten Kompetenzdimensionen „Unternehmerische Fähigkeiten“ und „Kundenorientierung“ aufweisen als dies bei hierarchisch niedriger eingestuften Mitarbeitern der Fall ist. Da diese Kompetenzen im beruflichen Alltag aber eher in betriebsorganisatorisch hierarchisch höheren Positionen zum Einsatz kommen, lassen diese Erkenntnisse erneut den Rückschluss zu, dass Kompetenzerwerb zu einem großen Anteil im außerberuflichen Kontext erfolgt.
Zwischen der Entgelt- und Positionsgruppe konnten des Weiteren signifikante Zusammenhänge zu den Kompetenzen Führungsfähigkeit und Durchsetzungsvermögen aufgezeigt werden: $r = .18$ bis $.47$ ($p < .001$). Mitarbeiter, die sich in höheren Positionsgruppen mit einhergehender Zuordnung zu einer höheren Entgeltgruppe befinden, zeigen eine höhere Ausprägung dieser Kompetenzen als Mitarbeiter niedrigerer Einstufungen. Dies bestätigt die Angaben zur Kriteriumsvalidität von Verfahren V2 (vgl. Kapitel 7.2.2).

7.5 Herausforderungen und Erfahrungen bei der Verfahrenskonstruktion und betrieblichen Umsetzung

Bei der Verfahrenskonstruktion erwies sich insbesondere der erforderliche „Spagat“ zwischen den verschiedenen, zu erfüllenden Anforderungen aus Wissenschaft und Praxis als problematisch. So stellen aus Unternehmenssicht die *ökonomische* Praktikabilität und organisationale Effizienz von Kompetenzmessverfahren zentrale Voraussetzungen für ein betrieblich akzeptiertes Verfahren dar (vgl. Kapitel 5.2), während aus wissenschaftlicher Sicht die methodische Güte der Verfahren und die Pluralität der messtheoretischen Zugänge zum Kompetenzkonstrukt (vgl. Kapitel 5.1) im Mittelpunkt stehen.

Um diesen unterschiedlichen Anforderungen zu genügen, konnten jedoch nicht alle möglichen und methodisch validen messtheoretischen Zugänge zur Messung von Kompetenzen in den verfahrensspezifischen Methodenpool (vgl. Kapitel 6.1) aufgenommen werden. So genügen zwar diverse biografische Verfahrenwissenschaftlich-methodischen Ansprüchen, erfordern aber einen nicht unerheblichen zeitlichen Aufwand, der den unternehmerischen Anforderungen nach verfahrensbezogener Ökonomie widerspricht. Außerdem wurden von Unternehmensseite klare Forderungen nach einer „Auswertungs-Eindeutigkeit“ der erhaltenen Daten gestellt, wodurch der bei biografischen Verfahren häufig vorhandene Interpretationsspielraum als Ausscheidungskriterium des gesamten Verfahrens geltend gemacht werden musste.
Die Verfahrenskonstruktion unter Berücksichtigung aller bezugsgruppenspezifischen Anforderungen erforderte es also, Verfahren zu selektieren und zur Anwendung zu bringen, die einen größtmöglichen gemeinsamen Nenner hinsichtlich der verschiedenen Anforderungen aufweisen:

Abbildung 7.5: Verfahrensselektion anhand benutzergruppenspezifischer Perspektiven

Diese Vorgehensweise hinsichtlich der Verfahrensauswahl, deckt sich mit den Erkenntnissen von Erpenbeck und von Rosenstiel (2003, XXVI): „Es sind nicht unbedingt die methodisch exakten Verfahren, die sich in der beruflich-betrieblichen, sozialpädagogischen oder schulischen Praxis durchgesetzt haben.“ Aus diesem Grund plädieren die Autoren dafür, der sozialen Akzeptanz bei Verfahrensabschätzungen einen gebührenden Rang einzuräumen.
In der betrieblichen Evaluation des phasentypischen Vorgehens zur Kompetenzmessung und -bilanzierung wurde die Bedeutung der sozialen Akzeptanz des Verfahrens aus allen benutzergruppenspezifischen Perspektiven gegenüber der reinen Erfüllung klassischer methodischer Gütekriterien besonders deutlich: Eine durchgängige Transparenz des Verfahrens – hinsichtlich der mit der Kompetenzmessung verbundenen unternehmerischen Zielen, der betrieblichen Rahmenbedingungen, Ergebnisverwertungen und individuellen Nutzenaspekte – ist aus den Erfahrungen der betrieblichen Umsetzung des hier vorgestellten Vorge-

hens zur Kompetenzmessung und -bilanzierung unabdingbar. Sie stellt eine zentrale Voraussetzung dar, um einen effektiven, effizienten und somit langfristig erfolgreichen Einsatz von Verfahren zur Kompetenzmessung in der betrieblichen Praxis zu erzielen. Mangelnde Informationen bezüglich des Verfahrens sowie der damit verbundenen unternehmerischen Nutzenerwartung und eine daraus resultierende mangelnde Transparenz können dazu führen, dass – im Falle einer betriebsinternen Durchführung der Kompetenzbilanzierung – Ängste der Belegschaft hinsichtlich angestrebter Rationalisierungsmaßnahmen geschürt werden, individuellen Nutzenaspekte nicht zum Tragen kommen und infolgedessen das gesamte Verfahren von den Nutzergruppen abgelehnt wird. Auch bei unternehmensexternen Einsätzen von Kompetenzmessverfahren – z. B. zu Rekrutierungszwecken – ist eine ausreichende Transparenz bezüglich des Verfahrens und seiner betrieblichen Verwertungsaspekte als zentral zu erachten, da Verfahren zur Eignungsdiagnostik – und folglich auch Verfahren zur Kompetenzmessung und -bilanzierung – bei externen Bewerbern einen unmittelbaren Einfluss auf das subjektive Unternehmensimage haben (vgl. Hanft 1999).
Weiterhin erwies es sich in der prototypischen betrieblichen Umsetzung des Verfahrens als ausgesprochen wichtig, bei der teilnehmenden Belegschaft klar herauszustellen, was ein Verfahren zur Kompetenzmessung und -bilanzierung leisten kann, welche Schlussfolgerungen die damit erzielten Ergebnisse zulassen und inwiefern ergänzende Maßnahmen oder Analysen durchgeführt werden müssen, um zu einer größtmöglich validen Aussagefähigkeit zu gelangen.
So kann ein solches Verfahren in seiner betrieblichen Umsetzung zur strategischen Unterstützung und validen Ergänzung für die Konzeption von betrieblichen Personalentwicklungsmaßnahmen und innerbetrieblichen Stellenum- und -neubesetzungen oder zu Rekrutierungszwecken dienen, nie aber ein alleiniges Legitimierungsinstrument für personalbedingte Umstrukturierungsmaßnahmen und Entscheidungen darstellen. Deshalb wurden bei der prototypischen betrieblichen Umsetzung des Verfahrens im Falle einer sich durch die Kompetenzbilanzierung herauskristallisierenden Stellenfehlbesetzung zusätzlich Personalgespräche und Vorgesetztenbeurteilungen durchgeführt, um die Ergebnisse der Kompetenzbilanzierung zu stützen. Ebenso sollte das Verfahren im Einsatz zu Rekrutierungszwecken stets durch weitere methodische Zugänge wie Einstellungsinterviews o. ä. ergänzt werden, um ein ganzheitliches Bild eines Bewerbers zu erlangen.
Verfahren zur Kompetenzmessung und -bilanzierung sollten demzufolge als objektive und valide Ergänzung und Anreicherung des betrieblichen Personalmanagements und zur strategischen, organisationalen Ausrichtung eines Unternehmens genutzt werden – wie dies hier in der prototypischen Umsetzung der Fall war. Dann leistet die Erfassung von Mitar-

beiterkompetenzen einen wertvollen Beitrag zum flexiblen, anforderungsorientierten Mitarbeitereinsatz und zur strategischen Ausschöpfung der im Unternehmen vorhandenen kompetenzbezogener Mitarbeiterressourcen.
Des Weiteren hat sich in der betrieblichen Erprobung des Verfahrens gezeigt, dass ein Verfahren zur Kompetenzmessung und -bilanzierung stets eine Vielzahl von fundierten Analysen (Anforderungsanalysen, Analysen von Stellen- und Tätigkeitsprofilen, Ziel- und Akzeptanzanalysen u. ä.) integrieren muss, um effektiv und langfristig effizient wirksam zu sein. Daher erwiesen sich das phasentypische Vorgehen im Rahmen dieses Dissertationsvorhabens und der damit verbundene modulare Aufbau des Verfahrenspools als überaus sinnvoll und erfolgreich. Es handelt sich somit nicht um ein standardisiertes und statisches Verfahren, sondern um ein Instrumentarium, welches explizit in Anpassung auf die jeweiligen unternehmensspezifischen Bedarfe entwickelt und angepasst wird. Diese anforderungsorientierte Verfahrensentwicklung erfolgt hinsichtlich der mit der Kompetenzmessung und -bilanzierung verbundenen Zielsetzung (Personalentwicklung, Rekrutierung, Entgeltgruppierung, Teamzusammenstellung u. ä.) und der dafür im Unternehmen bereit gestellten Rahmenbedingungen und hinsichtlich der betrieblich relevanten Kompetenzen und der angestrebten Ergebnisverwertung.
Problematisch erwies sich die Durchführung des hier vorgestellten Verfahrens zur Kompetenzmessung und -bilanzierung bei Beschäftigten mit Lese- und Schreibproblemen (vgl. Kapitel 7.4). Es stellt sich an dieser Stelle die Frage, wie Verfahren für diese Zielgruppe konzipiert werden können, die eine gleichwertige Aussagekraft zu standardisierten Fragebögen besitzen, den lese- und / oder schreibschwachen Mitarbeiter jedoch nicht überfordert unter gleichzeitiger Verhinderung einer Stigmatisierung dieser Beschäftigungsgruppe. Ansätze zur Beantwortung dieser Fragestellung finden sich u. a. bei MELBA (Merkmalprofile zur Eingliederung Leistungsgewandelter und Behinderter in Arbeit, Bundesministerium für Arbeit und Sozialordnung 1997).
Auch hinsichtlich des Einsatzes des Verfahrens bei Nicht-Muttersprachlern ist ein weiterer Entwicklungsbedarf zu sehen. Es gilt, vor allem „textlastige" Verfahren in diversen Übersetzungen zu übertragen, um eine wirkliche Chancengleichheit in der Verfahrensanwendung zwischen Muttersprachlern und ausländischen Verfahrensteilnehmern zu gewährleisten.
Generell erwies sich das im Rahmen dieses Dissertationsvorhabens konzipierte Vorgehen zur Kompetenzmessung und -bilanzierung als erfolgsversprechende und unternehmerisch praktikable Möglichkeit, um Mitarbeiterkompetenzen abzubilden, zu erfassen und damit einen Schritt in Richtung Chancengleichheit zwischen Kompetenzen und formellen Qualifikationen im betrieblichen Kontext zu gehen, der für ein gegenwär-

tiges und zukünftiges strategisches und anforderungsorientiertes Personalmanagement hinsichtlich der Sicherung der Wettbewerbsfähigkeit eines Unternehmens unabdingbar ist.

8 Erfahrungen und betriebliche Handlungsempfehlungen

Aus den Erfahrungen der betrieblichen prototypischen Umsetzung des Verfahrens zur Kompetenzmessung und -bilanzierung lassen sich vielfältige Handlungsempfehlungen und zu berücksichtigende unternehmensbezogene Aspekte für eine strategische betriebliche Implementierung von Kompetenzmess- und -bilanzierungsverfahren ableiten.

8.1 Integration der Kompetenzmessung und -bilanzierung im organisatorischen Kontext

Für den betrieblichen Einsatz von Kompetenzmessverfahren gilt es zu berücksichtigen, dass trotz des immensen Potenzials, das Mitarbeiterkompetenzen in sich tragen, eine direkte Kausalität zwischen vorhandenen Mitarbeiterkompetenzen und der Wettbewerbsfähigkeit eines Unternehmens nicht gegeben sein kann. Eine alleinige Messung und Sichtbarmachung dieser Kompetenzen reicht nicht aus, um zu gewährleisten, dass Mitarbeiter ihre Kompetenzen auch wirklich gewinnbringend in einem Unternehmen zum Einsatz bringen. Es ist vielmehr erforderlich, die gesamte Unternehmensstrategie und das Management auf die mit dem Kompetenzansatz verbundene Philosophie von Wettbewerbs- und Innovationsfähigkeit eines Unternehmens auszurichten. Es können noch so fähige, kompetente Mitarbeiter in einem Unternehmen beschäftigt sein, um deren Kompetenzen das Unternehmen weiß: In einem Unternehmensumfeld, welches geprägt ist von starren, inflexiblen Managementstrukturen, die zentralistisch und deterministisch agieren, können Mitarbeiterkompetenzen wie Flexibilität, Motivation, Eigeninitiative oder Risikobereitschaft gar nicht erst zum Tragen kommen (vgl. u. a. Hauschildt 1997). Die Basis für die Innovations- und Wettbewerbsfähigkeit eines Unternehmens wird also durch Grundsatzentscheidungen aus ganzheitlicher Sicht gelegt. Sie manifestiert sich u. a. (vgl. Zahn in: Zahn 1992, 6 f.)

- im Leitbild des Unternehmens, das für das Selbstverständnis der Organisation und für die Identifikation seiner Mitarbeiter unabdingbar ist;
- in den Wettbewerbsstrategien, die in den verschiedenen Wertschöpfungsaktivitäten verankert sind und mit denen sich Vorteile

gegenüber der Konkurrenz in bearbeiteten oder neu zu erschließenden Märkten erringen lassen;
- in der Organisationsstruktur, die als Hebel zur Strategieumsetzung dient;
- in der Organisationskultur, die Bedingungen für Kreativität und Fortschrittsfähigkeit schafft;
- im Anreizsystem, das Mitarbeiter zu strategiegerechtem Verhalten motiviert;
- im betriebswirtschaftlichen Instrumentarium, das die flexible Planung und kritische Überprüfung on strategischen Bewegungen erlaubt;
- in den vorhandenen Informationssystemen, welche die Entscheidungsträger aber auch die Mitarbeiterschaft mit relevanten Informationen versorgt.

Erst dann, wenn der „Kompetenzgedanke" ganzheitlich im Organisationsgefüge und in der strategischen Managementausrichtung verankert ist, kann das aus den offen gelegten Mitarbeiterkompetenzen generierte Potenzial gewinnbringend eingesetzt werden. Dieser ganzheitliche Ansatz betrifft das Zusammenwirken zwischen sich ändernden, an ein Unternehmen gerichtete Marktanforderungen, seinen Fähigkeiten und seiner strategischen Ausrichtung auf der Basis seiner (Mitarbeiter-) Kompetenzen. Dies stellt Abbildung 8.1 schematisch dar:

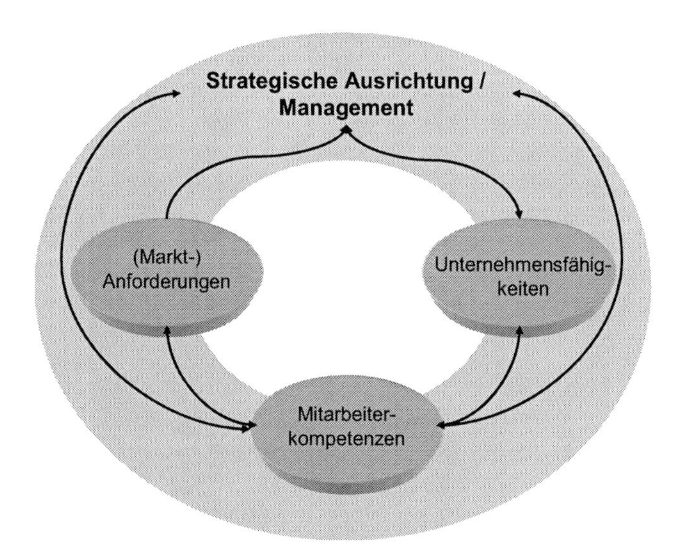

Abbildung 8.1: Einflussfaktoren der strategischen Unternehmensausrichtung

Die vorliegende Dissertationsschrift integriert diesen ganzheitlichen Ansatz in die Entwicklung, Umsetzung und Evaluation des Verfahrens zur Kompetenzmessung. Dies geschieht, indem das Verfahren in seiner betrieblichen Anwendung stets in den gesamtorganisatorischen Kontext eingebettet und ausgehend von der zu Grunde liegenden strategischen Unternehmensausrichtung entwickelt wird. Folglich wird den ausgeführten Erkenntnissen Rechnung getragen, dass die alleinige Erhebung von Mitarbeiterkompetenzen noch keine Zielerfüllung hinsichtlich einer Steigerung der unternehmerischen Wettbewerbsfähigkeit bedeuten muss.
Auch auf der „Mikroebene" wird ein ganzheitlicher methodischer Ansatz verfolgt, indem sowohl die unternehmerischen Anforderungen aus (personal-) wirtschaftlicher Sicht in die Konzeption und Umsetzung des Verfahren integriert werden als auch der wissenschaftlichen Perspektive – hinsichtlich der Erfüllung von psychologisch-diagnostischen Gütekriterien – umfassend Rechnung getragen wird. Unter Einbezug der möglichen Benutzergruppen von Kompetenzmessverfahren wird eine größtmögliche verfahrensspezifische Akzeptanz angestrebt.

8.2 Konsequenzen der Untersuchungsergebnisse für sich anschließende kompetenzorientierte Weiterbildungsmaßnahmen

An die in Kapitel 7 beschriebenen Erkenntnisse aus der betrieblichen Kompetenzbilanzierung schließt sich die Frage an, ob und wie betriebliche Weiterbildungsmaßnahmen konzipiert sein müssen, damit sie Kompetenzen herausbilden bzw. entwickeln können und somit strategisch effektiv an Ergebnisse aus Kompetenzbilanzierungen anschließen.
Kompetenzentwicklung im betrieblichen Kontext ist daraus ausgerichtet, Kompetenzlücken durch den Ausbau der Kompetenzen der Mitarbeiterschaft zu schließen. Es wird hiermit der Prozess bezeichnet, in dem fachliche, methodische, soziale, aktivitäts- bzw. handlungsbezogene und personale Kompetenzen (vgl. Kapitel 2.2) einer (Arbeits-) Person erweitert, umstrukturiert und aktualisiert werden (Erpenbeck, Sauer 2000). Als notwendige Voraussetzungen für die Kompetenzentwicklung sind geeignete Lernprozesse zu schaffen, die neben der reinen Wissensaneignung auch den Aufbau von Erfahrungen, Können und Werten ermöglichen (Staudt, Kley 2001). Folglich müssen Lernprozesse zur Kompetenzentwicklung die Entwicklung von fachlichen und überfachlichen Kompetenzen ermöglichen, die zur Bewältigung von Arbeitssituationen notwendig sind (vgl. Woyke 2004).
Aus den gewonnenen Erkenntnissen der Kompetenzbilanzierung dieses Dissertationsvorhabens – parallel zu weiteren Forschungsergebnissen

(vgl. Erpenbeck, Heyse 1999, Bahnmüller et al. 1999) – lässt sich der Schluss ableiten, dass kompetenzbezogene Weiterbildungsmaßnahmen einer gänzlich anderen Strategie folgen müssen als dies bei Maßnahmen zur fachlich-qualifikatorischen Weiterbildung im Sinne eines rein formellen Lernens[20] der Fall ist. Scharnhorst (in: Erpenbeck, Heyse 1999) betont, dass Kompetenzlernen nur als selbstorganisiertes Lernen gelingt, im Sinne der dieser Dissertationsschrift zu Grunde liegenden Definition von *Kompetenzen als Selbstorganisationsdispositionen.* Diese Erkenntnis bestätigt sich durch die Ergebnisse der Kompetenzbilanzierungen: Sie lassen den Schluss zu, dass Kompetenzerwerb im großen Umfang in der Freizeit und im familiären Kontext – also in *selbstorganisierten Lernumgebungen* jenseits von formellen Lernprozessen – stattfindet (vgl. Kapitel 7.4). Das Konzept des *Erfahrungslernens*[21] – als eine Möglichkeit, selbstorganisiert zu lernen – beruht ebenfalls auf dieser Annahme, indem es das Lernen *aus eigenen Erfahrungen* in den Vordergrund stellt (Grünewald et al. 1998) und primär auf Problemlösungen oder Aufgabenbewältigung gerichtet ist (Reischmann 1995). Kolb et al. (1974) beschreiben den Prozess des Erfahrungslernens, welcher in der Regel außerhalb von formellen Lernprozessen stattfindet, als einen Zyklus mit vier Phasen:

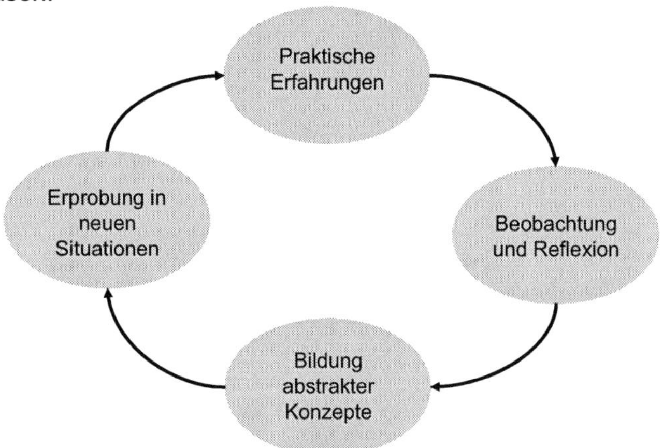

Abbildung 8.2: Erfahrungsorientierter Lernzyklus (Kolb et al. 1974)

[20] Formelles Lernen bezeichnet einen strukturierten, kursförmig organisierten und instruktionsbasierten Prozess mit hohem Lernanteil (Staudt, Kley 2001). Formelles Lernen ist geplant, fremdorganisiert und findet außerhalb des Arbeitsprozesses statt (Schiersmann, Remmele 2002). Im Vordergrund steht die Vermittlung von Wissen zu fachlichen und auch überfachlichen Themen, Anwendungserfahrungen können bei dieser Lernform nur schwerlich erfolgen. Der mangelnde Transfer des vermittelten Wissens in den Arbeitsprozess stellt ein zentrales Problem für die Kompetenzentwicklung in dieser Lernform dar (vgl. Bergmann 1998).

[21] vgl. u. a. Kolb et al. 1974; Grünewald et al. 1998; Staudt, Kley 2001

Dieser Zyklus wird so lange durchlaufen, bis ein Problem oder eine Aufgabe durch neu entwickelte oder weiterentwickelte Kompetenzen effektiv und effizient bewältigt werden kann (Erpenbeck 2002).
In der Phase der *praktischen Erfahrung* sammelt eine Person Erfahrungen in für sie unbekannten Arbeitssituationen. Um diese neuen Situationen zu bewältigen, setzt der Lernende seine bereits vorhandenen Kompetenzen ein. Der Einsatz dieses vorhandenen Kompetenzrepertoires kann die vollzogene Handlung zum Erfolg oder aber zum Misserfolg führen.
Diesbezügliche unmittelbar persönliche gewonnene Erfahrungen werden in der Phase der *Beobachtung und Reflexion* zusammengefasst und bewusst gemacht. Dieser Prozess stellt hohe Anforderungen an die sozialen und personalen Kompetenzen des Lernenden. Auch externes Wissen kann in diesen Reflexionsprozess neben den eigenen Erfahrungen einfließen.
In der dritten Phase werden *abstrakte Konzepte gebildet*: Die Beobachtungen und Reflexionen werden verallgemeinert und auf ihre Übertragbarkeit auf andere Problemstellungen geprüft. Der Lernende bezieht seine Erfahrungen also nicht nur auf die bestimmte Situation, in der er sie gesammelt hat. Er überträgt vielmehr die gewonnenen Erkenntnisse auch auf neue, ähnlich erscheinende Situationen. Mit der Bildung von eigenen abstrakten und übertragbaren Konzepten bzw. Handlungsschemata wird ein wesentlicher Kompetenzentwicklungsschritt vollzogen.
Über die *Erprobung in neuen Situationen* wendet der Lernende die entwickelten allgemeinen Konzepte zur Bewältigung von neuen, vergleichbaren Arbeitssituationen an. Dadurch wiederum gewinnt er Erfahrungen, die in einem zweiten Durchlauf des Lernzyklus zu einer weiteren Verbesserung der Konzepte und demzufolge der Kompetenzen zur Bewältigung von Arbeitssituationen beitragen.
Erfahrungslernen kann somit als unabdingbar für die Kompetenzentwicklung betrachtet werden, da hier die Erfahrungen in der Anwendung von Wissen zur selbstständigen Bewältigung einer Arbeitsaufgabe gewonnen (Erpenbeck 2002) und demzufolge Dispositionen selbstorganisierten Handelns herausgebildet und entwickelt werden (vgl. Kapitel 2.1). Zusätzlich zur Entwicklung von Kompetenzen zur Bewältigung von Arbeitssituationen, zielt Erfahrungslernen darauf ab, dass die Akteure *lernen zu lernen* (Erpenbeck 2002): Die Fähigkeit, aus der Reflexion und Verallgemeinerung von Erfahrungen zu lernen, ist für dauerhafte Lernprozesse und somit für die kontinuierliche Weiterentwicklung von Kompetenzen eine entscheidende Voraussetzung (vgl. Woyke 2004).
Mit dem Konzept des selbstorganisierten Lernens wird der Paradigmenwechsel von der Zentrierung auf den Lehrenden zum Lernenden vollzogen. Ziel des veränderten Verständnisses von Lernprozessen ist die

Förderung der Handlungskompetenz der Lernenden, die zu autonomen Subjekten ihrer Kompetenzentwicklung werden sollen. Motiv der Neuorientierung ist die Einsicht, dass sich Lernen auf allen Dimensionen (technisch und sozial, z.B. im Hinblick auf neue Zielgruppen) in sich ständig verändernden Kontexten vollzieht (vgl. Kapitel 1.1). Daher müssen sich die Lernarrangements verflüssigen und flexibilisieren. Andernfalls ist ein Transfer des gelernten z. B. in den beruflichen Alltag nicht möglich.
Die neue selbstorganisierte Lernkultur zeichnet sich im Wesentlichen durch drei Merkmale aus (vgl. Fischer 2003, Sievert 2001):

1. Sie ist nicht defizit-, sondern ressourcenorientiert, d.h. die Gestaltung des Lernprozesses reflektiert auf (berufs-) biographische Voraussetzungen. Sie knüpft an vorgängige Lernerfahrungen an und versucht diese für den Prozess zu nutzen. Unter Lernerfahrungen werden jedoch keine *zertifizierbaren* Qualifikationen verstanden, sondern vor allem *methodische* Kompetenzen.
2. Lernen erfolgt nicht in abgekoppelten isolierten Kontexten, sondern integriert in authentischen ganzheitlichen Lernarrangements[22].
3. Die neue Lernkultur basiert auf demokratischen Prinzipien, d.h. die Lehrenden werden zu Kontextgestaltern und Prozessbegleitern, während die Lernenden die Rolle der Subjekte im Prozess übernehmen. Sie legen Lernziele und -inhalte selbst fest. Damit ist der gesamte Prozess im Sinne einer zieloffenen Transformation durch Suchbewegungen und Selbstvergewisserungen gekennzeichnet.

Der Anspruch des Kompetenzerwerbs über selbstorganisiertes Lernen leitet sich unmittelbar aus dem in Kapitel 2.1 beschriebenen Kompetenzverständnis ab: Kompetenzen als Selbstorganisationsdispositionen kommen erst im selbstorganisierten Handeln zum Tragen bzw. können in diesem Kontext entwickelt werden. Demzufolge müssen auch kompetenzorientierte Weiterbildungsmaßnahmen auf dem Konzept des selbstorganisierten Lernens aufgebaut sein, um sicher zu stellen, dass auch wirklich Kompetenzentwicklung das Ziel der entsprechenden Weiterbildungsmaßnahme ist.
Dieses Verständnis von betrieblicher Kompetenzentwicklung muss in den Unternehmen, die sich Kompetenzmessungen und -bilanzierungen zu Nutze machen, implementiert werden, damit sich der wirkliche unternehmerische Nutzen von Kompetenzbilanzierungen voll entfalten kann. Außerdem muss sich auch über Weiterbildungsmaßnahmen hinaus eine betriebliche Lernkultur etablieren, die das selbstorganisierte Lernen und Handeln der Mitarbeiterschaft fördert und unterstützt (vgl. Erpenbeck,

[22] Diese Vorstellung deckt sich mit dem Modell des Organisationalen Lernens nach Argyris und Schön (1978), nachdem ein Qualifizierungs- bzw. Weiterbildungsprozess nur in enger Verzahnung mit dem Arbeitsprozess erfolgen kann.

Heyse 1999, Hänggi 1998, Straka 2003, Sonntag 1996). Wenn eine solche Lernkultur verwirklicht wird, kann man davon sprechen, was Argyris und Schön (1978) als *Organisationslernen* bezeichnen. Sie verstehen darunter einen Lernprozess der gesamten Organisation bzw. des gesamten Unternehmens, der einerseits durch die Lernprozesse der einzelnen Organisationsmitglieder – der Mitarbeiter – erst ermöglicht wird und andererseits gleichzeitig den Rahmen für das Lernen des Einzelnen darstellt. Abbildung 8.3 stellt das organisationale Lernen nach dem Verständnis von Argyris und Schön (1978) schematisch dar:

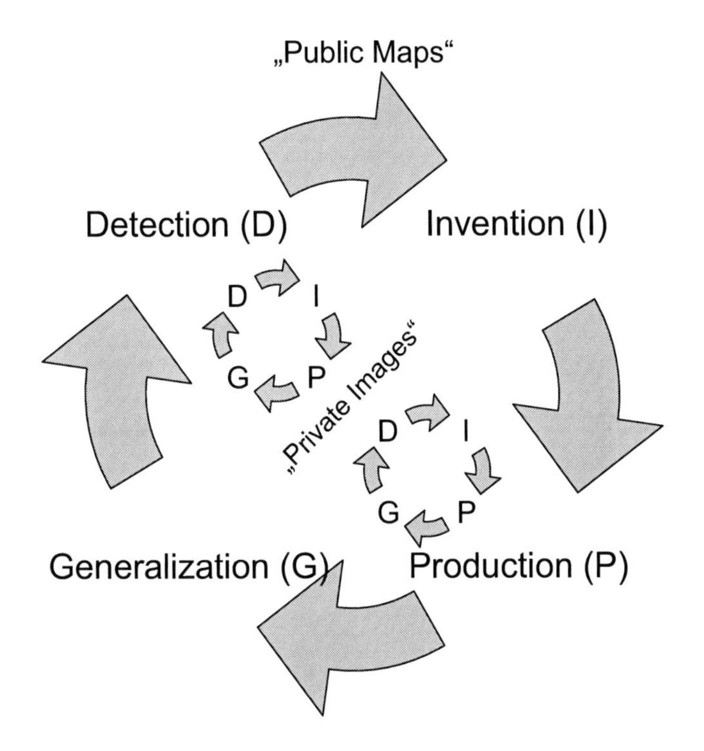

Abbildung 8.3: Organisationales Lernen nach Argyris und Schön (1978)

Argyris und Schön (1978) unterteilen den Prozess des organisationalen Lernens in vier Phasen:

- die Problementdeckung (Detection),
- die Generierung eines Lösungsvorschlages (Invention),
- die praktische Umsetzung dieses Vorschlages (Production) und
- die Verallgemeinerung und Abspeicherung des Vorschlages bei erfolgreicher Umsetzung (Generalization).

Diese vier Phasen durchläuft ein Individuum zunächst für sich selbst, wodurch ein entsprechender Einfluss auf seine persönlichen „Bilder“ bzw. Konzepte genommen wird („Private Images“). Außerdem werden sie durch das Kollektiv – also die gesamte Organisation – durchlaufen und beeinflussen deren „öffentlichen“ Konzepte („Public Maps“).
Nur in einer solchen engen Verzahnung zwischen organisationalen Lernen und individuellen Lernen kann Kompetenzentwicklung erfolgreich verlaufen.

8.3 Handlungsleitfaden für den betrieblichen Einsatz von Kompetenzmess- und -bilanzierungsverfahren

Aus den Erfahrungen der Konstruktion des hier vorgestellten phasentypischen, modularen Verfahrens und dessen betrieblicher Umsetzung lassen sich Handlungsempfehlungen bzw. zu berücksichtigende Rahmenfaktoren für den betrieblichen Einsatz von Verfahren zur Kompetenzmessung und -bilanzierung ableiten.
Diese werden im Folgenden anhand des entwickelten und validierten 6-Phasen-Modell zur Kompetenzmessung und -bilanzierung skizziert und im Anhang detailliert ausgeführt (vgl. Anhang D).

Phase 1: Analyse der betrieblichen Anforderungen

Diese erste Phase im betrieblichen Prozess der Kompetenzmessung und -bilanzierung nimmt im entscheidenden Maße Einfluss auf den späteren Verlauf der Verfahrensumsetzung und auf den tatsächlich erzielbaren unternehmerischen Nutzen der Kompetenzerfassung. In dieser Phase ist eine enge Zusammenarbeit und Abstimmung zwischen dem Unternehmen als Auftraggeber und den externen Beratern als Verfahrensentwickler und -umsetzer unbedingt erforderlich.

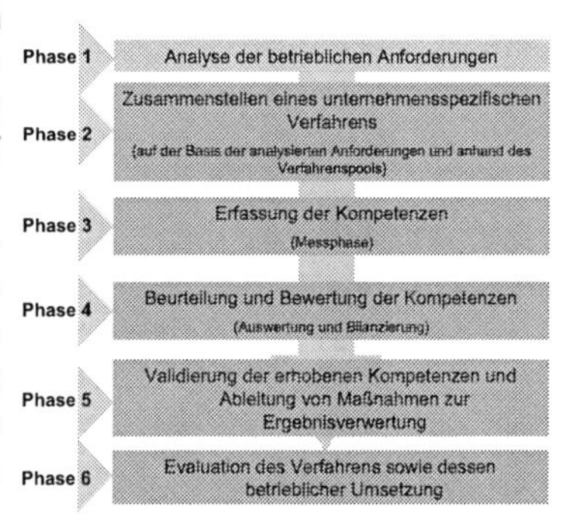

Ein primärer Schritt dient der Zieldefinition und angestrebten Ergebnisverwertung der Kompetenzbilanzierung sowie der Klärung der betrieblichen Rahmenbedingungen. Hier ist es insbesondere Aufgabe des Partnerunternehmens, Bereitschaft zur Kooperation mit den externen Beratern zu zeigen. Außerdem gilt es, einen notwenigen Eigenanteil an den vorbereitenden Schritten der Kompetenzbilanzierung einzubringen, damit durch die externen Experten ein Verfahren konzipiert werden kann, welches unmittelbar auf die unternehmensspezifischen Bedarfe adaptiert ist. Zentrale, in diesem Zusammenhang zu berücksichtigende Leitfragen für das auftraggebende Unternehmen lauten:

- Zu welchem Zweck soll die Kompetenzmessung und -bilanzierung durchgeführt werden?
- Welche Kompetenzen sollen erhoben werden?
- Welche Vergleichswerte / Benchmarks / Richtlinien (Soll-Kennwerte) sollen der Kompetenzbilanzierung zu Grunde gelegt werden?
- Wie sollen die Soll-Kennwerte generiert werden?
- Wie setzen sich die Teilnehmer an der Kompetenzmessung und -bilanzierung zusammen?
- Welche zentralen Anforderungen soll das zu entwickelnde unternehmens-spezifische Verfahren erfüllen?
- In welcher Form soll die Datenerhebung erfolgen?
- Wie sollen die Teilnehmer über die Ziele des Verfahrens, den Ablauf, die Ergebnisverwertung und die Nutzengewinnung informiert werden?
- Wie kann eine größtmöglichste Akzeptanz des Verfahrens aus Anwendersicht erzielt werden?
- Inwieweit muss die Arbeitnehmervertretung / der Betriebsrat in den Prozess der Kompetenzbilanzierung eingebunden werden?
- Welche Ressourcen (finanzielle, zeitliche, räumliche,...) werden für den Prozess der Kompetenzmessung und -bilanzierung aufgebracht bzw. benötigt?

Diese Leitfragen erheben zwar keinen Anspruch auf Vollständigkeit, stellen aber dennoch zentrale Rahmenbedingungen heraus, die zu Beginn der betrieblichen Implementierung von Kompetenzmessverfahren von Unternehmensseite berücksichtigt und hinreichend definiert sein müssen, damit ein Kompetenzmessverfahren seinen größtmöglichsten unternehmerischen Nutzen entfalten kann.
Mögliche Antwortalternativen und Empfehlungen zu den aufgeführten Leitfragen sind im Anhang vermerkt (s. Anhang D1).

Phase 2: Zusammenstellen eines unternehmensspezifischen Verfahrens

Diese Phase wird ausschließlich durch die externen Berater ausgeführt, auf der Basis der in Phase 1 generierten Anforderungen, zu erhebenden

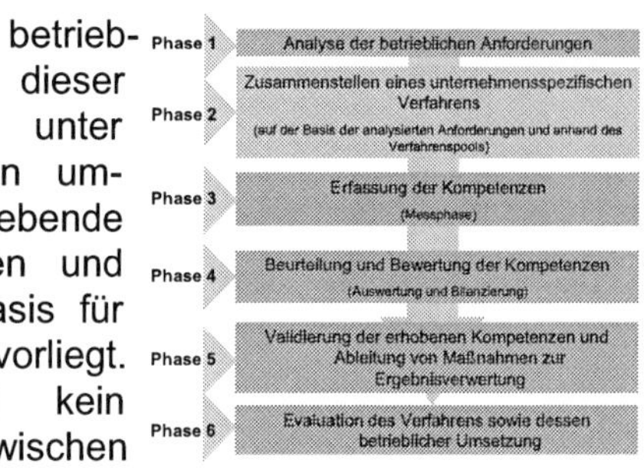

Kompetenzen und definierten betrieblichen Rahmenbedingungen. In dieser Phase wird deutlich, ob die unter Phase 1 aufgeführten Leitfragen umfassend durch das auftraggebende Unternehmen beantwortet wurden und eine ausreichende Informationsbasis für die Verfahrenskonstruktion vorliegt. Sofern dies der Fall und kein weiterer Abstimmungsbedarf zwischen Unternehmen und externen Beratern erforderlich ist, kann die Verfahrenskonstruktion durchgeführt werden.

Phase 3: Erfassung der Kompetenzen

Phase 1
Analyse der betrieblichen Anforderungen
Phase 2
Zusammenstellen eines unternehmensspezifischen Verfahrens
(auf der Basis der analysierten Anforderungen und anhand des Verfahrenspools)
Phase 3
Erfassung der Kompetenzen
(Messphase)
Phase 4
Beurteilung und Bewertung der Kompetenzen
(Auswertung und Bilanzierung)
Phase 5
Validierung der erhobenen Kompetenzen und Ableitung von Maßnahmen zur Ergebnisverwertung
Phase 6
Evaluation des Verfahrens sowie dessen betrieblicher Umsetzung

Vor der eigentlichen Durchführung der Kompetenzmessung erfolgt die detaillierte Planung von dessen Ablauf.
Anhand des in Phase 3 konzipierten Verfahrens steht nunmehr der für die Verfahrensdurchführung benötigte Netto-Zeitbedarf fest, auf dessen Basis die Ablaufplanung beginnen kann.
Es ist zu empfehlen, einen genügenden Zeitpuffer über den Zeitbedarf der reinen Erhebung hinaus vorzusehen (ca. 30-50 Minuten) und von Unternehmensseite einzuplanen, damit genügend Raum für Fragen, Instruktion und benötigte Pausen eingeplant werden kann.
Von Unternehmensseite gilt es u. a. die im Folgenden aufgeführten Aspekte zu berücksichtigen und in die Ablaufplanung zu integrieren:

- Welchen realistischen Zeitbedarf je Mitarbeiter / Bewerber gilt es, für die Kompetenzerhebung anzusetzen?
- Welche Aspekte müssen berücksichtigt werden, damit die Durchführung der Kompetenzmessung möglichst effektiv, akzeptiert und Kosten sparend erfolgen kann?
- Wie kann trotz kommunizierter Freiwilligkeit der Teilnahme (vgl. Kapitel 7.2.1) eine möglichst große Teilnahmebereitschaft erzielt werden?
- Wie sollen die Kompetenzmessungen eingeleitet werden?

Antwortalternativen und praxisrelevante Empfehlungen zu den jeweiligen Aspekten sind in Anhang D2 zu finden.

Nach der betriebsinternen Ablaufplanung der Kompetenzmessung obliegt es den externen Beratern, den verfahrensspezifischen Ablauf zu planen, die Reihenfolge der durchzuführenden Verfahren festzulegen und verfahrensspezifische Instruktionen einzukalkulieren.
Auf der Basis der erstellten Ablaufpläne wird nunmehr mit der Kompetenzmessung unter Leitung der externen Experten begonnen.

Phase 4: Beurteilung und Bewertung der Kompetenzen

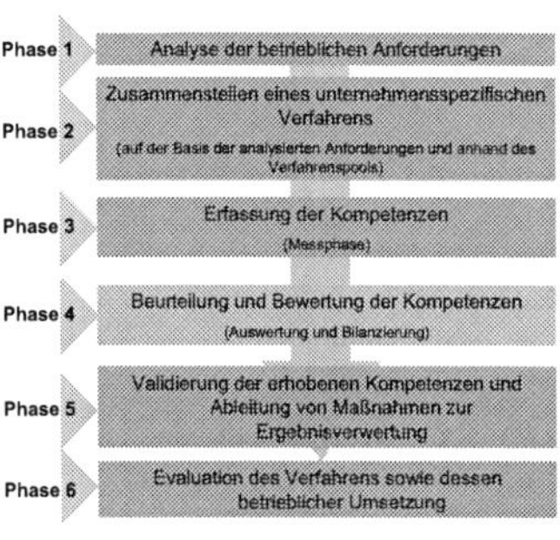

Diese Phase wird ausschließlich durch die externen Experten durchgeführt. Sofern die Festlegung der Auswertungsmodalitäten und die zu generierenden Kennzahlen in der 1. Phase des Kompetenzbilanzierungsprozesses ausreichend von Unternehmensseite ausdifferenziert wurde, ist in dieser 4. Phase kein Abstimmungsaufwand zwischen Unternehmen und externen Beratern erforderlich und die Erstellung der individuellen Kompetenzprofile wird durchgeführt.

Phase 5: Bilanzierung der erhobenen Kompetenzen und Ableitung von Maßnahmen zur Ergebnisverwertung

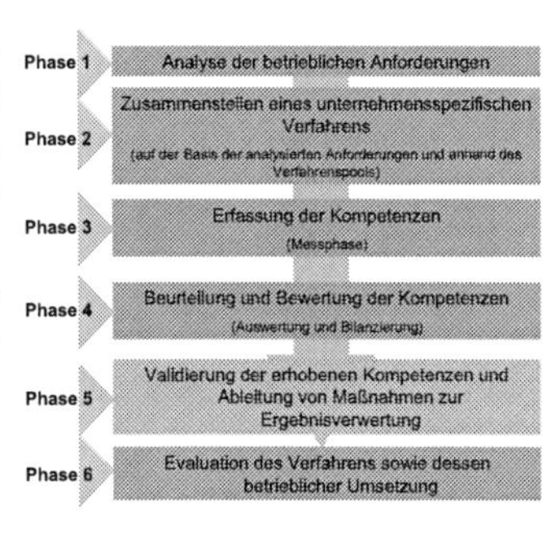

Die nunmehr anstehende Ergebnisrückmeldung an die Teilnehmer kann entweder durch das Unternehmen selbst oder aber unmittelbar durch die externen Experten erfolgen.
Darüber hinaus werden in dieser Phase aus den Ergebnissen der Kompetenzbilanzierungen Maßnahmen abgeleitet, die der Erreichung der in Phase 1 generierten Ziele dienen. Diese Maßnahmen sollten zeitnah mit der Ergebnisrückmeldung an die Teilnehmer kommuniziert werden. Im Folgenden sind einige zentrale Leitfragen für die unternehmerische Umsetzung dieser 5. Phase der ompetenzbilanzierung aufgeführt:

- Wie soll ein durchgängiger Datenschutz über die Datenerhebung und -auswertung hinaus eingehalten und nach außen kommuniziert werden?

- Wie und in welchem Zeitrahmen werden betriebliche Maßnahmen aus den Ergebnissen der Kompetenzbilanzierung abgeleitet und an die Teilnehmer kommuniziert?
- Wie sollen der Erfolg und die Zielerreichung der konzipierten / abgeleiteten Maßnahmen evaluiert werden?

In Anhang D3 sind diesbezügliche Antwortmöglichkeiten und Empfehlungen skizziert.
In dieser 5. Phase erfolgt nun also die eigentliche Arbeit mit den Ergebnissen der Kompetenzbilanzierung. Um einen größtmöglichen unternehmerischen Nutzen aus dem gesamten Prozess der Kompetenzmessung und -bilanzierung zu ziehen, ist ein strategisches und konzeptionelles Vorgehen in dieser Phase unerlässlich und entscheidet ausschlaggebend über dessen langfristige Effizienz und Effektivität.

Phase 6: Evaluation des Verfahrens und dessen betrieblicher Umsetzung

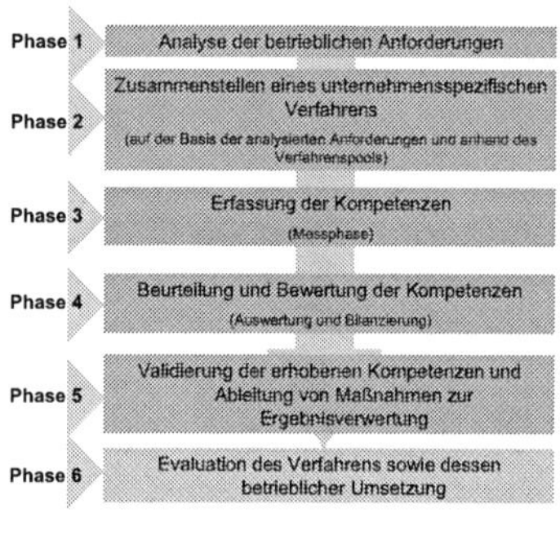

Während die Evaluation des Verfahrens ausschließlich dessen kontinuierlicher Verbesserung dient und in erster Linie für die für Verfahrenskonzeption und -durchführung verantwortlichen externen Experten von Interesse ist, kann eine Evaluation der betrieblichen Umsetzung des Verfahrens einem Unternehmen als erkenntnisreiche „Außensicht“ von innerbetrieblichen Abläufen dienen:

Phase 1 — Analyse der betrieblichen Anforderungen
Phase 2 — Zusammenstellen eines unternehmensspezifischen Verfahrens (auf der Basis der analysierten Anforderungen und anhand des Verfahrenspools)
Phase 3 — Erfassung der Kompetenzen (Messphase)
Phase 4 — Beurteilung und Bewertung der Kompetenzen (Auswertung und Bilanzierung)
Phase 5 — Validierung der erhobenen Kompetenzen und Ableitung von Maßnahmen zur Ergebnisverwertung
Phase 6 — Evaluation des Verfahrens sowie dessen betrieblicher Umsetzung

So konnten im Falle der prototypischen Umsetzung des in dieser Dissertationsschrift vorgestellten Verfahrens starke Mängel im diesbezüglichen innerbetrieblichen Informationsfluss herausgestellt werden, der auch auf andere Unternehmensbereiche übertragen werden konnte (vgl. Kapitel 7.2.6).
Bei der Durchführung von Kompetenzbilanzierungen zur externen Personalbeschaffung, können durch eine abschließende Evaluation zudem wertvolle Hinweise zur Außenwirkung des Unternehmens bzw. zu seinem Image gewonnen werden.
Bezüglich einer abschließenden Evaluation der betrieblichen Umsetzung eines Verfahrens zur Kompetenzmessung und -bilanzierung gelten die folgenden zentralen Leitfragen als unternehmerische Handlungsempfehlungen:

- Von wem soll die Evaluation der betrieblichen Umsetzung der Kompetenzmessung und -bilanzierung durchgeführt werden?
- Welche Personengruppen sollen an der Evaluation beteiligt werden?
- Welche Kennzahlen / Evaluationskriterien sollen ermittelt werden?
- Wie sollen die generierten Erkenntnisse weiter verwertet werden?

In Anhang D4 werden Empfehlungen und Alternativen zu diesen Aspekten aufgegriffen.
Als letzte Phase im Prozess der Kompetenzmessung und -bilanzierung kann die Evaluation der betrieblichen Umsetzung unternehmensintern dazu genutzt werden, Hinweise zur Verbesserung von derartigen Prozessen zu erlangen und im Falle einer angestrebten Wiederholung des Kompetenzbilanzierungsprozesses diesen in seinem betrieblichen Ablauf akzeptanzorientiert weiter zu entwickeln.

8.4 Nutzen des Handlungsleitfadens zur betrieblichen Umsetzung von Kompetenzmess- und -bilanzierungsverfahren

Die Ausführungen des Kapitels 8.3 sollen dazu dienen, Unternehmen, die eine unternehmensinterne Implementierung eines Verfahrens zur Kompetenzmessung und -bilanzierung anstreben, Empfehlungen zur Gestaltung einer jeden Phase des Bilanzierungsprozesses an die Hand zu geben. Außerdem werden zentrale, diesbezüglich zu berücksichtigende Fragen angesprochen, deren Beantwortung als unabdingbar für einen effektiven und langfristig effizienten betrieblichen Einsatz von Kompetenzbilanzierungen erachtet werden kann.
Es wird deutlich, dass zwar eine unternehmensexterne Durchführung von Verfahren zur Kompetenzmessung und -bilanzierung (vgl. Kapitel 7.2.6) zu empfehlen ist. Die strategischen Vorarbeiten, die Bereitstellung der betrieblichen Rahmenbedingungen und die letztendliche Ergebnisverwertung müssen jedoch durch das Unternehmen erfolgen, um einen diesbezüglichen größtmöglichen unternehmerischen Nutzen zu erzielen.

9 Zusammenfassung der Ergebnisse und Ausblick

Im Rahmen dieses Dissertationsvorhabens wurde ein Verfahren zur Kompetenzmessung und -bilanzierung entwickelt, welches einem phasentypischen Ablauf folgt (vgl. Kapitel 6.2) und im unternehmerischen Kontext umgesetzt, validiert und evaluiert wurde.
Eine zentrale Herausforderung bei der Entwicklung und Umsetzung des Verfahrens war es, die unterschiedlichen Perspektiven und Anforderungen hinsichtlich der Qualität von Kompetenzmessverfahren zu berücksichtigen und zu integrieren.
So galt es zum einen, *wissenschaftlich-methodischen* Anforderungen im Sinne einer *psychologisch-diagnostischen Qualität* zu entsprechen. Zugleich sollte ein Verfahren entwickelt werden, welches den *unternehmerischen* Anforderungen und Zielvorstellungen insbesondere unter dem Gesichtspunkt einer *ökonomischen Praktikabilität* und organisationalen Effizienz des Verfahrens entspricht. Ein weiterer Schwerpunkt der Verfahrensentwicklung und -implementierung lag auf der *sozialen Akzeptanz* des Verfahrens aus Sicht der Anwender und der vom Einsatz des Verfahrens betroffenen Unternehmensvertreter.
Diese benutzergruppenspezifischen Perspektiven galt es zunächst zu analysieren um daraus einen Katalog an Anforderungskriterien für das Kompetenzmess- und -bilanzierungsverfahren zusammen zu stellen. Dieser integriert die aufgeführten Perspektiven und Anforderungen und erlaubt die Konzeption eines Verfahrens, welches einem ganzheitlichen Qualitätsanspruch genügt.
Die in den Voranalysen (vgl. Kapitel 4 und 5) über Befragungen, Literaturanalysen und Datenbankrecherchen generierten Anforderungen an Kompetenzmessverfahren im allgemeinen aus Sicht von potenziellen Benutzergruppen wurden durch methodisch-wissenschaftliche Gütekriterien in Anlehnung an die DIN-Norm 33430 (vgl. Kapitel 5.1) ergänzt.
Parallel zu diesen qualitätsorientierten Anforderungsanalysen wurde das Konstrukt der „Kompetenz" ausdifferenziert und analysiert hinsichtlich des Kompetenzverständnisses von Erpenbeck und Heyse (1999), das Kompetenzen als Selbstorganisationsdispositionen beschreibt . Es wurden umfangreiche empirische Untersuchungen, Analysen und Recherchen zur Ausdifferenzierung des Kompetenzbegriffs durchgeführt. Dies erfolgte über Analysen von Berufsdatenbanken, Stellenanzeigen und Jobbörsen sowie über Befragungen von Personalverantwortlichen. Außerdem wurden umfangreiche Literaturrecherchen zur Definition und Differenzierung der Kompetenzen untereinander durchgeführt. Hieraus entstand ein Katalog von 42 definierten, voneinander abgrenzbaren Kompetenzen (vgl. Kapitel 4).

Auf der Basis der zuvor definierten anforderungsspezifischen Gütekriterien sowie dem generierten Katalog an Kompetenzen wurden Verfahren ausgewählt und in Form eines modularen „Baukastens“ zusammen gestellt, die den benutzergruppenspezifischen und methodisch-wissenschaftlichen Ansprüchen genügen und die definierten Kompetenzen valide abbilden können.
Um einen effektiven und effizienten Einsatz dieses modularen Verfahrens im unternehmerischen Kontext zu gewährleisten, wurde ein phasentypisches Ablaufmodell konzipiert, welches als Handlungsleitfaden für die betriebliche Umsetzung des Kompetenzmess- und -bilanzierungsverfahrens geltend gemacht wird.
Dieses Phasenmodell wurde im Folgenden unter Einsatz des modularen Verfahrenskatalogs im betrieblichen Kontext bei 397 Beschäftigten umgesetzt und validiert.
Das phasentypische Vorgehen im Kompetenzmess- und -bilanzierungsprozess erwies sich als uneingeschränkt praktikabel und zielführend in seiner betrieblichen Umsetzung. Zum einen stellt es sicher, dass das modulare Verfahren in Anpassung an die tatsächlichen unternehmensspezifischen Anforderungen entwickelt und umgesetzt wird (hinsichtlich Zielsetzung, kompetenzorientierten Anforderungen, organisatorischen Rahmenbedingungen u. ä.) und keinen standardisierten Prinzipien folgt. Zum anderen gewährleistet das Vorgehen anhand des 6-Phasen-Modells (vgl. Kapitel 6.2), dass die Anforderungen aller Benutzergruppen Berücksichtigung finden und in das Verfahren integriert werden. Hierdurch kann eine größtmöglichste soziale Akzeptanz des Verfahrens als notwendige Voraussetzung für dessen langfristigeffektiven und effizienten Einsatz erzielt werden.
Zudem verhindert das phasentypische Vorgehen, dass die mit der Kompetenzbilanzierung erzielten Erkenntnisse ungenutzt bleiben, da es bereits im Vorfeld der Kompetenzerhebung eine detaillierte Beschreibung der Ergebnisverwertung fordert. Somit schreibt es die unmittelbare Maßnahmeableitung im Anschluss an die Kompetenzbilanzierung fest.
Das letztendlich zum Einsatz kommende unternehmensspezifische Verfahrenspaket zeigte sich hinsichtlich seiner methodischen Güte und bezüglich seiner Bewertungen aus Unternehmens- und Anwendersicht dem zu Grunde liegenden ganzheitlichen Qualitätsanspruch entsprechend: Es wurden die methodisch-diagnostischen Gütekriterien in Anlehnung an die Richtlinien der DIN 33430 ausgesprochen zufrieden stellen erfüllt. Die abschließende Evaluationsbefragung zeigte zudem bezüglich der anwenderbezogenen Akzeptanz des Verfahrens Bewertungen deutlich über dem theoretischen Mittelwert (vgl. Kapitel 7.2.6). Auch der Zielerreichung der Kompetenzmessung und -bilanzierung wurde aus Unternehmenssicht in vollem Umfang entsprochen (vgl. Kapitel 7.2.6).

Somit konnten sich das entwickelte 6-Phasen-Modell zur Kompetenzmessung und -bilanzierung ebenso wie das zu Grunde liegende modulare Messverfahren in ihrer betrieblichen Praktikabilität bewähren. Die praktische Umsetzung des Verfahrens erfolgte zwar nur in einem Einsatzbereich von Kompetenzmess- und -bilanzierungsverfahren. So fand es Anwendung im Sinne einer „Standortbestimmung" hinsichtlich der im Unternehmen vorhandenen Mitarbeiterkompetenzen im Rahmen der Konzeption von strategischen, anforderungsorientierten Personalentwicklungsmaßnahmen und als Kontrollinstrument zur Überprüfung von adäquaten Stellenbesetzungen. Jedoch ist eine Übertragung des Konzeptes auf andere Einsatzbereiche als Unterstützung für externe Personalbeschaffung, Team- und Gruppenzusammenstellungen oder Weiterbildungscontrolling durchaus denkbar. Die tatsächliche Praktikabilität des Verfahrens in diesen Anwenderfeldern gilt es durch entsprechende Einsätze im betrieblichen Kontext zu überprüfen und zu verifizieren. Bei weiteren Anwendungen ist es generell zu empfehlen, Möglichkeiten zur Überprüfung der Konkurrenten sowie Vorhersagevalidität zu suchen und umzusetzen. Da das Verfahren als ergänzungsfähiges und flexibles Instrumentarium zu begreifen ist, sind Modifizierungen hinsichtlich der integrierten Verfahren und Methoden, der zu erhebenden Kompetenzkonstrukte sowie der betrieblichen und organisationalen Umsetzung kontinuierlich anzustreben.
Es bestätigte sich die im Vorfeld der betrieblichen Evaluation des Kompetenzmessverfahrens aufgestellte Hypothese, dass eine unternehmens*externe* Durchführung von betrieblichen Kompetenzmess- und -bilanzierungsverfahren - im Gegensatz zu einer Umsetzung durch Unternehmens*angehörige* - zu bevorzugen ist (vgl. Kapitel 5.2). So konnte ein diesbezüglicher positiver Einfluss auf die Akzeptanz des gesamten Verfahrens bei der teilnehmenden Belegschaft konstatiert werden (vgl. Kapitel 7.2.6). Außerdem kann durch externe Experten ein sachgemäßes und methodisch valides, sowie an die Anforderungen der DIN 33430 angelehntes Vorgehen bei der Verfahrenskonstruktion, -durchführung und Ergebnisverwertung eher gewährleistet werden als dies durch Unternehmensvertreter der Fall wäre.
Zusammenfassend konnten aus den Erkenntnissen und Erfahrungen der Verfahrenskonstruktion und betrieblicher Umsetzung diverse Einflusskriterien auf einen erfolgreichen betrieblichen Einsatz von Kompetenzmess- und -bilanzierungsverfahren herausgestellt werden. Dazu gehören die folgenden Aspekte:

- Modularität des Verfahrens,
- unternehmensspezifische Konzeption und Implementierung des Verfahrens,
- ökonomische Praktikabilität des Verfahrens,

- soziale Akzeptanz des Verfahrens bei allen Bezugsgruppen (Berücksichtigung der Bedarfe und Anforderungen aller Bezugsgruppen),
- DIN-33430-Orientierung / Erfüllung
- extern durchgeführte, sachgemäße Konzeption und Implementierung des Verfahrens,
- adäquate und zeitnahe Ergebnisverwertung (Ableitung entsprechender Maßnahmen),
- adäquate unternehmensinterne Umsetzung und Bereitstellung von entsprechenden Rahmenbedingungen,
- Einbettung der Kompetenzbilanzierung in den organisationalen Kontext.

Das hier vorgestellte Verfahren zur Kompetenzmessung und -bilanzierung schließt die in Kapitel 1.1 aufgezeigte Lücke zwischen den Bedarfen moderner Unternehmen nach adäquater Nutzung der vorhandenen Mitarbeiterkompetenzen zur Aufrechterhaltung der Wettbewerbsfähigkeit auf der einen und den Mangel an ökonomisch attraktiven und in der betrieblichen Praxis effektiv und effizient umsetzbaren Möglichkeiten zur Erfassung und „Sichtbarmachung" dieser oft versteckten Mitarbeiterpotenziale auf der anderen Seite. Somit kann das Verfahren einen wichtigen Beitrag für eine langfristig anzustrebende Chancengleichheit zwischen einerseits formellen, rein fachlichen Qualifikationen und andererseits fachübergreifenden, für den erfolgreichen Umgang mit sich ständig verändernden dynamischen Anforderungen notwendigen Kompetenzen leisten.
Um eine solche Chancengleichheit zu erzielen, bedarf es jedoch weiterer anschließender Forschungsaktivitäten. So stellt sich die Frage nach einer adäquaten Zertifizierung und folglich Anerkennung von durch Kompetenzmessungen und -bilanzierungen offen gelegten Kompetenzen auch über die Unternehmensgrenzen hinaus. Auch wenn unternehmensspezifische Lösungen zur Kompetenzmessung und -bilanzierung hinsichtlich ihrer Effektivität und Effizienz zu bevorzugen sind, so müssen dennoch Möglichkeiten einer standardisierten Abbildung der vorhandenen Kompetenzausprägungen in Form von Kompetenzzertifikaten, -ausweisen o. ä. geschaffen werden.
Hierzu ist es allerdings unabdingbar, dass diesbezügliche unternehmerische bzw. wirtschaftliche Interessen mit bildungs- und arbeitsmarktpolitischen Forderungen in Einklang gebracht werden, um eine Gleichwertigkeit zwischen Zertifikaten formeller Qualifikationen und Kompetenzen zu erlangen.
Ein weiteres, unmittelbar an diese Dissertationsschrift anschließendes Forschungsfeld eröffnet sich im Hinblick auf die Frage nach dem Zusammenspiel zwischen individuellen Mitarbeiterkompetenzen, Team- /

Gruppenkompetenzen und den letztendlichen Unternehmenskompetenzen. Erfahrungen und erste Untersuchungen haben gezeigt, dass zwischen diesen Kompetenzebenen keinesfalls kausale Zusammenhänge bestehen (vgl. Erpenbeck in: Hasebrook et al. 2004). Es gilt also, Modelle zu entwickeln und im betrieblichen Kontext zu evaluieren, die diesbezügliche Zusammenhänge und Einflussfaktoren analysieren und beschreiben und somit Kompetenzen auf Gruppenebene erfassbar und gestaltbar zu machen.

Literaturverzeichnis

ACKERSCHOTT, H. (2004). Die neue DIN 33430 – Qualität ist die Antwort auf Fragen des Marktes. In: Hornke, L., Winterfeld, U. (Hrsg.) (2004). *Eignungsbeurteilung auf dem Prüfstand: DIN 33430 zur Qualitätssicherung.* Heidelberg, Berlin: Spektrum Akademischer Verlag

AMTHAUER, R., BROCKE, LIEPMANN & BEAUDUCEL (1999). Intelligenz-Struktur-Test 2000 (IST 2000). Göttingen: Hogrefe

ARGYRIS, C.; SCHÖN, D. A. (1978). Organizational learning – a Theory of Action Perspektive. Reading (Mass.): Addison Wesley

ARVEY, R.D. und CAMPION. J.E. (1982). The employment interview: A summary and review of recent research. Personell Psychology, 35, 281-322

BACKHAUS, K., GRUNER, K. (1994). Epidemie des Zeitwettbewerbs. In: Backhaus, K. und Bonus, H. (Hrsg.): *Die Beschleunigungsfalle oder der Traum der Schildkröte.* Stuttgart: Schäffer-Poeschel

BAHNMÜLLER et al. (1999). Aspekte einer neuen Lernkultur. Argumente, Erfahrungen, Konsequenzen. Waxmann: Münster / New York / München / Berlin

BAITSCH, C. (1997). Innovation – was ist das? In: *ifip aktuell*, Chemnitz (TU Chemnitz)

BERGMANN, B., HARTWIG, C.-J., UHLEMANN, K. & WARDANJAN, B. (1997). Zum Zusammenhang von Arbeitsinhalten in der Berufsbiographie und Möglichkeiten der individuellen Kompetenzentwicklung. Zeitschrift für Arbeitswissenschaft, 51 (23 NF), 85-95)

BERGMANN, B. (1998). Training für den Arbeitsprozess. Entwicklung und Evaluation aufgaben- und zielgruppenspezifischer Trainingsprogramme. vdf Hochschulverlag: Zürich

BJ∅RNAVOLD, H. (2001). Lernen sichtbar machen. CEDEFOP

zur BONSEN, M. und LAU-VILLLINGER, D. (1999). Die Methode Zukunftskonferenz, in: *Handbuch Personalentwicklung*, Juni 1999, 6.13, S. 1-13

BORTZ, J. (1993). Statistik für Sozialwissenschaftler. Berlin: Springer, 1993.

BULLINGER, H.-J. (Hrsg.) (1995). Dienstleistung der Zukunft. Märkte, Unternehmen und Infrastrukturen im Wandel. Gabler, Wiesbaden.

BYRNES, J.P., Miller, D.C. und Schafer, W. (1999). Gender differences in risk taking: A meta-analysis. Psychological Bulletin, 125 (3), 367-383

CEDEFOP panorama (1997). Identifizierung, Bewertung und Anerkennung von früher formell und informell erworbenen Kenntnissen. Thessaloniki: CEDEFOP

CHOMSKY, N. (1962). Explanatory Models in Linguistics. In: Nagel, E.; Suppes, P. und Tarski, A. (Hrsg.). *Logic, Methodology and Philosophy of Science*. Standford, CA, pp. 528-555

COHEN, J. (1960). A coefficient of agreement for nominal scales. Educational and Psychological Measurement, 20, 37–46.

ECKSTEIN, D. von (2004): Demographische Verschiebungen und ihre Bedeutung für das Personalmanagement, In: *Zeitschrift Führung + Organisation*, 73. Jg. 2004, Nr. 3, S. 128-135

EFFE (2001). Kompetenzen: Portfolio: Von der Biografie zum Projekt. H.e.p.: Bern

ERAUT, M. (1996). The assessment of NVQs, University of Sussex

ERPENBECK, J.; HEYSE, V. (1999). Kompetenzbiographie – Kompetenzmilieu – Kompetenztransfer. QUEM-report, Heft 62. Berlin

ERPENBECK, J.; SAUER, J. (2000). Das Forschungs- und Entwicklungsprogramm „Lernkultur Kompetenzentwicklung“. In: Arbeitsgemeinschaft Qualifikations-Entwicklungs-Management (Hrsg.): *Kompetenzentwicklung 2000*. Waxmann: Berlin

ERPENBECK , J. (2002). Erfahrungslernen, Kompetenzentwicklung und Kompetenzmessung. In: Rohs, M. (Hrsg.). *Arbeitsprozessintegriertes Lernen: Neue Ansätze für die berufliche Bildung*. Waxmann: Münster

ERPENBECK, J.; ROSENSTIEL, L. (2003). Handbuch Kompetenzmessung Einführung. Stuttgart: Schäffer-Poeschel

ERPENBECK, J. (2004). Dimensionen moderner Kompetenzmessverfahren. in:
Hasebrook, J.; Zawacki-Richter, O.; Erpenbeck, J. (Hrsg.) (2004). *Kompetenzkapital. Verbindung zwischen Kompetenzbilanzen und Humankapital.* Frankfurt: Bankakademie-Verlag.

EUROPÄISCHE KOMMISSION (2000). Umsetzung des Weißbuchs „Lehren und Lernen – Auf dem Weg zur kognitiven Gesellschaft". Bericht der Kommission, KOM (1999) 750 endg., 10.01.2000, Brüssel

FISCHER, E. (2003). Weiterbildner lernen selbst organisiertes Lernen. In: QUEM Report Heft 76 Teil II: *Lernen in Weiterbildungseinrichtungen.* PE/OE-Konzepte. Hg. ABWF: Berlin

FISCHER, F. & MANDEL, H. (2000). Lehren und Lernen mit neuen Medien.
(Forschungsbericht Nr. 125). München

FRANCIS, D., YOUNG, D. (1996). Mehr Erfolg im Team. Essen-Werden: Windmühle GmbH Verlag, 1996.

GARCÍA, S. (2001). Kompetenzbilanzierung. Diplomarbeit am Institut für betriebswirtschaftliche Forschung der Universität Zürich. Zürich 2001.
www.netzarbeit.ch/dokumente/kompetenzbilanzierung_garcia.ppf (Stand November 2004)

GRÜNEWALD, U.; MORAAL, D; DRAUS, F; WEIß, R.; GNAHS, D. (1998). Formen arbeitsintegrierten Lernens – Möglichkeiten und Grenzen der Erfassbarkeit informeller Formen der betrieblichen Weiterbildung. In: Arbeitsgemeinschaft Qualifikations-Entwicklungs-Management (Hrsg.). *Schriften zur beruflichen Weiterbildung.* QUEM-Report, Heft 53, Berlin

GUTJAHR, W. (1971). Die Messung psychischer Eigenschaften. Berlin

HAASE, K. (2003). Internationales Monitoring zum Forschungsgebiet „Lernkultur Kompetenzentwicklung", Schwerpunkt: „Grundlagen Kompetenzentwicklung". Gesellschaft für Angewandte Bildungsforschung MBH, Statusbericht 6, Bezugsquelle haase@didaktik -und-diagnostik.de,

HÄCKER, H. & STAPF, K. (Hrsg). (1998). Dorsch Psychologisches Wörterbuch. 13. überarbeitete und erweiterte Auflage. Bern: Verlag Hans Huber

HACKER, W. (1973). Allgemeine Arbeits- und Ingenieurpsychologie. Berlin

HACKER, W. (1998). Allgemeine Arbeitspsychologie: Psychologische Regulation von Arbeitstätigkeiten. Bern et al.

HANFT, A. (1999). Eignungsdiagnostik in Betrieben – Psychologische Testverfahren und Assessment Center als Instrumente der Personalselektion. In: Grubitzsch, S. (1999). *Testtheorie – Testpraxis. Psychologische Tests und Prüfverfahren im kritischen Überblick.* Eschborn: Klotz

HÄNGGI, G. (1998). Macht der Kompetenz: Ausschöpfung der Leistungspotentiale durch zukunftsgerichtete Kompetenzentwicklung. Frechen-Königsdorf: Datakontext-Fachverlag,.

HAUSCHILDT. J. (1997). Innovationsmanagement. München: Vahlen

HEYSE, H., KERSTING, M. (2004). Anforderungen an den Prozess der Eignungsbeurteilung. In: L.F. Hornke & Winterfeld, U. (Hrsg.). *Eignungsbeurteilungen auf dem Prüfstand: DIN 33430 zur Qualitätssicherung* (S.273-324). Heidelberg: Spektrum Akademischer Verlag.

HORNKE, L. F. & KERSTING, M. (2003). DIN 33430 – Anforderungen an Verfahren und deren Einsatz bei berufsbezogenen Eignungsbeurteilungen. *Zeitschrift für Arbeits- und Organisationspsychologie, 47*, 57-58.

HORNKE, L.F. & KERSTING, M. (2004). „Checkliste“ zur DIN 33430. In L.F. Hornke & Winterfeld, U. (Hrsg.). *Eignungsbeurteilungen auf dem Prüfstand: DIN 33430 zur Qualitätssicherung* (S.273-324). Heidelberg: Spektrum Akademischer Verlag.

HORNKE, L.F. & WINTERFELD, U. (Hrsg.). Eignungsbeurteilungen auf dem Prüfstand: DIN 33430 zur Qualitätssicherung. Heidelberg: Spektrum Akademischer Verlag, 2004.

HOSSIEP, R. & PASCHEN, M. (2003). Bochumer Inventar zur berufsbezogenen Persönlichkeitsbeschreibung BIP. Göttingen: Hogrefe

JANAS, D.; MESZLERY, K. (2004): KOMBI – Das Phasenmodell zur Kompetenz-bilanzierung. In: Hasebrook et al. (Hrsg.) (2004): *Kompetenzkapital. Verbindungen zwischen Kompetenzbilanzen und Humankapital.* Frankfurt: Bankakademie-Verlag

KANNING, U. P. (2004). Standards der Personaldiagnostik. Göttingen: Hogrefe

KANNING, U.P. & HOLLING, H. (Hrsg.) (2002). Handbuch personaldiagnostischer Instrumente. Göttingen: Hogrefe

KERSTING, M. (1998). Differentielle Aspekte der sozialen Akzeptanz von Intelligenztests und Problemöseszenarien als Personalauswahlverfahren. *Zeitschrift für Arbeits- u. Organisationspsychologie, 42, 2, S. 61-75, 1998.*

KERSTING, M. (2003). Akzeptanzfragebogen Persönlichkeits- und Leistungstest. Aachen

KERSTING, M. (2004). Kosten und Nutzen beruflicher Eignungsbeurteilungen. In: Hornke, L., Winterfeld, U. (Hrsg.) (2004). *Eignungsbeurteilung auf dem Prüfstand: DIN 33430 zur Qualitätssicherung.* Heidelberg, Berlin: Spektrum Akademischer Verlag

KOLB, D. A.; RUBIN, I. M.; MCINTYRE, J.M. (1974). Organizational Psychology: An Experimental Approach. Prentice Hall, Englewood Cliffs, New Jersey

KOSSAKOWSKI, A. (1981). Dispositionen. In: Clauß. G. (Hrsg.): *Wörterbuch der Psychologie.* Leipzig 1981

LEVY-LEBOYER, C. (1996). Le bilan de compétences. Les Editions d'Organisation. Paris

LIVINGSTONE, D. (1999). Informelles Lernen in der Wissensgesellschaft. In: QUEM (Hrsg.). *Kompetenz für Europa: Wandel durch Lernen – Lernen im Wandel.* Berlin

LUCZAK, H. (Hrsg.) (2004) Planungs-, Schulungs- und Prozessunterstützung für Kurier-, Express- und Paketdienste. Ergebnisse des

Ergebnisse des Forschungsprojektes ParcelMan, Shaker-Verlag Aachen (i.D.)

LUCZAK, H. & VOLPERT, W. (Hrsg.) (1987). Arbeitswissenschaft. RKW

MAYRING, P.(1997). Qualitative Inhaltsanalyse, Grundlagen und Techniken. Weinheim: Beltz

MCCLELLAND, D.C. (1973). Testing for competence rather than for intelligence. In: *American Psychologist*, 28, pp. 1-14

MERLE, V. (1997). Die Entwicklung der Validierungs- und Zertifizierungssysteme. Welche Modelle sind vorstellbar und welche Herausforderungen birgt dieser Bereich für Frankreich? In: *Europäische Zeitschrift „Berufsbildung“* Nr.12, September-Dezember 1997/III, EUR-OP, Luxemburg

MIESEN, J. (1999). Eligo. eine vorläufige Antwort auf Grundprobleme der Testgestützten Computerdiagnostik. *Wirtschaftspsychologie, J.6, N.1, S.16-25, 1999.*

PÄTZOLD, G. (1999). Berufliche Handlungskompetenz. In: Kaiser, Franz-Josef u. Pätzold, Günter (Hrsg.): *Wörterbuch Berufs- und Wirtschaftspädagogik*. Bad Heilbrunn: 1999, S. 57– 58.

REETZ, L. (1999). Kompetenz. In: Kaiser, Franz-Josef u. Pätzold, Günter (Hrsg.): *Wörterbuch Berufs- und Wirtschaftspädagogik*. Bad Heilbrunn: 1999, S. 245 – 246.

REISCHMANN, J. (1995): Lernen „en passant“ – die vergessene Dimension. In: GdWZ 6

RIEMANN, R. (1997). Persönlichkeit: Fähigkeiten oder Eigenschaften? Lengerich et al.

RYCHEN, D., SALGANIK, L. (2001). Defining and Selecting Key Competencies. Seattle: Hogrefe

SARGES, W. (Hrsg.) (1996). Weiterentwicklung der Assessment Center Methode. Göttingen: Hogrefe

SCHAARSCHMIDT, U. & FISCHER, A. (1996). AVEM Arbeitsbezogenes Verhaltens- und Erlebensmuster. Frankfurt: Swets Tests

SCHIERSMANN, C.; REMMELE, H. (2002). Neue Lernarrangements in Betrieben. Theoretische Fundierung – Einsatzfelder – Verbreitung. In: *Arbeitsgemeinschaft Qualifikations-Entwicklungs-Management* (Hrsg.). QUEM-Report, Heft 75. Berlin

SCHRÖDER, D., LUCZAK, H. (2003). Requirements for Successful Skill Balance in International Comparison. In: *Human Factors in Organizational Design and Management - VII. Proceedings of the Seventh International Symposium on Human Factors in Organizational Design and Management held in Aachen, October 1-2,* Hrsg. Luczak, H. ; Zink, K.J.. IEA Press, Santa Monica, CA, USA 2003, S. 619 - 627.

SCHULER, H., STEHLE, W. (1983). Neuere Entwicklungen des Assessment-Center-Ansatzes – beurteilt unter dem Aspekt der sozialen Validität. Zeitschrift für Arbeits- und Organisationspsychologie, 27, 33-44

SCHULER, H. (1989). Leistungsbeurteilung. In: E. R. Roth (Hrsg.). *Enzyklopädie der Psychologie* (Bereich D: Praxisgebiete; Serie III: Wirtschafts-, Organisations- und Arbeitspsychologie; Bd. 3; S. 402-430). Göttingen: Hogrefe

SCHULER, H. & FUNKE, U. (1989). Das Individuum in der Organisation: Berufseignungsdiagnostik. In: Roth, Schuler & Ansfried (Hrsg.). *Enzyklopädie der Psychologie Bd. 3, 3 Wirtschafts-, Organisations- und Arbeitspsychologie*

SCHULER, H. (1990). Personalauswahl aus Sicht des Bewerbers: Zum Erleben eignungsdiagnostischer Situationen. *In: Zeitschrift für Arbeits- und Organisationspsychologie*, 34, 184-191

SCHULER, H., FRIER, D., KAUFMANN, M. (1993). Personalauswahl im europäischen Vergleich. Göttingen: Verlag für angewandte Psychologie.

SCHULER, H. (1994). Selektion und Selbstselektion durch das Multimodale Interviews. In: von Rosenstiel, L., Lang, T., Sigl, E. (Hrsg.). *Fach- und Führungsnachwuchs finden und fördern.* (S. 97-112). Stuttgart: Schäffer-Poeschel.

SCHULER, H., FUNKE, U., MOSER, K., DONAT, M. (1995). Personalauswahl in Forschung und Entwicklung. Eignung und Leistung von Wissenschaftlern und Ingenieuren. Göttingen: Hogrefe.

SCHULER, H. (1996). Psychologische Personalauswahl. Einführung in die Berufsdiagnostik. Göttingen: Hogrefe

SCHULER, H. (2000). Das Rätsel der Merkmals-Methoden-Effekte: Was ist „Poten-tial" und wie lässt es sich messen? In: von Rosenstiel, L.; Lang-von Wins, T. (Hrsg.). *Perspektiven der Personalbeurteilung*. Göttingen

SCHULER, H. (Hrsg.) (2001). Lehrbuch der Personalpsychologie. Göttingen: Hogrefe

SIEVERT, H. (2001). Selbstorganisiertes Lernen und Lernberatung. Neue Lernkulturen in Zeiten der Postmoderne. Neuwied

SONNTAG, K. (1996). Lernen im Unternehmen. München: C. H. Beck´sche Verlagsbuchhandlung

STATISTISCHES BUNDESAMT (Hrsg.) (2003). Verkehrsunfallstatistik, Wiesbaden

STAUDT, E.; KLEY, T. (2001): Formelles Lernen – informelles Lernen – Erfahrungslernen. In: Arbeitsgemeinschaft Qualifikations-Entwicklungs-Management (Hrsg.). *Berufliche Kompetenzentwicklung in formellen und informellen Strukturen. Schriften zur beruflichen Weiterbildung*. QUEM-Report, Heft 69, Berlin

STEYER, R. und EID, M. (2001). Messen und Testen. Berlin et al.

STRAKA, G. (Hrsg.) (2003). Zertifizierung non-formell und informell erworbener beruflicher Kompetenzen. Münster: Waxmann

TOUGH, A. (1980). Die Förderung selbstständigen individuellen Lernens. In: Thomas, H. (Hrsg.). *Lernen im Erwachsenenalter*. Frankfurt, 108-136

VOLTZ, T. (1998). Mut zur Kritik. Vorgesetzenbeurteilungen einsetzen und durchführen. Orell Füssli

WETTSTEIN, E. (1998). Überlegungen zur Theorie der Erfassung, Bewertung und Validierung von Kompetenzen bzw. Qualifikationen. Wissenschaftliche Begleitung zu CH-Q. Meilen.

WHITE, R.W. (1959). Motivation reconsidered: The concept of competence. Psychol. Rev. Bd. 66, S. 297-333

WOYKE, J.A. (2004). Projektintegrierte Kompetenzentwicklung in kleinen und mittleren Software-Produktunternehmen. ARMT Band 50, Aachen: Mainz

WUNDERER, R. / BRUCH, H. (2000). Umsetzungskompetenz: Diagnose und Förderung in Theorie und Unternehmenspraxis. Vahlen, München

ZAHN, E. (Hrsg.) (1992). Erfolg durch Kompetenz. Stuttgart: Schäffer-Poeschel Verlag

Anhang

A: Voranalysen

A1: Kompetenzdimensionen und -definitionen
A2: Internetfragebogen Arbeitnehmer- / Personalverantwortlichenbefragung
A3: Zuordnung Methoden – Kompetenzen
A4: Verfahrenskatalog

B: Unternehmensspezifische Verfahrenskonstruktion und -implementierung

B1: Fragebogen zur Generierung von Stellenanforderungen aus Sicht der Stelleninhaber
B2: Biografischer Fragebogen
B3a: Akzeptanzfragebogen für Leistungstests
B3b: Akzeptanzfragebogen für Persönlichkeitstest

C: Evaluation des Verfahrens

C1: Fragebogen zur Evaluation durch die Belegschaft
C2: Interviewleitfaden zur Evaluation durch Geschäftsführung und Betriebsrat
C3: Checkliste zur DIN 33430

D: Handlungsleitfaden betriebliche Umsetzung

D1: Handlungsleitfaden Phase 1
D2: Handlungsleitfaden Phase 3
D3: Handlungsleitfaden Phase 5
D4: Handlungsleitfaden Phase 6

Auflistung und Definitionen der generierten Kompetenzen (n=42)

Handlungskompetenz + Aktivität:

- *Mobilität*: die Bewegung von Personen aus einer sozialen Position in eine andere (insbesondere *Aufstieg* oder *Abstieg*; Status) sowie der Wechsel des Wohn- oder Arbeitsplatzes

- *Belastbarkeit (Konzentrationsfähigkeit):* die Fähigkeit, Veränderungen zu ertragen, störende Einflüsse auszugleichen und den Zustand des *Gleichgewichts* zu erhalten (Fähigkeit, sich und seine Gedanken zu konzentrieren)

- *Selbstständigkeit:* Fähigkeit, selbständig zu handeln, zu entscheiden; Eigenverantwortliches Handeln, Selbstkontrolle

- *Leistungsbereitschaft:* Motiv, Erfolg zu suchen und das Motiv, Misserfolg zu vermeiden; das leistungsmotivierte Verhalten wird durch die Faktoren Wahrscheinlichkeit des Erfolgs, Erwartung des Misserfolgs, Anreiz des Erfolgs bzw. Anreiz des Misserfolgs determiniert.

- *Kreativität:* Gefüge intellektueller und nichtintellektueller (motivationaler, einstellungs- und temperamentsmäßiger) Persönlichkeitszüge, die als Grundlage für produktive, originale, schöpferische Leistungen angesehen werden (im Sinne von Prozessen des Umordnens, Planens, Entwerfens, Erfindens, Entdeckens). Kriterien solcher Leistungen sind u.a. in der Originalität und Neuartigkeit der Problemlösung, der Offenheit und Flüssigkeit des Produktionsprozesses zu finden. Originelles Problemlöseverhalten, das zu gesellschaftlich nützlichen Resultaten führt.

- *Flexibilität:* Umstellungsfähigkeit; Bereitschaft und Fähigkeit, das Verhalten an veränderte Umstände anzupassen. Die Bereitschaft zur dauerhaften Umstellung der Persönlichkeitsstruktur. Umstellungsfähigkeit beim Problemlösen, also die Fähigkeit zum Umstrukturieren und zum Wechsel der Lerneinstellung. Das Fehlen starrer Einstellungen und Meinungen, die Bereitschaft, Vorurteile und Gesinnungen zu ändern.

- *Planungskompetenz (strategisches Denken, Zielorientierung):* Ablauforganisation zielgerichteter Aktivität

- *Organisationsfähigkeit/Selbstorganisation:* eigenständige Strukturierung und Ordnung der Prozesse in einem physikalischen, biologischen oder sozialen System. Interpretation der Umwelt an eigenen Sinn- und Deutungsmustern des eigenen Handelns und versuchen die „Realitäten" sinnstiftend so zu konstruieren und zu verändern, dass die Identität erhalten bleibt.

Personale Kompetenzen:

- *Selbstbewusstsein:* im Gegensatz zum Außenweltbewusstsein das Erleben der geschlossenen Eigenheit und Einheit des persönlichen Ich. Die Willenshaltung/Handlung der Person in Beziehung zum Geltungstrieb.

- *Identifikation (mit der Tätigkeit):* der unbewusste Vorgang der seelischen Bindung an einen anderen Menschen durch das Sich-in-ihn-Hineinversetzen, das Sich-mit-ihm-eins-Fühlen, das Ihn-Nachahmen; das Ausfüllen einer Rolle

- *Reflexionsfähigkeit:* das Sich-Zurückwenden des Denkens und des Bewusstseins auf sich selbst. Streben nach dem Wissen vom Wissen.

- *Begeisterungsfähigkeit:* Fähigkeit zu freudiger Erregung, Jubel leidenschaftl. Eifer

- *Lernbereitschaft:* beim intentionalen Lernen angenommene notwendige aber nicht ausreichende Voraussetzung für den Lernerfolg; man hat intrinsische, d.h. in der Sache bzw. in der Person selbst begründete und extrinsische, z.B. durch von außen kommende Belohnung bedingte Lernbereitschaft unterschieden.

- *Präzisionsvermögen:* Fähigkeit zu Genauigkeit, Feinheit, Exaktheit

- *Verantwortungsbewusstsein:* Sinn für Pflicht, Bereitschaft, für seine Handlungen einzustehen, ihre Folgen zu tragen; Rechtfertigung, Verteidigung; Rechenschaft

- *Moralisches Bewusstsein (Identifikation mit dem Unternehmen):* Sittlichkeit, Ehrlichkeit, Loyalität, Bindung ans Unternehmen

- *Zuverlässigkeit:* Vertrauenswürdigkeit, Versprechungen haltend, Treue; die Glaubwürdigkeit, Genauigkeit, die Wahrheit enthaltend

Fach- und Methodenkompetenz:

- *Geschicklichkeit:* derjenige komplementäre Anteil bei Leistungen, der neben den grundsätzlich erforderlichen Voraussetzungen zur bestmöglichen (geschickten) Leistungsbewältigung führt. Insbesondere Kennzeichen bei Hand und Körper (Handgeschick, Körpergeschick). → (senso-)motorische Fertigkeit, kognitive Fertigkeit, kognitive motorische Fertigkeit

- *Abstraktionsvermögen:* die Fähigkeit, z.B. beim Problemlösen, abstrakte d.h. nicht–gegenständliche Vorstellungen verwenden zu können.

- *Problemlösefähigkeit:* Problemlösen besteht im Auffinden eines vorher nicht bekannten Weges von einem gegebenen Anfangszustand zu einem gewünschten und mehr oder weniger genau bekannten Endzustand. Hauptkomponenten des Problemlösungsverhaltens sind Vorwärts- und Rückwärtsplanung. Wesentliche Anforderungen dabei sind das Umstrukturieren und die Subsumation. Das Vorgehen zur Problembewältigung gliedert sich in 6 Schritte: (1) Problembewusstsein wecken, (2) Benennung und Beschreibung des Problems, (3) Sammlung von Lösungsalternativen, (4) Treffen von Entscheidungen, (5) Verwirklichung der Entscheidung, (6) Bewertung der Entscheidung.

- *Gedächtnis (Zahlen, Namen, Gesicht, Gegenstände, Sachverhalte, Visuelles, Räumliches):* Leistungen sind hauptsächlich (1) Wiedererkennen bei Vorlage alter und neuer Elemente einer Sammlung und (2) Erinnern von Wahrnehmungen in Form von Vorstellungen durch Reproduktion in der freien Erinnerung oder nach paarweiser Assoziation; Qualität und Quantität wichtig

- *Analytisches Denkvermögen:* Fähigkeit zur Analyse eines Sachverhaltes, der dabei zergliedert und in Einzelteile zerlegt wird; Fähigkeit zu einem Urteil, das durch Zergliederung der in einem Begriff enthaltenen Merkmale gewonnen wird

- *Branchenspezifische Kenntnisse (Zeugnis und Erfahrung)*: Wissen und Fähigkeiten, *die* kennzeichnend, typisch für Geschäftszweig sind

- *Verhandlungs-strategische Kenntnisse:* umfassende Planung zur Verwirklichung von Grundvorstellungen bei geschäftlichen Verhandlungen; <allg.> *Plan zur Verwirklichung eines Ziels mittels aufeinander einwirkender dynam. Systeme*

- *Moderationskenntnisse:* Fähigkeit, eine Diskussion zu mäßigen, einzuschränken; die verbindenden Informationen u. Kommentare dazu sprechen

- *Präsentationskenntnisse:* das Präsentieren; Darbietung, Vorstellung, Zurschaustellung von Arbeitsergebnissen, Ideen usw. beherrschen

- *Formulierungssicherheit*: schriftlich und mündlich etwas problemlos in eine endgültige sprachliche Form bringen, in Worte fassen (Begriff, Vorstellung); abfassen

- *Bürowirtschaftskenntnisse:* planmäßige Tätigkeit sowie alle damit verbundenen Einrichtungen zur Erzeugung, Verteilung und Verwendung von Gütern im Büro/der Verwaltung

- *Verbale Fähigkeiten:* mündlich, durch Worte mitgeteilte Fakten in einer verständlichen Form

- *Numerische Fähigkeiten:* Zahlen betreffendes Wissen

- EDV-Kenntnisse: Fähigkeit zur Bedienung elektronischer Datenverarbeitungssysteme und deren Software

Sozial-kommunikative Kompetenzen:

- *Führungsfähigkeit:* Fähigkeit zur absichtlichen und zielbezogenen Einflussnahme. Nach klassischen Theorien von Eigenschaften wie Intelligenz oder sozialen Fähigkeiten abhängig; Führer ist als Moderator und Förderer gefragt, nicht mehr so stark als Problemlöser und Entscheider.

- *Kooperationsfähigkeit:* Fähigkeit zur Zusammenarbeit. Das Erreichen eines individuellen Ziels erhöht die Wahrscheinlichkeit, dass andere ebenfalls ein entsprechendes Ziel erreichen. Wichtige Determinanten der Kooperation sind das Fehlen differenzierender

Belohnungen für die Leistungen einzelner Gruppenmitglieder und das Vorhandensein funktionaler Interdependenz der Leistungen.

- *Fachübergreifendes Engagement:* Sich einsetzen, persönliches Bemühen, Eintreten für eine Sache aus dem Gefühl persönlicher Verantwortung über das eigentliche Aufgaben-/ Verantwortungsgebiet hinaus; die Parteinahme in politischen, gesellschaftlichen und ideologischen Auseinandersetzungen

- *Kontaktbereitschaft:* Möglichkeit und Leichtigkeit einer mitmenschlichen Beziehungsaufnahme. Unterschiede in der Kontakthaltung und –aufrechterhaltung, der –dauer, dem Schwerpunkt, der –stärke bzw. –schwäche und der Einstellung zum Kontakt.

- *Konfliktfähigkeit:* Fähigkeit, Konflikte (Widerstreit verschiedener Forderungen an dieselbe Person) zu ertragen und zu lösen

- *Teamorientierung:* sich an der Gruppe und deren Ziele orientieren, in der Gruppe arbeiten können

- *Kommunikationsfähigkeit:* Fähigkeit zur zwischenmenschlichen Kontaktaufnahme, -aufrechterhaltung und Beendigung des Kontaktes zur Informationsübertragung auf sprachliche bzw. nichtsprachliche Weise

- *Durchsetzungsfähigkeit:* Fähigkeit, sich zu behaupten/ seinen Willen geltend machen, Anerkennung erreichen (nach Widerstand)

- *Kundenorientierung:* in Richtung der Kunden handeln, sich an Kunden orientieren

- *Einfühlungsvermögen:* Nacherleben, das Sichhineinversetzen in ein fremdes Erleben, das Miterleben aufgrund der Wahrnehmung des Ausdrucks oder der Mitteilung der Erlebnisse einer anderen Person bzw. der Kenntnis ihrer seelischen Situation

- *Auftreten:* sich öffentlich zeigen; sich (auf bestimmte Weise) benehmen

Quellen:

Häcker, H. & Stapf, K. (Hrsg).(1998) Dorsch Psychologisches Wörterbuch. 13. überarbeitete und erweiterte Auflage. Bern: Verlag Hans Huber

www.wissen.de

Alter

[ ]

Geschlecht

- ☐ männlich
- ☐ weiblich

Schulabschluss

- ☐ Hauptschule
- ☐ Mittelstufe
- ☐ Abitur

Berufsbildung / Studienabschluss

- ☐ (Facharbeiter-) Ausbildung
- ☐ Meisterausbildung
- ☐ Lehre
- ☐ Studium

Unternehmensbranche

- ☐ Maschinen- / Anlagebau
- ☐ Automobilindustrie
- ☐ Textilindustrie
- ☐ Grafik / Werbung
- ☐ Banken / Sparkassen
- ☐ Chemieindustrie
- ☐ sonstiges

Unternehmensgröße (nur Personalverantwortlichenbefragung)

- ☐ 1-9 Mitarbeiter
- ☐ 10-49 Mitarbeiter
- ☐ 50-249 Mitarbeiter

☐ 250-500 Mitarbeiter

☐ > 500 Mitarbeiter

Ich bin zur Zeit

☐ erwerbstätig

☐ arbeitssuchend

Instruktion

Neben Ihren schulischen und beruflichen Qualifikationen, die Sie in der Regel über Zertifikate, Zeugnisse o.ä. nachweisen können, verfügen Sie auch über eine ganze Reihe an so genannten "informell erworbenen Kompetenzen".

Darunter sind jene Fähigkeiten und Fertigkeiten zu verstehen, die Ihnen oft selbst kaum bewusst sind und die Sie Dritten nicht explizit vorweisen können. Diese Kompetenzen zeigen sich zumeist erst in Ihrem Verhalten / Handeln in bestimmten Situationen (z.B. können Sie die Kompetenz "Überzeugungskraft" in einem Verkaufsgespräch herausstellen).

Zu den informell erworbenen Kompetenzen zählen z.B. Flexibilität, Konfliktbereitschaft, Kommunikationsfähigkeit, u. ä.

Über verschiedene Verfahren lassen sich diese Kompetenzen messen und somit offen legen.

Welche Voraussetzungen sollte Ihrer Meinung nach ein Verfahren zur Kompetenzmessung gewährleisten, damit dieses seinen Zweck erfüllt?

	stimmt überhaupt nicht	stimmt teilweise nicht	unentschieden	stimmt teilweise	stimmt völlig
durchgängige Informationen über den Ablauf der Erhebung	☐	☐	☐	☐	☐
durchgängige Transparenz des Verfahrens	☐	☐	☐	☐	☐
Vertrauliche Behandlung der erhaltenen Daten (Datenschutz)	☐	☐	☐	☐	☐
Persönliche Nutznießung aus der Kompetenzmessung	☐	☐	☐	☐	☐
Freiwilligkeit der Teilnahme	☐	☐	☐	☐	☐
zeitliche / finanzielle Ökonomie	☐	☐	☐	☐	☐
zeitnahe Verwertung der Ergebnisse	☐	☐	☐	☐	☐
Chancengleichheit zwischen den Bewerbern	☐	☐	☐	☐	☐
Rückmeldung über die Ergebnisse der Erhebung	☐	☐	☐	☐	☐
angenehme, angemessene Atmosphäre der Testsituation	☐	☐	☐	☐	☐
professioneller / sympathischer Versuchsleiter	☐	☐	☐	☐	☐
Einhalten von klassischen Gütekriterien (Objektivität, Vailidität, Reliabilität)	☐	☐	☐	☐	☐
Wahrung der Intimsphäre	☐	☐	☐	☐	☐
Bezug des Verfahrens zu der zu besetzenden Stelle	☐	☐	☐	☐	☐
ausreichende Vorbereitungsmöglichkeiten	☐	☐	☐	☐	☐

Keine Konkurrenzsituation zu anderen Teilnehmern	☐	☐	☐	☐	☐
sonstiges, und zwar					

Generell stehe ich Verfahren zur Kompetenzmessung positiv gegenüber.	stimmt überhaupt nicht	stimmt teilweise nicht	unentschieden	stimmt teilweise	stimmt völlig
	☐	☐	☐	☐	☐

Kategorisierung und Zuordnung der Kompetenzkategorien zu Verfahren / Methoden		
Kompetenzklasse (Erpenbeck & Heyse, 1999)	**Kompetenzkategorie (Bezeichnung)**	**Verfahren / Methoden**
Sozialkommunikative Kompetenzen	Einfühlungsvermögen	FEAS, ISIS, BIP, CASA (qualitatives Verfahren), OSP, GPI, SKASUK
	Kundenorientierung	SKASUK, BOT, FSK
	Kommunikationsfähigkeit	IPS, F-DUP, Call-me, 16-PF-R, ATLANTIS, BIP, DEKRA, BOT, CASA (qualitatives Verfahren)
	Teamorientierung	OSP, CASA (qualitatives Verfahren), Team-Puls, TKI, DCT, FIT, BIP
	Durchsetzungsvermögen	BIP
	Konfliktfähigkeit	IPS, AVEM (7. Subskala), CASA (qualitatives Verfahren)
	Kontaktbereitschaft	HPI-GBD, PAPI, BOT, FSK, OSP, ISIS, SKASUK, BIP
	Auftreten	Accessmentcenter-Übung: Gruppendiskussion, Darstellung eines Themas o. ä. (qualitatives Verfahren)
	Fachübergreifendes Engagement	CASA (qualitatives Verfahren)
	Kooperationsfähigkeit	DCT, MAP
	Führungsfähigkeit	OSP, MAP, ISIS, OPQ 32, FWB, CAPTAIN, BIP, BOT, CASA (qualitatives Verfahren), EM, GPI, IMC
Fach- und Methodenkompetenz	EDV-Kenntnisse	Bits & Bytes
	Numerische Fähigkeiten	BIS 4, IST-2000, RIS, NMG, BET
	Verbale Fähigkeiten	BIS 4, BIS-r-dgp, ISA, ISD 2000, VERGED, VMG, BET, IST-2000, BIS-r-GB, Linguaskill
	Bürowirtschafts-Kenntnisse	ABAT-R
	Formulierungs-Sicherheit (alle schriftliche VF)	BIS 4
	Präsentationskenntnisse	Übung zur Präsentation inkl. Videofeedback (qualitatives Verfahren)
	Moderationskenntnisse	Übung zur Moderation einer Gruppe / Konfliktmoderation (qualitatives Verfahren)
	Verhandlungsstrategische Kenntnisse	CASA (qualitatives Verfahren), FSK, OSP
	Branchenspezifische Kenntnisse (Beispiele, Auswahl)	ABLE-FA, WBT (kaufmännische Gefähigung) MTA, BET (Technisches Verständnis) A3DW, BET (räumliches Orientierungsvermögen)
	Analytisches Denkvermögen	AMT, APM, IST 2000
	Gedächtnis (Zahlen, Namen, Gesicht, Gegenstände, Sachverhalte, Visuelles, Räumliches)	VERGED, VISGED, BIS-4, CASA (qualitatives Verfahren), IST-2000
	Problemlösefähigkeit	ABLE-BDA, ATLANTIS, DISKO, F-DUP, DEKRA-Planspiel, FSYS 2.0, Home Robot, UTOPIA, Stratos-00, Robot Clinic, BIP, AVEM
	Abstraktionsvermögen	META, DISKO
	Körperliche Fitness / Geschicklichkeit	BET, CAS, DAC, TOM, SMK
Personale Kompetenzen	Zuverlässigkeit	DCT, BIP, BOT
	Moralisches Bewusstsein (Identifikation mit dem Unternehmen)	CASA (qualitatives Verfahren),
	Verantwortungsbewusstsein	BOT, FAF (Subskala)
	Präzisionsvermögen	BOT, PAPI, OPQ, OSP, AVEM, BIP
	Lernbereitschaft	ACH, BET, LMI
	Identifikation mit der Tätigkeit	AVEM (Subtest2)
	Begeisterungsfähigkeit	EOS, LMI
	Reflexionsfähigkeit	SKASUK, SAM, DCT, FERUS, AVEM, BIP
	Selbstbewusstsein	FSK, BIP, AVEM
Aktivitäts- und Handlungskompetenz	Organisationsfähigkeit (Selbstorganisation)	DEKRA, Chronos, MArP, PC-Office,PC-Postkorb, BIP
	Planungskompetenz (strategisches Denken, Zielorientierung)	ILICA, BIP, FAT (Subskala), Subtest von AHA, CASA (qualitativ), Chronus, GPI, LMI
	Flexibilität	PAPI, BIP, 16-PF-R, Jobfidence, F-DUP, FSK, LMI, HPI-6BD, OSP, IPS, UGTS
	Kreativität	BIS-4, GPI, IST-2000 (nur für fluide intelligenz!), BIP
	Leistungsbereitschaft	LMI, OSM, Jobfidence, IMC, MMG, OMT, AVEM (Subskala 3), BIP, GPI, HPI-GBD, PAPI, SKASUK
	Selbstständigkeit	EOS, CASA (qualitativ), BIP, LMI, GPI
	Belastbarkeit (Konzentratiosnfähigkeit)	FAKT, KLB-R, LVT, TOM, DAC, BIP, BOT, SIGNAL, Jobfidence, DETECTION, ALS, COG, d2, DAT, DAUF, FAIR, INKA, MAP, SBUS-B, AHA (Subtest), AVEM
	Mobilität	MOB-BG

	Name	ISIS	BIP	CASA
	Durchführung	Darbietung von Situationsschilderungen in Text-, Audio- und Videoformat. Getestete wählen Antwort aus 4 Antwortmöglichkeiten aus.	Im Fragebogen befinden sich Hinweise zur Bearbeitung. Einzel- & Gruppentestung möglich.	Bearbeitung der Testbausteine ausschließlich am Computer. Einzel- & Gruppentestung möglich.
	Dimension	Einfühlungsvermögen Führungskompetenz Kontaktmotivation	Einfühlungsvermögen Kommunikationsfähigkeit Teamorientierung Führungsfähigkeit Zuverlässigkeit Selbstbewusstsein (evtl. Aktivitätskomp.) Planungskompetenz (strategisches Zielorientierung) Flexibilität Leistungsbereitschaft Selbstständigkeit Belastbarkeit (Konzen-trationsfähigkeit)	Einfühlungsvermögen Kommunikationsfähigkeit Teamorientierung Konfliktfähigkeit Fachübergreifendes Engagement Führungsfähigkeit Verhandlungsstrategische Kenntnisse Gedächtnis (Zahlen, Namen, Gesicht, Gegenstände, Sachverhalte, Visuelles, Räumliches) Moralisches Bewusstsein (Identifikation mit dem Unternehmen Planungskompetenz (strategisches Denken, Zielorientierung) Selbstständigkeit
Gütekriterien	Validität	Validität: N= 34 Hochschulabsolventen während eines eintätigen ACs. Korrelation: Gesamt AC- ISIS = .34	Kriteriumsvaliditäten zwischen .22 und .48 Zusammenhang Selbst-/ Fremdbild= .24 - .49	Multivariate Wilks' Lambda = .41 Weitere Infos zur Validierung im Validierungshandbuch
	Reliabilität	Keine Angabe	Retestreliabilität = .77 - .87 Interne Konsistenz = .75 - .92	/
	Normierung	Für 202 Führungskräfte aus dem Versicherungsbereich.	Verschiedene Normgruppen vorhanden Gesamt N = 5354 Wahlweise 9- oder 10- stufige Normierung	Entweder Standard-Normstichprobe oder eigene unternehmens-spezifische Normen
	Objektivität	Keine Angabe	Testmanual mit umfassenden Hinweisen und Hilfestellungen vorhanden	Automatisierte Durchführung und Auswertung
	Kosten	ca. 76 € pro Einsatz/Person	382 € - Papier-version; 1779 € - PC-Version	Jedes der 8 Module 997 €
	Zeit	60-90 Min	45 Min + 20 Min Auswertung.	Je nach Modul 15 - 90 Min
	Akzeptanz	Wird als benutzer-freundlich und alltagsnah ein-geschätzt.	Hohe soziale Validität	Keine Angabe
	Fremd-/ Selbst-einschätzung	Fremdeinschätzung	Selbsteinschätzung- Fremdbildfragebo-gen vorhanden-Abgleich zwischen Selbst- und Fremdbild möglich.	Je nach Subtest Selbsteinschätzung oder Fremdeinschätzung
	Durchführende Person	Aufgrund notwendiger Rücksprache nur durch Experten (Psychologe/Berater) administrierbar	Durchführung und Ergebnisrückmeldung durch Psychologen oder geschulte Personalfachleute (Schulungen werden angeboten) wird als sinnvoll erachtet.	Testverfahren > Keine Vorkenntnisse zur Durchführung. Interpretation benötigt psychologisches Hintergrundwissen > Schulungen.

	Name	OSP	GPI	SKASUK	BOT
Gütekriterien	Durchführung	Schriftliches Ankreuzen auf vierstufiger Ratingskala Auswahl von Subtests möglich.	Einzel- & Gruppentestung möglich.	Computertest (ELIGO) Einzel- & Gruppentestung möglich.	Einzel- & Gruppentestung möglich. Nicht in Einzelskalen zerlegbar. Ausgefüllte Antwortbögen müssen an das Scoring Center geschickt werden
	Dimension	Einfühlungsvermögen Teamorientierung Kontaktmotivation Verhandlungs-strategische Kenntnisse Präzisionsvermögen (Details) Flexibilität	Einfühlungsvermögen Führungsfähigkeit Planungskompetenz (strategisches Denken, Zielorientierung) Kreativität Leistungsbereitschaft Selbstständigkeit	Einfühlungsvermögen Kundenorientierung Kontaktmotivation Reflexionsfähigkeit Leistungsbereitschaft	Kundenorientierung Kommunikations-fähigkeit Kontaktmotivation Führungsfähigkeit Zuverlässigkeit Verantwortungs-bewusstsein Präzisionsvermögen (Details) Belastbarkeit (Konzentrationsfähigkeit)
	Validität	Signifikante Korrelation Vorgesetzter- Beobachter für 9 der 13 Skalen = .19 - .55.	Hohe Konstruktvalidität (Bis .56)	Wird zur Zeit untersucht	Korreliert mit dem deutschen CPI mit peer ratings, und mit Messung der Arbeitsleistung
	Reliabilität	Interne Konsistenz = .58 - .72 Profilreliabilität = .65	Interne Konsistenz = .7 - . 8	Interne Konsistenz = .50 - .84	Interne Konsistenz = .71 - .89 Retestreliabilität = .77 - .85
	Normierung	Verschiedene Normgruppen vorhanden	Normtabellen für unterschiedliche Länder vorhanden	Normierung vorhanden	Alters- und Berufsgruppennormen
	Objektivität	Instruktionen liegen in schriftlicher Form vor. Computerauswertung	Auswertung kann elektronisch erfolgen	Maximale Objektivität	/
	Kosten	150 € 50 € ab der zweiten Faxauswertung	?	32 € pro Vor-gabe	ca. 66 €
	Zeit	Ca. 30 Min	Ca. 45 Min	20 Min	25 Min.
	Akzeptanz	Keine Angabe	Keine Angabe	Keine Angabe	Keine Angabe
	Fremd-/ Selbst-einschätzung	Selbsteinschätzung	Selbsteinschätzung	Selbsteinschätzung	Selbsteinschätzung
	Durchführende Person	Instruktionen liegen in schriftlicher Form vor. Computerauswertung Hilfskraft kann Auswertung vornehmen	Spezielle PDI Consultant Zertifizierung	Betreuung kann durch Nicht- Psychologen erfolgen	Durchführung kann durch Nicht- Psychologen erfolgen

	Name	FSK	IPS	F-DUP	Call- me
	Durchführung	Computerversion oder Paper & Pencil Version	Computerversion oder Paper & Pencil Version	7 - seitiges Testheft mit Instruktionen und 54 Testitems. Auswertung PC basiert oder mit Schablone. Kurz- und Langform.	Eigenschaften einer Arbeitsprobe: Animationen Tonaufnahmen, etc. Bedienen von Programmoberflächen, lernen von Shortcurts, Bearbeiten von
	Dimension	Kundenorientierung: Kontaktmotivation Verhandlungs-strategische Kenntnisse Selbstbewusstsein (evtl. Aktivitätskomp.)	Kommunikations-fähigkeit Konfliktfähigkeit Flexibilität	Kommunikations-fähigkeit Problemlösefähigkeit Flexibilität	Kommunikations-fähigkeit
Gütekriterien	Validität	Konkurrente und prognostische Validitätskoeffizienten von .33 bis .67 Konstruktvalidität: Hohe konvergente Validität,	Gute Konstruktvalidität	Persönlichkeitsmerk male korrelieren weinig miteinander r < .30	Inhaltsvalide, da entwickelt in Zusammenarbeit mit Experten.
	Reliabilität	/	Interne Konsistenz: .71 - .91	Interne Konsistenz: .59 - .77	Interne Konsistenz: 69. - .98
	Normierung	/	Bezug auf die Skalenwerte. Andererseits können die erstellten Referenzprofile als Normen benutzt werden.	Zur Einordnung einzelner Testwerte: Wertebereiche von "Unternehmerisches Potential - vorhanden, entwickelbar oder nicht vorhanden"	Vorhanden für Call Center
	Objektivität	Hohe Durchführungs-, Auswertungs- und Interpretationsvalidität durch vollständig standardisierte schriftliche Durchführung, Auswertung.	Durchführungs - und Auswertungsobjekti vität gewährleistet.	/	/
	Kosten	Einzel-anwendung 75 € Lizenz auf Anfrage	P & P: 122 € PC: 263 - 526 €	25 € > begrenzte Testanwendun-gen.	350
	Zeit	15 - 20 Min.	15 - 20 Min.	20 - 30 Min. Langform; 10 - 15	Ca. 60 Min
	Akzeptanz	Keine Angabe	Hohe Akzeptanz	Keine Angabe	Hohe Akzeptanz
	Fremd-/ Selbst-einschätzung	Selbsteinschätzung	Selbsteinschätzung	Selbsteinschätzung	Fremdeinschätzung
	Durchführende Person	Durchführung kann durch Nicht-Psychologen erfolgen Selbstadministration	Detaillierte Auswertung & Rückmeldung durch Psychologe	Keine Angabe	Betreuung kann durch Nicht- Psychologen erfolgen

Gütekriterien	Name	16 _ PFR	Atlantis	DEKRA	Team-puls
	Durchführung	mit 2 Polaritäten-Reduzierung auf 5 Globalfaktoren: Normgebundenheit, Belastbarkeit, Unabhängigkeit, Entschlussbereitschaft, Kontaktbereitschaft.	Computersimulation zur Messung von Problemlösefähigkeiten. Mehrere Problemepisoden, nicht separat verwendbar.	Computerbasiertes Planspiel Keine Subtests möglich Einzel- oder Gruppentestung	Fragebogen mit zentraler Auswertung. Keine Subskalen Paper & Pencil oder online Version
	Dimension	Kommunikations-fähigkeit Flexibilität	Kommunikations-fähigkeit Problemlösefähigkeit	Kommunikations-fähigkeit Problemlöse-fähigkeit Organisations-fähigkeit (Selbstorgani-sation)	Teamorientierung
	Validität	vorhanden, da Beziehung zu anderen multidimensionellen Persönlichkeitstests	können auf dieses Verfahren aufgrund seines situativen Charakters nicht	Noch keine Ergebnisse	Das Verfahren besitzt inhalts- logische Gültigkeit.
	Reliabilität	/		Noch keine Ergebnisse	Interne Konsistenz: .84 - . 96
	Normierung	Nach Geschlecht und Alter		Vergleich mit "best practice" Ergebnissen, die Ergebnisse können hinsichtlich Gesamtbewertung und Teilergebnissen verglichen werden.	Referenzwerte in Form von Prozentrang- Werten. Normen für Unternehmen unterschiedlicher Größe aus Industrie und Dienstleistung.
	Objektivität	/		Noch keine Ergebnisse	Durchführungsobjektivität ist gewährleistet durch Fragebogenform, schriftliche Instruktion und die Anonymität der einzelnen Teammitglieder. Auswertungsobjektivität ist gewährleistet durch die zentrale Datenauswertung.
	Kosten		313 € Installation, 137 € pro An-wen-dung	Einzellizenz: 101 € Schullizenz: 203€	Online oder Papier Fragebogen: 102 € Für jedes weitere Teammitglied
	Zeit	Testdauer 7 Minuten.	75 - 90 Min.	Ca. 4 Std.	Ca. 15 Min.
	Akzeptanz		routinemäßig in Personalabteilungen angewendet	Keine Angabe	Keine Angabe
	Fremd-/ Selbst-einschätzung		Fremdeinschätzung	Fremdeinschätzung	Selbsteinschätzung
	Durchführende Person	Kann von Nicht-Psychologen durchgeführt werden.	Auswertung durch Psychologen.	Keine Psychologen für Analyse notwendig	Keine Psychologen für Durchführung notwendig

	Name	TKI	DCT	FIT	AVEM
	Durchführung	Fragebogen , Einzeltest/ Angabe Gruppentest, per (elektronische) Post möglich. Computergestützte Auswertung.	Computersimulation und Fragebogen zur Selbsteinschätzung in Teamarbeitsberufe in Luftfahrt und Industrie. Zwei vernetzte PCs Ergebnisrückmeldung am PC oder als Ausdruck	Paper & Pencil Fragebogen mit 6-stufiger Antwortskala	Paper & Pencil & Computerversion Ergebnisrückmeldung in Form der Skalenwerte und der Wahrscheinlichkeitsangaben. Auswertung per Hand oder computerbasiert. Subskalen möglich
	Dimension	Teamorientierung	Teamorientierung Zuverlässigkeit Reflexionsfähigkeit	Teamorientierung	Konfliktfähigkeit Begeisterungsfähigkeit / Identifikation mit der Tätigkeit Leistungsbereitschaft
	Validität	zur geforderten 4-Faktorenstruktur. Übereinstimmung auch zwischen Selbst- und	Erste Studien belegen prognostische Validität.	zwischen Selbst- und Fremdbeurteilung: .38 - .42	Hypothesenkonforme Zusammenhänge
Gütekriterien	Reliabilität	.89 Interrater-übereinstimmung: .90 - .96	Halbtestreliabilität: .54 - .93 Interrater-übereinstimmung: .62- .92	Interne Konsistenz: .74 - . 84	Interne Konsistenz: .78- .87 Split-half-reliabilität: .76 - .90
	Normierung	Normen liegen vor für Arbeitsgruppen aus verschiedenen Bereichen.	Verschiedene Vergleichsstichproben (N= 1842) aus Bewerbungssituationen	/	Normen für unterschiedliche Berufsgruppen
	Objektivität	Durch die computergestützte Auswertung= Auswertungsobjektivitä t	/	/	/
	Kosten	157	Nach Absprache	20 Fragebögen: 25 €	167 € P & P Version
	Zeit	15 Min.	45 - 60 Min.	4 - 7 Min.	Keine Angabe
	Akzeptanz	Allgemein-verständlich für die Befragten	Keine Angabe	Keine Angabe	Keine Angabe
	Fremd-/ Selbst-einschätzung	Selbsteinschätzung	Selbst- und Beobachtungseinschätzung sbogen vorhanden	Selbsteinschätzung	Selbsteinschätzung
	Durchführende Person	Keine Psychologen für Durchführung notwendig	Ein bis zwei Beobachter nötig.	Nach entsprechender Einweisung: keine Psychologen für Durchführung notwendig	Auswertung und Beratung durch Psychologen.

	Name	HPI - 6BD	PAPI	DCT	MAP
Gütekriterien	Durchführung	Gruppen- / und Einzeltestung Papier & Pencil Version / Computerversion	Gruppen- /und Einzeltestung Papier & Pencil/ Computerversion Es können Idealwerte angegeben werden, die als Benchmark bei der Personalauswahl dienen können.	Computersimulation, welche über Tastatureingaben gesteuert wird. Informationsvorgabe über Bildschirm. Fragebogen zur Selbsteinschätzung.	Ökonomische Durchführung bezüglich Testleiter- als auch Probandenzeit. Einweisung durch Testleiter dauert ca. 2 Min. Bearbeitung ca. 20 Min. Auswertung und Ergebnisdarstellung vollautomatisch. Papier & Pencil / Computerversion
	Dimension	Kontaktmotivation Flexibilität Leistungsbereitsc haft	Kontaktmotivation Präzisionsvermögen (Details) Flexibilität Leistungsbereitschaft	Kooperationsfähigkeit	Kooperationsfähigkeit
	Validität	konstruktverwand ten Tests weisen auf gute Validität hin.	Papi Faktoren- Bewertungen durch Manager: .29 - .42, Faktoranalyse zur Konstruktvalidität: 7 Faktoren mit Eigenwert > 1	Erste Studien belegen prognostische Validität.	dem Einkommen. Diskriminationsfähigkeit zwischen "Hochverdienern" und "Niedrigverdienern"
	Reliabilität	Interne Konsistenz: .82 - .94	Interne Konsistenz: .71- .89 Test- Retest-Reliabilität: "im akzeptablen Bereich"	Split- half: .54 - .93 Interrater: .62 - .92	Split- half-.: .65 und . 86
	Normierung	Gesamt, geschlechts- und altersgetrennte Normgruppen.	Unterschiedliche Positionen, geschlechtsspezifisch, 45 Normgruppen für 11 Länder.	Alter, Schulbildung, berufliche Erfahrung.	Alter, Bereich, Position
	Objektivität	/	/	/	Maximale Objektivität durch einfache Instruktion, und ausschließliche Computerauswertung.
	Kosten	50 € P & P Version Computer-version auf Anfrage	Jährliche Lizenz, Bei Abnahme übers Web, 20€ pro Zugang.	Keine Angabe	700 DM (bzw. 1369 €) ???
	Zeit	10 - 15 Min.	Ca. 15 Min.	45 - 60 Min.	20 - 25 Min.
	Akzeptanz	Keine Angabe		Keine Angabe	Hohe Akzeptanz der Ergebnisse bei Probanden
	Fremd-/ Selbst-einschätzung	Selbsteinschätzun g	Selbst-einschätzung	Strukturierte Selbst- und Beobachtungsein-schätzungsbögen vorhanden	Selbsteinschätzung
	Durchführende Person	Keine Angabe	Kann von geschultem Personal durchgeführt werden.	Ein bis zwei Beobachter nötig.	Durchführung kann durch Nicht-Psychologen erfolgen.

	Name	OPQ 32	CAPTain	IMC	Bits & Bytes
Gütekriterien	Durchführung	Subtests: Einzelne Skalen können unabhängig voneinander benutzt werden, Einzel- oder Gruppentestung.	Keine Subtests möglich. Computergestütztes Verfahren. Viele verschiedene Sprachen.	Probanden müssen entscheiden, welche Aussagen zu bestimmten Bildern zutreffen. Subtests nicht sinnvoll.	Computerbasiertes Verfahren
	Dimension	Führungsfähigkeit Präzisionsvermögen (Details)	Führungsfähigkeit	Führungsfähigkeit Leistungsbereitschaft	EDV Kenntnisse
	Validität	Signifikante Korrelationen zwischen Selbsteinschätzung und Vorgesetzteneinschätzung.	Validierung- hohe Korrelation inhaltlich ähnlicher Skalen. Durchschnittliche Korrelation zwischen Vorgesetzten- und	Kriteriumsvalidität: .54 - . 68.	Inhaltliche Validität: Hoch durch strikte Ausrichtung an branchenspezifischen Kompetenzen.
	Reliabilität	Interne Konsistenz: .63 - . 87	Mittelwert der Test- Retest-Reliabilität liegt bei . 64	.77 - .94, Trennschärfe der Items: .44, zeitliche Stabilität: r= .67 - .77	Interne Konsistenz: .57 - .81
	Normierung	Für Trainees, Mitarbeiter, und berufserfahrenen Manager.	Statt Normen unternehmens-spezifisches Anforderungsprofil.	Nicht vorhanden	Erste Normierung vorhanden, weitere Untersuchungen laufen.
	Objektivität	Hohe Durchführungs- und Auswertungsobjektivität	Höchstmaß an Durchführungs- und Auswertungsobjektivität aufgrund des computergestützten Verfahrens.	Bei rein formeller Auswertung gegeben.	Durch computerbasiertes Verfahren hohe Objektivität.
	Kosten	Pro Durchführung 50 - 150 €	Testung : 102 - 204 €, Ab 10 Testungen Mengenrabatt.	Auf Nachfrage	25- 50 € pro Anwendung.
	Zeit	Ca. 50 . 70 Min.	45 Min. Test-abnahme 15 - 30 Min. Interpretation	20 - 30 Min. Langform; 10 - 15 Min Kurzform	Vorauswahl: ca. 30 Min. Hauptauswahl ca. 90 Min.
	Akzeptanz	Hohe Akzeptanz	Keine Angabe	Keine Angabe	Hohe Akzeptanz
	Fremd-/ Selbst-einschätzung	Selbsteinschätzung	Forced Choice	Semiprojektiver Assoziationstest	/
	Durchführende Person	Anwenderlizenz	Keine Angabe	Auch durch Nicht-Psychologen	Keine Angabe

	Name	BIS- 4	IST- 2000	RIS	BET
	Durchführung	Gruppen - und Einzeltestung Kurzform möglich Computerbasierte Auswertung möglich	Kurzform möglich Einsatz einzelner Aufgabengruppen ist in Ausnahmefällen möglich, wird aber nicht empfohlen. Einzel- Gruppentestung,	Teil von ELIGO Keine Subtests Computerbasiert	Einzel- oder Gruppentestung
	Dimension	Numerische Fähigkeiten Verbale Fähigkeiten Formulierungs-sicherheit (alle schriftliche VF) Gedächtnis (Zahlen, Namen, Gesicht, Gegenstände, Sachverhalte, Visuelles, Räumliches) Kreativität	Numerische Fähigkeiten Verbale Fähigkeiten Analytisches Denkvermögen Gedächtnis (Zahlen, Namen, Gesicht, Gegenstände, Sachverhalte, Visuelles, Räumliches) Kreativität	Numerische Fähigkeiten	Numerische Fähigkeiten Verbale Fähigkeiten Körperliche Fitness / Geschicklichkeit Lernbereitschaft
Gütekriterien	Validität	Hohe Korrelation mit HAWIE- R	Subskalen Korrelationen mit HAWIE - R: Zwischen .30 - .48.	Gültigkeit in Bezug auf Reasoning nach Thurstone.	Validität (IHK Abschlussprüfung und/ oder innerbetriebliche
	Reliabilität	Split- Half, bzw. Alpha: .74 und .90	Interne Konsistenz: .82 - .97	Aufgrund der Geltung des Modells von Rasch gegeben.	Test - Retest: .88 - .93
	Normierung	Altersnormen für 16 - 19 jährige.	Rohwerte, Standartwerte, Prozentrangwerte, Alter, Bildung	Prozentränge und T-Werte	Anforderungsprofile für 68 Berufe
	Objektivität	Bei sachgemäßer Anwendung, mit geringen Einschränkungen.	/	/	Hohe Durchführungs- und Auswertungsobjektivität
	Kosten	Komplett: 347 €	Ein Testsatz: 75 €	7 Jahres Lizenz: 410 €	Je nach Umfang und Version zwischen 28 und 203 €
	Zeit	130 Min. + Pausen. 45 Min. bei Kurzform	Grundmodul, 2 1/2 Std. beim Komplett-	20 - 50 Min.	Ca. 90 Min.
	Akzeptanz	Keine Angabe	Keine Angabe	Keine Angabe	Keine Angabe
	Fremd-/ Selbst-einschätzung	Fremdeinschätzung	Fremdeinschätzung	Fremdeinschätzung	Fremdeinschätzung
	Durchführende Person	Testleiter muss vertraut mit der Durchführung sein.	Keine Angabe	Keine Angabe	Geschulte und eingearbeitete Mitarbeiter

	Name	BIS- R- DGP	ISA	Verged	Lingua-skill
Gütekriterien	Durchführung	Einzel- oder Gruppentestung	Paper & Pencil und Computerversion erhältlich Einzel- oder Gruppentestung	Adaptives Testverfahren: Itemschwierigkeit wird an das Niveau des Getesteten angepasst.	Adaptiver, interaktiver PC gestützter Sprachanwendun gstest für Nicht-Muttersprachler.
	Dimension	Verbale Fähigkeiten	Verbale Fähigkeiten	Verbale Fähigkeiten: Gedächtnis Gedächtnis (Zahlen, Namen, Gesicht, Gegenstände, Sachverhalte, Visuelles, Räumliches)	Verbale Fähigkeiten
	Validität	Explorative Faktorenanalyse	mit Raven & Standard Progressive Matrices	auf der eigens expliziten Konstruktrationals erstellt. Durch	sind nach einer internen Logit Skala mit einem Wertebereich von
	Reliabilität	Interne Konsistenz: .73- .89	Reliabilität für den Gesamttest: .97	Erste drei Subtests:.60, .80, .85	sind nach einer internen Logit Skala mit einem Wertebereich von
	Normierung	Umfangreiche Normierungsstichprobe. Extrapolierte Werte für die Altersjahrgänge zwischen 17 und 32 Jahren.	Verschiedene Schultypen, verschiedene Altersgruppen	Maximum-likelihood geschätzte Theta Werte und zugehörige Prozentrangwerte.	Keine, da kriterienorientiert er Test
	Objektivität	Hochgradig standardisiert, Durchführung ausschliesslich durch geschultes Fachpersonal.	Durchführungs-, Auswertungs- und Interpretationsobj ektivität ist gegeben.	Instruktion und Testdarbietung sind standardisiert und computerbasiert. Daher hohe Durchführungs- und Auswertungsobjekt ivität	/
	Kosten	Variieren in Abhängigkeit von Gruppengröße. Bsp.: Bei 11 Personen. 51 € pro Person alles inklusive.	Manual: 25 €, Testheft: 6 €, Antwortbogen: 1 €.	7 Jahres Lizenz: 980 €	Grundpreis: 184 €
	Zeit	Ca. 4 1/2 Std. Langform, ca. 2 Std Kurzform	Ca. 110 Min	Ca. 15 Min.	Ca. 70 Min
	Akzeptanz	Keine Angabe	bare Anzahl der Aufgaben-gruppen erlaubt	Keine Angabe	Keine Angabe
	Fremd-/ Selbst-einschätzung	Fremdeinschätzung	Fremdeinschätzun g	Fremdeinschätzun g	Fremdeinschätzu ng
	Durchführende Person	Ausschließlich Mitarbeiter der Deutschen Gesellschaft für Personalwesen.	Kann durch geschultes Personal durchgeführt werden.	Keine Angabe	Computergestützt es Testverfahren

	Name	Abat- R	Able- Fa	WBT	MTA	A3DW
	Durchführung	Einzel- oder Gruppentestung	Englisch/ NL/ Franz.	2 Parallelformen Subtests Gruppen- oder Einzeltest	Adaptiver computergest ützter Test	Eindimensionaler adaptiver Rasch homogener Computertest.
	Dimension	Bürowirtschaftskenntnisse				
Gütekriterien	Validität	wichtigsten Anforderungsmerkmale für Bürotätigkeiten erhoben. Deshalb kann von inhaltlicher Validität	Correlation with other relational tests supports construct validity	Kriteriumsvalidität: . 34	Korrelation Bewertung - Testergebnis: .41 (p= .007)	Konvergente und diskriminate Validität gegeben.
Gütekriterien	Reliabilität	Paralleltest: .79 Test- Retest: .83	.82	Interne Konsistenz und Retest: .79 - .87	Konsistenz: gegeben durch Rasch Modell Odd- even: .86	Interne Konsistenz ist laut Rasch Mdell gegeben. Retest: .61
Gütekriterien	Normierung	4 Altersgruppen, Rehabilitanden, Schüler	British/ Belgium	Deutschland, Österreich, Schweiz Verschiedene Schulbildungen	Berufe mit und ohne techn. Verständnis	Schulformen, Geschlecht, Alter. Normen gelten für Österreich, Untersuchungen haben gezeigt, dass diese auch für D benutzt werden
Gütekriterien	Objektivität	Vollständig	/	Durchführungs- und Auswertungsobjektivität	Maximale Objektivität	Ist durch Computertestung gegeben.
Gütekriterien	Kosten	Ca. 84	18 - 93	50	7 - Jahres Lizenz: 830	7 - Jahres Lizenz: 1030
Gütekriterien	Zeit	Ca. 45 Min	Keine Angabe	25 - 45 Min.	20 - 30 Min.	15 - 30 Min.
Gütekriterien	Akzeptanz	Keine Angabe	Keine Angabe	Keine Angabe	Keine Angabe	Keine Angabe
Gütekriterien	Fremd-/ Selbst-einschätzung	Fremdeinschätzung	Fremdeinschätzung	Fremdeinschätzung	/	Fremdeinschätzung
Gütekriterien	Durchführende Person	Hilfskräfte	Keine Angabe	Nicht- Psychologen	Keine Angabe	Geschulte Testanwender

	Name	AMT	APM	VISGED	ABLE- BDA
Gütekriterien	Durchführung	Computergestütztes Verfahren. Sprachfrei - culture fair	Einzel- oder Gruppentestung Ohne Zeitdruck konzipierte Items	Computergestütztes Verfahren Subtests: Screening, Standard, Precision	Englisch/ NL/ Franz.
	Dimension	Analytisches Denkvermögen	Analytisches Denkvermögen	Gedächtnis (Zahlen, Namen, Gesicht, Gegenstände, Sachverhalte, Visuelles, Räumliches)	Problemlösefähigkeit
	Validität	Noch keine Ergebnisse	Mittlere Korrelationen mit anderen Intelligenztests.	Basis eines expliziten Konstruktionsrationals erstellt.	BDA can predict sucess in competences related to reasoning skills
	Reliabilität	S1: .60, S2: .80, S3: .85	Konsistenz: .69 - .88 Split Half: .67 - .95 Retest:	Unterschiedliche Testvarianten mit	calculating alpha is homogenity, which is not the case for this test.
	Normierung	Maximum-likelihood geschätzte Werte und zugehörige Prozentrangwerte.	Klassenstufen, Berufsgruppen, 19 - 60 jährige: nur für Studenten (Deutsch Normen) Ansonsten	Maximum- likelihood geschätzte Werte und zugehörige Prozentrangwerte.	British/ Belgium
	Objektivität	Durchführungs-, Auswertungs- und Interpretationsobjektivität ist gegeben.	/	/	/
	Kosten	7 - Jahres Lizenz: 1030	Ca. 100	7 - Jahres Lizenz: 1920	223
	Zeit	25- 45 Min.	Ca. 50 Min	Ca. 15 Min.	40 Min.
	Akzeptanz	Keine Angabe	Keine Angabe	Keine Angabe	Keine Angabe
	Fremd-/ Selbst-einschätzung	Fremdeinschätzung	Fremdeinschätzung	Fremdeinschätzung	Fremdeinschätzung
	Durchführende Person	Nicht- Psychologen, Auswertung durch Psychologen	Nicht-Psychologen	Keine Angabe	Keine Angabe

	Name	Disko	FSYS 2.0	HomeRobot	Utopia
	Durchführung	Einzel- und Gruppentestung Computergestütztes Verfahren spezielle Gruppenversionen	Einzel- und Gruppentestung (Wenn jeder Teilnehmer einen PC zur Verfügung hat) Computergestütztes Verfahren	Unternehmens-simulation	Computergestütztes Verfahren
	Dimension	Problemlösefähigkeit Abstraktionsvermögen	Problemlösefähigkeit	Problemlöse-fähigkeit	Problemlösefähigkeit
Gütekriterien	Validität	Korrelation Vorgesetzten Bewertung: .26 - .44	t: Gesamtlösungsgüte/ Detailskalen-Intelligenz .30 - .	Auf Anfrage	Positive Korrelationen mit Vorgesetztenbeurtei-lungen
	Reliabilität	Paralleltest: . 53 - .63 Retest: . 83 - .88	Paralleltest: . 50 .80		/
	Normierung	Managementtätigkeiten Fach- & Führungskräfte-nachwuchs Forschungs -und Entwicklungstätigkeiten	Prozentrangnormen für alle FSYS Skalen, Nachwuchsakademiker aller Fachrichtungen.		Hochschulabsolven-ten, Führungskräfte-nachwuchs, mittleres Management
	Objektivität	Durch komplette Computerdurchführung und - auswertjung hohe Durchführungs-, Auswertungs- und Interpretationsobjektivität	/		/
	Kosten	Dauerlizenz: 4000	Pro Durchführung 30 €	2556	50
	Zeit	Ca. 60 min.	Ca. 2Std	Ca. 2 Std.	Ca. 90 Min.
	Akzeptanz	Keine Angabe	Keine Angabe		Keine Angabe
	Fremd-/ Selbst-einschätzung	Fremdeinschätzung	Fremdeinschätzung	Fremdeinschät-zung	Fremdeinschätzung
	Durchführende Person	Selbstadministration unter Aufsicht.	Nicht-Psychologen	Nicht-Psychologen	Psychologen, Personalentwickler

	Name	STRATOS- 00	Robo Clinic	META	CAS
	Durchführung	Computergestützte Simulation	Unternehmenssimulation Gruppentestung	Computertest	Pilotenselektions-system
	Dimension	Problemlösefähigkeit	Problemlösefähigkeit	Abstraktionsvermögen	Körperliche Fitness / Geschicklichkeit
	Validität	können keine klassischen Gütekriterien bestimmt werden.	Durch den realitätsnahen Charakter = hohe inhaltliche Validität	Konstruktvalidität konnte nachgewiesen werden	Interne Konsistenz. .80 - .90
Gütekriterien	Reliabilität		/	Interne Konsistenz gegeben durch Rasch Modell	Gute prädiktive Validität
	Normierung		Normstichprobe: 137 Personen aus dem mittleren Management.	T- Werte und Prozentränge	Testgütekriterien und Normen werden einzeln für die Bewerberpopulation ermittelt.
	Objektivität		Durchführungs- und Auswertungsobjektivität	Maximale Objektivität da normierter Computertest	/
	Kosten	313 + 127 pro Auswertung	2256	7- Jahres Lizenz: 410	93 000- 153.389
	Zeit	25 - 60 Min.	1,5 Std.	Ca. 60 Min	Keine Angabe
	Akzeptanz	Keine Angabe	Keine Angabe	Keine Angabe	Keine Angabe
	Fremd-/ Selbst-einschätzung	Fremdeinschätzung	Fremdeinschätzung	Fremdeinschätzung	Fremdeinschätzung
	Durchführende Person	Nicht- Psychologen, Auswertung durch Psychologen	Nicht- Psychologen	Keine Angabe	Keine Angabe

Gütekriterien	Name	DAC	TOM	SMK	LMI
	Durchführung	Computersimulation für operationelle Berufe in Luftfahrt und Flugsicherung	Trackingsimulator für Luftfahrtberufe Einzel- und Gruppentestung	Computertest, speziellem Panel mit Steuerungshebeln und Fußpedalen	Einzel- und Gruppentestung Ohne Zeitbegrenzung Kurzversion
	Dimension	Körperliche Fitness / Geschicklichkeit Belastbarkeit (Konzentrationsfähi gkeit)	Körperliche Fitness / Geschicklichkeit Belastbarkeit (Konzentrationsfähi gkeit)	Körperliche Fitness / Geschicklichkeit	Lernbereitschaft Begeisterungsfähigkei t / Identifikation mit der Tätigkeit Planungskompetenz (strategisches Denken, Zielorientierung) Flexibilität Leistungsbereitschaft Selbstständigkeit
	Validität	Prognostische Validität belegt durch Studien.	Kriterienbezogene Validität: .23 - .32	che Analysen weisen auf konvergente und diskriminante	Korrelationen zu allgemeineren Persönlichkeitsmerkm alen
	Reliabilität	Interne Konsistenz: . 83	Interne Konsistenz: . 84	Alle Skalen haben eine int. Konsistenz von min. .90	Interne Konsistenz: .64 - .90
	Normierung	18 - 35 Jahre	verschiedene Vergleichsproben von Bewerbern für Verkehrsflugzeugfü hrer Stellen	Vergleiche sind möglich für Alter und Bildung.	Geschlecht, verschiedene Bildungs und Berufsgruppen.
	Objektivität	/	/	Normierter Computertest - maximale Objektivität	Unter der Berücksichtigung der Anweisungen für Durchführung, Auswertung und Interpretation.
	Kosten	Nach Absprache	Nach Absprache	7- Jahres Lizenz: 1060	10 Fragebögen: 167
	Zeit	60 Min.	Ca. 50 Min	Ca. 1 Std.	30 - 40 Min., Kurzversion 10Min.
	Akzeptanz	Keine Angabe	Keine Angabe	Keine Angabe	Keine Angabe
	Fremd-/ Selbst-einschätzung	Fremdeinschätzung	Fremdeinschätzung	Fremdeinschätzung	Selbsteinschätzung
	Durchführende Person	Keine Angabe	Keine Angabe	Keine Angabe	Hilfskräfte

Gütekriterien

Name	SAM	Chronos	Marp	PC- Office
Durchführung	Computer- Paper & Pencil Version Einzel- und Gruppentestung	Computergestützte Postkorbübung	Auskoppelung aus ProFacts Arbeitsprobe für Manager Computerbasiertes Verfahren Kurz- und Langversion	2 Postkorb- Szenarien Computer - Paper & Pencil Version Gruppentestung möglich
Dimension	Reflexionsfähigkeit	Organisationsfähigkeit (Selbstorganisation) Planungskompetenz (strategisches Denken, Zielorientierung)	Organisationsfähigkeit (Selbstorganisation)	Organisationsfähigkeit (Selbstorganisation)
Validität	Inhaltlich- logische Validität ist gegeben.	Validität ist gegeben. Niedrige Korrelationen zu anderen Assessment Center	Augenscheinvalidität, kann ein großer Teil der Varianzen der Itemparameter auf	Korrelationen PC- Office mit Personalentwicklungsseminaren .22 - .38
Reliabilität	Reliabilitätsmaße liegen zwischen .71 und .89	Split- Half: .83 Interne Konsistenz: .82	Interne Konsistenz: . 73 - . 94	Interne Konsistenz: .58 - . 87 rtt: .64 - .84
Normierung	Erwachsenen Normalbevölkerung, Studierende, Männer, Frauen, Gesunde, Kranke- T-Werte, Prozentrangwerte, Stanine Werte.	Normen sind basiert auf einer Stichprobe aus dem Bereich der Flugsicherheit.	Es liegen firmenspezifische Normierungen vor. Die Voruntersuchungen wurden hauptsächlich mit Studenten durchgeführt.	/
Objektivität	Durchführungs-, Auswertungs- und Interpretationsobjektivität ist gegeben.	Normierter Computertest - Hohe Objektivität	Aufgrund von standardisierter, computergestützter Instruktion, Testdarbietung und Auswertung kann von Durchführungs-, Auswertungs- und Interpretationsobjektivität gesprochen werden.	/
Kosten	10 Fragebögen: 47	250	28 - 33 pro Anwendung	1734
Zeit	10 - 15 Min.	Ergebnispräsentation durch den Getesteten	Min. Langversion: 60 - 75 Min.	Keine Angabe
Akzeptanz	Keine Angabe	Keine Angabe	Keine Angabe	Keine Angabe
Fremd-/ Selbst-einschätzung	Selbsteinschätzung	Fremdeinschätzung	Fremdeinschätzung	Fremdeinschätzung
Durchführende Person	Geschultes Personal, Ergebniserläuterung durch Psychologen	Keine Angabe	Keine Angabe	Keine Angabe

Gütekriterien	Name	PC- Postkorb	ILICA	FAT	AHA
	Durchführung	PC- gestützte Durchführung Parallelaversionen mit verschiedenen Schwierigkeitsgraden	Computersimulation	EDV Programm	Subtests: Einzelne Skalen können unabhängig voneinander benutzt werden.
	Dimension	Organisationsfähigkeit (Selbstorganisation)	Planungskompetenz (strategisches Denken, Zielorientierung)	Planungskompetenz (strategisches Denken, Zielorientierung)	Planungskompetenz (strategisches Denken, Zielorientierung)
	Validität	Potentialeinschätzungen von Vorgesetzten .33 - .40, Korrelationen PC- Postkorb mit anderen Assessment Center Übungen .39 - .50	Gegeben Konvergente Validität: niedrig Diskriminante Validität: 80	Faktorenanalyse bestätigt die Skalen, Externe Validierung mit KKR ist	Von der inhaltlichen Validität kann ausgegangen werden.
	Reliabilität	/	Innere Konsistenz kann nicht bestimmt werden, Wiederholungsreliabilität ist niedrig	Interne Konsistenz der Subskalen: .67 - .91 Inter-rater Konsistenz: .66- .94	/
	Normierung	Verschieden Bildungs-/ Berufsgruppen.	Normstichprobe: Psychologiestudenten	Führungsteams, Projektgruppen, Arbeitsteams aus unterschiedlichen Branchen.	Studenten- und Erwachsenen Stichproben
	Objektivität	/	Aufgrund von standardisierter, computergestützter Instruktion, Testdarbietung und Auswertung kann von Durchführungs-, Auswertungs- und Interpretationsobjektivität gesprochen werden.	/	Maximale Objektivität
	Kosten	Pro Kandidat: 50	327	Keine Angabe	7- Jahres Lizenz: 490
	Zeit	1 - 1/2 Std.	40 - 45 Min.	10 Min.	Subtests jeweils ca. 20 Min.
	Akzeptanz	Keine Angabe	Keine Angabe	auf freiwilliger Basis: 87% - 95% = Hervorragende	Keine Angabe
	Fremd-/ Selbst-einschätzung	Fremdeinschätzung	Fremdeinschätzung	Selbsteinschätzung	Fremdbeurteilung
	Durchführende Person	Psychologen, Personalverantwortliche	Keine Angabe	Neutraler(!) Moderator	Keine Angabe

	Name	Jobfidence	OSM	MMG	OMT
	Durchführung	Subtests möglich, Einzel- und Gruppentestung, Computer- Paper & Pencilversion.	Subtests möglich PC- Auswertung	Geringe sprachliche Anforderungen. Computer- Paper & Pencilversion	Einzel- und Gruppentestung Paper & Pencilvesion oder per Internet abrufbare Bild- und Antwortvorlagen.
	Dimension	Flexibilität Leistungsbereitschaft Belastbarkeit (Konzentrationsfähigkeit)	Leistungsbereitschaft	Leistungsbereitschaft	Leistungsbereitschaft
Gütekriterien	Validität	Validitätskoeffizient von . 77	Signifikante Korrelationen mit Vorgesetztenbewertungen zwischen: .29 - .33	Siehe Schmalt (2000) und Sokolwski (2000)	signifikante Korrelation mit dem TAT Prognostische
	Reliabilität	Interne Konsistenz: .79 - . 85 Retest: .74 - .84	Profilreliabilität: .65	Interne Konsistenz: .61 - .72 Retest: .88 - .92	Retestreliabilität = .55 Interraterübereinstim mung: . 85
	Normierung	verschiedenen Altersgruppen	Verschiedene Positionen	Normstichprobe: 1919 (860 Frauen, 1059 Männer)	Eichstichprobe: N=400
	Objektivität	Objektivität ist gewährleistet bei Anwendung der standardisierten Instruktionen, Verpflichtete Schulungen, Supervisionen und Audits.	/	/	/
	Kosten	Ca. 300 pro Teilnehmer	1. Auswertung: 150, jede weitere: 50	Manual: 21 Testheft: 2,30 Auswerteschablone: 4	ca. 30 pro Auswertung - incl. Kurzgutachten
	Zeit	105 Min.	30 Min.	Ca. 15 Min.	Ca. 30 Min
	Akzeptanz	Keine Angabe	Keine Angabe	Keine Angabe	Keine Angabe
	Fremd-/ Selbst-einschätzung	Fremdbeurteilung	Selbsteinschätzung	Selbsteinschätzung	Fremdeinschätzung
	Durchführende Person	Verpflichtete Schulungen	Hilfskräfte	Keine Angabe	Keine Angabe

	Name	FAKT	KLT-R	LVT	Signal Detection
	Durchführung	Adaptives Computertestverfahren Einzeltest, bei PC Pool Gruppentestung möglich	Einzel- und Gruppentest	Langform und Kurzform verfügbar. Teil des Wienertestsystems. Computerbasiertes Verfahren.	Computerbasiertes Verfahren
	Dimension	Belastbarkeit (Konzentrationsfähigkeit)	Belastbarkeit (Konzentrationsfähigkeit)	Belastbarkeit (Konzentrationsfähigkeit)	Belastbarkeit (Konzentrationsfähigkeit)
Gütekriterien	Validität	Konstruktvalidität ist gegeben durch die einheitliche Itemkonstruktion und durch Modellkonformität mit dem polytomen Rasch Modell.	Konvergente Validität: d2 und psb subtest, Divergente Validität: Rechen- und Intelligenztests	Testergebnisse des LVT kann Fahrertypologien vorhersagen.	Es werden jene Leistungsaspekte erfaßt, die als Kriterien für das Konstrukts Signalentdeckung gelten.
	Reliabilität	Interne Konsistenz: .91 - .97 Retest: .70 - .96	Homogenitätskoeffizient: .90- rtt:.96	Interne Konsistenz: Kurzform: .92, Langform. .96	Split- Half: .74 - . 84
	Normierung	Prozentrangnormen	Alters-, Schulstufen und schulartspezifische Standard- und Prozentrangwerte.	Gesonderte Normen für Kurz- und Langform und für verkehrspsychologisches Klientel	Normalpersonen mit Altersgruppen Jugendliche ab 14 Jahren Erwachsenen nach Alter Neurologische Patienten
	Objektivität	durchführungs, auswertungs- und interpretationsobjektiv/	Aufgrund der maximierten Objektivität kann das Verfahren auch von Nicht-Psychologen administriert werden.	Hohe Messgenauigkeit und maximale Objektivität	Maximale Objektivität
	Kosten	PC Programm incl. 100 Testungen: 593	Keine Angabe	7- Jahresnutzung: 650	7- Jahresnutzung: 770
	Zeit	Konzentrationsleistungsprofil wählbar.	Ca. 25 Min.	4, bzw. 7 Min	14 - 20 Min.
	Akzeptanz	Keine Angabe	Keine Angabe	Keine Angabe	Keine Angabe
	Fremd-/ Selbst-einschätzung	Fremdeinschätzung	Fremdeinschätzung	Fremdeinschätzung	Fremdeinschätzung
	Durchführende Person	Keine Angabe	Siehe Objektivität	Keine Angabe	Keine Angabe

	Name	ALS	COG	d2	DAT
Gütekriterien	Durchführung	Computerbasiertes Verfahren Drei Testformen	6 Testformen mit freier Bearbeitungszeit 3 Testformen mit fester Bearbeitungszeit. Teil des Wienertestsystems.	Nicht zuviel Helligkeit, angenehme Raumtemperatur, Störungen unbedingt vermeiden. Gruppenanwendung möglich.	Subtests möglich. Computerbasiertes Verfahren.
	Dimension	Belastbarkeit (Konzentrationsfähigkeit)	Belastbarkeit (Konzentrationsfähigkeit)	Belastbarkeit (Konzentrationsfähigkeit)	Belastbarkeit (Konzentrationsfähigkeit)
	Validität	Statistische Analyse zur Validität: Neuwirth, 1996	Infos zur Validität: Wagner, 1997	Umfangreiche Angaben in der Handanweisung	Faktorielle Validität und externe Validität wurden mehrfach überprüft.
	Reliabilität	Split- Half: .91 - .99	Sehr hoch, meistens über .95	Interne Konsistenz: .94- .95	Retest: .75 - .93
	Normierung	Stellenbewerber, Arbeitssuchende, Organiker, Stellenbewerber, Arbeitssuchende, Arbeiter	Gesonderte Normen für Testformen	Unfangreihe Normen vorhanden	Normen vorhanden.
	Objektivität	Aufgrund der computerbasierten Durchführung maximale Objektivität.	Aufgrund der computerbasierten Durchführung sehr hohe Objektivität.	Bei Einhaltung der Testinstruktionen sehr hoch	Absolute Objektivität
	Kosten	7- Jahresnutzung: 720	7- Jahresnutzung: 760	Testmappe (50 Testungen) : 55	1994
	Zeit	15 - 25 Min.	Ca. 15 Min.	Ca. 10 Min,	Ca. 28 Min.
	Akzeptanz	Keine Angabe	Keine Angabe	Keine Angabe	Wird als Eignungstest von den Testpersonen akzeptiert.
	Fremd-/ Selbst-einschätzung	Fremdeinschätzung	Fremdeinschätzung	Fremdeinschätzung	Fremdeinschätzung
	Durchführende Person	Keine Angabe	Keine Angabe	Kann durch Nicht-Psychologen durchgeführt werden. Interpretation durch Fachpsychologen.	Kann durch Nicht-Psychologen durchgeführt werden.

	Name	DAUF	FAIR	INKA	SBUS-B
Gütekriterien	Durchführung	Computerversion	Einzel- oder Gruppentest Paper & Pencil/ Computerversion in Vorbereitung Gilt als verfälschungssicherer Konzentrationstest	Adaptiver Test Einzel- und Gruppentestung	Computergestütztes Verfahren Störungsfreie Ungebung
	Dimension	Belastbarkeit (Konzentrationsfähigkeit)	Belastbarkeit (Konzentrationsfähigkeit)	Belastbarkeit (Konzentrationsfähigkeit)	Belastbarkeit (Konzentrationsfähigkeit)
	Validität	Das Testergebnis lässt Interpretationen auf beste Vorraussetzungen für kognitive Fähigkeiten zu.	diskriminate Validität gegeben. Konstruktvalidität durch einheitliche Itemkonstruktion.	Faktorenanalytische Konstruktvalidierungsuntersuchung erfolgt.	Untersuchungen zur Validität zeigten sehr befriedigende Ergebnisse
	Reliabilität	Interne Konsistenz und Split-Half: .76 - .98	Interne Konsistenz: .90 - .92 Paralleltestreliabilität: .82 - .83	Homogenität der Items ist durch das Rasch Verfahren gewährleistet.	Interne Konsistenz: .67 - .88
	Normierung	T- Werte und Prozentränge Geschlecht, Patienten, Alter, Bildung.	Generelle und durch Altersgruppen getrennte Prozentrangnormen und Standard- Nine-Testnormen.	Ausführliche Normen vorhanden.	Verschiedene Berufsgruppen
	Objektivität	Aufgrund der computergestützten Durchführung ein hohes Maß an Objektivität.	/	Vollstandardisiertes Verfahren, deshalb Durchführungs-, Auswertungs- und Interpretationsobjektivität.	/
	Kosten	7-Jahres Nutzung: 570	Komplett ca. 150	Ca. 60	7- Jahres Nutzung: 470
	Zeit	Ca. 35 Min.	10 Min.	Ca. 25 Min.	5-10 Min.
	Akzeptanz	Keine Angabe	Keine Angabe	Hohe Akzeptanz	Keine Angabe
	Fremd-/ Selbst-einschätzung	Fremdeinschätzung	Fremdeinschätzung	Fremdeinschätzung	Selbsteinschätzung
	Durchführende Person	Keine Angabe	Kann von geschultem Personal durchgeführt werden.	Fachkraft	Keine Angabe

	Name	UGTS	FEAS	FERUS	MOB-BG	FAF	EOS
	Durchführung	8 Items, 3 beschreiben die Ungewissheitsintoleranz. Und müssen umkodiert werden.	Einzel- oder Gruppentests. Fragebogen und Schreibgerät. Für Kinder geeignet.	Für die stationäre Psychosomatik. Einzel- und Gruppentest.	2 Skalen: Berufsmobilität, Geografische Mobilität	/	CD Rom/ Internet Version Zentrale Auswertung
	Dimension	Flexibilität	Einfühlungsvermögen	Reflexionsfähigkeit	Mobilität	Verantwortungs-bewusstsein (Subskala)	Selbstständigkeit/ Begeisterungsfähigkeit.
	Validität	Faktorielle, differentielle und Konstruktvalidität gegeben.	Inhaltslogische Gültigkeit vorhanden.	Konvergente Validität: -.42 - .87	Faktorielle und Konstruktvalidität durch Studien belegt.	Faktorenanalytische Validierung liegt vor.	Validität ist bestätigt durch zahlreiche internationale Studien.
Gütekriterien	Reliabilität	Interne Konsistenz: .72	Interne Konsistenz: .72 - .76 Split- Half: .74 - .77	Profilreliabilität: .74 interne Konsistenz: .86 - .93 Retest: .75 - .87	Interne Konsistenz: .81 - .91	Interne Konsistenz: .61 - .79	Interne Konsistenz: .80- .95 Retest: .70
	Normierung	Keine Normen	Prozentrangwerte und t Werte.	Prozentrangwerte und t- Werte.	Keine Normen	Prozentrang, Stanine und t-Werte	/
	Objektivität	Hochgradig standardisiert, deshalb als objektiv einzuschätzen.	/	Aufgrund der schriftlichen Instruktion gewährleistet.	Hochgradig standardisiert, deshalb als objektiv einzuschätzen.	/	/
	Kosten	http://www.erzwiss.uni-halle.de/gliederung/paed/ppsych/instde1.htm	Keine Angabe		Keine Angabe	Keine Angabe	Keine Angabe
	Zeit	5 Min.	40 Min.	25- 35 Min.	5 Min.	10 - 20 Min.	Kurzversion: 60 - 90 Min.
	Akzeptanz	Keine Angabe	Keine Angabe	Keine Angabe	Keine Angabe	Keine Angabe	Keine Angabe
	Fremd-/ Selbst-einschätzung	Selbsteinschätzung	Selbsteinschätzung	Selbsteinschätzung	Selbsteinschätzung	Selbsteinschätzung	Fremdeinschätzung
	Durchführende Person	Keine Angabe	Keine Angabe	Keine Angabe	Keine Angabe	Keine Angabe	Siehe Durchführung

Ich arbeite im Bereich

Ich bin bei XXX angestellt als

In meiner täglichen Arbeit muss ich...

	nie	selten	manchmal	oft	immer/ tägl.
...Auseinandersetzungen aufnehmen und durchstehen (Konfliktfähigkeit)	☐	☐	☐	☐	☐
...mit anderen Mitarbeitern / Vorgesetzten reden (Kommunikationsfähigkeit)	☐	☐	☐	☐	☐
...mich in andere hineinversetzen (Einfühlungsvermögen)	☐	☐	☐	☐	☐
...in unsicheren Situationen bereit sein, auch mal ein Risiko einzugehen (Risikobereitschaft)	☐	☐	☐	☐	☐
...mit anderen zusammen arbeiten (Kooperationsfähigkeit)	☐	☐	☐	☐	☐
...bereit sein, auch über das notwendige Maß hinaus Leistung zu erbringen (Leistungsbereitschaft)	☐	☐	☐	☐	☐
...meine eigene Arbeit und / oder die Arbeit von anderen organisieren (Organisationsfähigkeit)	☐	☐	☐	☐	☐
...mich flexibel auf neue Anforderungen einstellen (Flexibilität)	☐	☐	☐	☐	☐
...auf Kundenwünsche eingehen und diese bestmöglich erfüllen (Kundenorientierung)	☐	☐	☐	☐	☐
...sorgfältig und präzise arbeiten (Präzisionsvermögen)	☐	☐	☐	☐	☐
...mich in Gesprächen / Verhandlungen u. ä. durchsetzen (Durchsetzungsvermögen)	☐	☐	☐	☐	☐
...im Team mit anderen zusammen arbeiten (Teamfähigkeit)	☐	☐	☐	☐	☐
...mit Kunden, Kollegen, Vorgesetzten in Verhandlung treten (Verhandlungsgeschick)	☐	☐	☐	☐	☐
...selbständig meine Arbeitsaufgaben planen und erfüllen (Selbstständigkeit)	☐	☐	☐	☐	☐
...neue, kreative Ideen entwickeln (Kreativität)	☐	☐	☐	☐	☐
...bereit sein, ständig etwas Neues zu lernen (Lernbereitschaft)	☐	☐	☐	☐	☐
...so arbeiten, dass sich andere immer auf mich verlassen können (Zuverlässigkeit)	☐	☐	☐	☐	☐
...Probleme erkennen und lösen können (Problemlösefähigkeit)	☐	☐	☐	☐	☐
...Verantwortung für mich / andere / meine Arbeitsergebnisse übernehmen (Verantwortungsbewusstsein)	☐	☐	☐	☐	☐
...beim Problemlösen abstrakte Vorstellungen verwenden (Abstraktionsvermögen)	☐	☐	☐	☐	☐
...belastbar sein (Belastbarkeit)	☐	☐	☐	☐	☐
...mich selbst reflektieren (Reflexionsfähigkeit)	☐	☐	☐	☐	☐
sonstiges, und zwar					

BiFa - Biografischer Fragebogen

Sehr geehrte Damen und Herren,

in dem nun folgenden Fragebogen geht es darum, etwas darüber zu erfahren, in welchen Zusammenhängen und mit welchen Erfahrungen Sie in der Vergangenheit im beruflichen oder privaten Umfeld informell erworbene Kompetenzen (z.B. Teamorientierung, Kommunikationsfähigkeit u.ä.) zur Anwendung gebracht haben.

Lesen Sie bitte die folgenden Aussagen durch und überlegen Sie, inwieweit diese jeweils auf Sie zutreffend sind.

Wenn Sie sich zu einer Aussage kein Urteil bilden können (z.B. weil Sie die angesprochene Situation noch nie erlebt haben), lassen Sie diese einfach aus.

Vielen Dank!

	trifft überhaupt nicht zu	trifft weniger zu	unentschieden	trifft eher zu	trifft völlig zu
1. Wenn sich in meinem beruflichen oder privaten Umfeld Konflikte anbahnten, habe ich die Auseinandersetzungen immer sofort aufgenommen und durchgestanden.	☐	☐	☐	☐	☐
2. In Situationen in meinem beruflichen oder privaten Leben, die es erfordern, mit anderen zu reden, Informationen aufzunehmen und weiter zu geben habe ich mich immer wohlgefühlt.	☐	☐	☐	☐	☐
3. Wenn es in der Vergangenheit in meinem beruflichen oder privaten Umfeld darum ging, sich in andere Menschen hineinzuversetzen, ihr Denken, Handeln und Fühlen nachzuvollziehen, habe ich mich in diesen Situationen immer gut gefühlt.	☐	☐	☐	☐	☐
4. Wenn ich in meinem beruflichen oder privaten Umfeld mit anderen zusammen arbeiten musste, habe ich dies immer über ein hohes Maß an Kommunikation gemeistert.	☐	☐	☐	☐	☐
5. Wenn in meinem beruflichen oder privaten Leben mein Einsatz und meine Leistungsbereitschaft gefragt wurden, habe ich dies immer gerne eingebracht.	☐	☐	☐	☐	☐
6. Wenn es in der Vergangenheit darum ging, in meinem beruflichen oder privaten Umfeld riskante und schwierige Aufgaben zu meistern, habe ich mich immer voll in meinem Element gefühlt.	☐	☐	☐	☐	☐

7. Bei unvorhergesehenen Ereignissen in meinem beruflichen oder privaten Umfeld bin ich immer gelassen geblieben.

trifft überhaupt nicht zu	trifft weniger zu	unentschieden	trifft eher zu	trifft völlig zu
☐	☐	☐	☐	☐

8. Wenn es in der Vergangenheit darum ging, Denkergebnisse hervorzubringen, die im Wesentlichen neu sind, fühlte ich mich immer voll in meinem Element.

trifft überhaupt nicht zu	trifft weniger zu	unentschieden	trifft eher zu	trifft völlig zu
☐	☐	☐	☐	☐

9. In Situationen - beruflich oder privat - in denen ich selbstständig planen musste, habe ich mich immer wohl gefühlt.

trifft überhaupt nicht zu	trifft weniger zu	unentschieden	trifft eher zu	trifft völlig zu
☐	☐	☐	☐	☐

10. Wenn ich in meinem beruflichen oder privaten Umfeld meine eigenen Aufgaben oder die von anderen organisieren musste, ist mir das immer gut gelungen.

trifft überhaupt nicht zu	trifft weniger zu	unentschieden	trifft eher zu	trifft völlig zu
☐	☐	☐	☐	☐

11. Wenn es in meinem beruflichen oder privaten Umfeld darum ging, mich selbst, andere Personen, Verhaltensweisen oder Prozesse kritisch zu hinterfragen, ist mir das immer leicht gefallen.

trifft überhaupt nicht zu	trifft weniger zu	unentschieden	trifft eher zu	trifft völlig zu
☐	☐	☐	☐	☐

12. In Situationen, die es erforderten, flexibel neuen Anforderungen / Impulsen zu begegnen, bin ich immer aus mir herausgegangen.

trifft überhaupt nicht zu	trifft weniger zu	unentschieden	trifft eher zu	trifft völlig zu
☐	☐	☐	☐	☐

13. Krisensituationen, die in der Vergangenheit im Beruf oder Privatleben auf mich eintrafen, habe ich immer gut gemeistert.

trifft überhaupt nicht zu	trifft weniger zu	unentschieden	trifft eher zu	trifft völlig zu
☐	☐	☐	☐	☐

14. Situationen, die in meinem beruflichen oder privaten Umfeld präzises Handeln erforderten, haben mich immer besonders angesprochen.

trifft überhaupt nicht zu	trifft weniger zu	unentschieden	trifft eher zu	trifft völlig zu
☐	☐	☐	☐	☐

15. Wenn ich in meinem beruflichen oder privaten Umfeld gegenüber anderen Menschen meine Vorstellungen / Interessen durchsetzen musste, ist mir das immer leicht gefallen.

trifft überhaupt nicht zu	trifft weniger zu	unentschieden	trifft eher zu	trifft völlig zu
☐	☐	☐	☐	☐

16. Wenn ich - beruflich oder privat - im Team arbeiten musste, kam das meinen Vorlieben immer besonders entgegen.

trifft überhaupt nicht zu	trifft weniger zu	unentschieden	trifft eher zu	trifft völlig zu
☐	☐	☐	☐	☐

17. Wenn es im Beruf oder Privatleben gefragt war, viel Neues zu lernen, habe ich mich immer voll in meinem Element gefühlt.

trifft überhaupt nicht zu	trifft weniger zu	unentschieden	trifft eher zu	trifft völlig zu
☐	☐	☐	☐	☐

18. Wenn sich andere Menschen - beruflich oder privat - auf mich verlassen mussten, haben sie das immer gekonnt.

trifft überhaupt nicht zu	trifft weniger zu	unentschieden	trifft eher zu	trifft völlig zu
☐	☐	☐	☐	☐

19. Wenn es darum ging, in meinem beruflichen oder privaten Umfeld Lösungen für vielfältige Probleme zu finden, fühlte ich mich dabei immer voll in meinem Element.

trifft überhaupt nicht zu	trifft weniger zu	unentschieden	trifft eher zu	trifft völlig zu
☐	☐	☐	☐	☐

20. Situationen - beruflich oder privat - die es erforderten, Verantwortung zu übernehmen, bin ich immer gerne begegnet.

trifft überhaupt nicht zu	trifft weniger zu	unentschieden	trifft eher zu	trifft völlig zu
☐	☐	☐	☐	☐

21. Das Planen von Abläufen oder Vorgehensweisen habe ich in meinem beruflichen oder privaten Umfeld immer gerne ausgeführt.

trifft überhaupt nicht zu	trifft weniger zu	unentschieden	trifft eher zu	trifft völlig zu
☐	☐	☐	☐	☐

22. Wenn in Situationen - beruflich oder privat - meine Belastbarkeit gefragt war, konnte ich diese immer erbringen.

trifft überhaupt nicht zu	trifft weniger zu	unentschieden	trifft eher zu	trifft völlig zu
☐	☐	☐	☐	☐

23. Überlegen Sie bitte, welche konkreten beruflichen oder privaten Erlebnisse / Ereignisse in der Vergangenheit dazu beigetragen haben, dass Sie eine oder mehrere der zuvor aufgeführten Situationen (1-22) zu Ihrer Zufriedenheit gemeistert haben.

Bitte nennen Sie stichpunktartig 1-3 derartiger Situationen (z.B. Vereinstätigkeiten, Vertretungsarbeiten im Beruf o.ä.)

Sie haben gerade einen Test bearbeitet. Uns ist es wichtig, Ihre Meinung zu dem eingesetzten Testverfahren zu erfahren. Deshalb haben wir dazu einen Fragebogen vorbereitet. Die Befragung ist anonym und hat keinen Einfluss auf die Auswertung Ihrer Daten. Die Fragen finden Sie auf dem vorliegenden Blatt; hier können Sie auch ankreuzen, inwieweit Sie den einzelnen Aussagen zustimmen oder inwieweit Sie die Aussagen ablehnen. Machen Sie bitte bei jeder Aussage durch Ankreuzen des entsprechenden Kreises kenntlich, wieweit Ihrer Meinung nach das Gesagte zutrifft oder nicht zutrifft.

Aussage	Trifft nicht zu					Trifft genau zu
Die Testaufgaben spiegeln Anforderungen wider, die auch im Berufsleben gefordert sind.	☐	☐	☐	☐	☐	☐
Die Testaufgaben waren klar und verständlich.	☐	☐	☐	☐	☐	☐
Mit dem Test kann man die hinsichtlich des getesteten Merkmals tatsächlich bestehenden Unterschiede zwischen Menschen präzise abbilden.	☐	☐	☐	☐	☐	☐
Bei der Testung fühlte ich mich überfordert.	☐	☐	☐	☐	☐	☐
Ob jemand bei den Testaufgaben gut abschneidet oder im Beruf gut ist, das sind zwei völlig verschiedene Dinge.	☐	☐	☐	☐	☐	☐
Die Bearbeitung der Testaufgaben ist anstrengend.	☐	☐	☐	☐	☐	☐
Ich habe die Testaufgaben nicht verstanden.	☐	☐	☐	☐	☐	☐
Ich denke, dass der Test es ermöglicht, die zwischen verschiedenen Menschen bestehenden Leistungsunterschiede in der vom Test gemessenen Fähigkeit exakt zu messen.	☐	☐	☐	☐	☐	☐
Aufgaben wie die des Tests haben zu wenig mit der Realität zu tun, um wirklich Berufserfolg vorherzusagen.	☐	☐	☐	☐	☐	☐
Das von mir im Test erzielte Ergebnis ist unabhängig von anderen Personen (z.B. dem Testleiter).	☐	☐	☐	☐	☐	☐

	Trifft nicht zu					Trifft genau zu
Der Test misst das, was er misst, zuverlässig.	☐	☐	☐	☐	☐	☐
Die Bearbeitung der Testaufgaben ist belastend.	☐	☐	☐	☐	☐	☐
Die Auswertung der Testaufgaben kann einen zutreffenden Eindruck von den Fähigkeiten einer Person vermitteln.	☐	☐	☐	☐	☐	☐
Bei der Bearbeitung der Testaufgaben wusste ich jederzeit, was ich tun muss.	☐	☐	☐	☐	☐	☐
Die Aufgaben waren überwiegend zu schwer für mich.	☐	☐	☐	☐	☐	☐
Dass man mit solchen Aufgaben wie denen des Tests geeignete Personen für einen Job herausfinden kann, ist zu bezweifeln.	☐	☐	☐	☐	☐	☐

Anhang B 3a Akzeptanzfragebogen Leistungstests (nach Kersting 1996 / 2002)

Sie haben gerade einen Test bearbeitet. Uns ist es wichtig, Ihre Meinung zu dem eingesetzten Testverfahren zu erfahren. Deshalb haben wir dazu einen Fragebogen vorbereitet. Die Befragung ist anonym und hat keinen Einfluss auf die Auswertung Ihrer Daten. Die Fragen finden Sie auf dem vorliegenden Blatt; hier können Sie auch ankreuzen, inwieweit Sie den einzelnen Aussagen zustimmen oder inwieweit Sie die Aussagen ablehnen. Machen Sie bitte bei jeder Aussage durch Ankreuzen des entsprechenden Kreises kenntlich, wieweit Ihrer Meinung nach das Gesagte zutrifft oder nicht zutrifft.

Aussage	Trifft nicht zu					Trifft genau zu
Die Testaufgaben spiegeln Anforderungen wider, die auch im Berufsleben gefordert sind.	☐	☐	☐	☐	☐	☐
Die Testaufgaben waren klar und verständlich.	☐	☐	☐	☐	☐	☐
Mit dem Test kann man die hinsichtlich des getesteten Merkmals tatsächlich bestehenden Unterschiede zwischen Menschen präzise abbilden.	☐	☐	☐	☐	☐	☐
Bei der Testung fühlte ich mich überfordert.	☐	☐	☐	☐	☐	☐
Ob jemand bei den Testaufgaben gut abschneidet oder im Beruf gut ist, das sind zwei völlig verschiedene Dinge.	☐	☐	☐	☐	☐	☐
Die Bearbeitung der Testaufgaben ist anstrengend.	☐	☐	☐	☐	☐	☐
Ich habe die Testaufgaben nicht verstanden.	☐	☐	☐	☐	☐	☐
Ich denke, dass der Test es ermöglicht, die zwischen verschiedenen Menschen bestehenden Leistungsunterschiede in der vom Test gemessenen Fähigkeit exakt zu messen.	☐	☐	☐	☐	☐	☐
Aufgaben wie die des Tests haben zu wenig mit der Realität zu tun, um wirklich Berufserfolg vorherzusagen.	☐	☐	☐	☐	☐	☐
Das von mir im Test erzielte Ergebnis ist unabhängig von anderen Personen (z.B. dem Testleiter).	☐	☐	☐	☐	☐	☐

	Trifft nicht zu					Trifft genau zu
Der Test misst das, was er misst, zuverlässig.	☐	☐	☐	☐	☐	☐
Die Bearbeitung der Testaufgaben ist belastend.	☐	☐	☐	☐	☐	☐
Die Auswertung der Testaufgaben kann einen zutreffenden Eindruck von den Fähigkeiten einer Person vermitteln.	☐	☐	☐	☐	☐	☐
Bei der Bearbeitung der Testaufgaben wusste ich jederzeit, was ich tun muss.	☐	☐	☐	☐	☐	☐
Die Aufgaben waren überwiegend zu schwer für mich.	☐	☐	☐	☐	☐	☐
Dass man mit solchen Aufgaben wie denen des Tests geeignete Personen für einen Job herausfinden kann, ist zu bezweifeln.	☐	☐	☐	☐	☐	☐

Anhang B 3b Akzeptanzfragebogen für Persönlichkeitstests (nach Kersting, M. 1996 / 2002)

Sie haben gerade ein Verfahren bearbeitet. Uns ist es wichtig, Ihre Meinung zu dem eingesetzten Testverfahren zu erfahren. Deshalb haben wir dazu einen Fragebogen vorbereitet. Die Befragung ist anonym und hat keinerlei Einfluss auf die Auswertung Ihrer Daten. Die Fragen finden Sie auf dem vorliegenden Blatt; hier können Sie auch ankreuzen, inwieweit Sie den einzelnen Aussagen zustimmen oder inwieweit Sie die Aussagen ablehnen. Machen Sie bitte bei jeder Aussage durch Ankreuzen des entsprechenden Kreises kenntlich, wieweit Ihrer Meinung nach das Gesagte zutrifft oder nicht zutrifft.

Aussage	Trifft nicht zu					Trifft genau zu
Die Fragen/Aussagen des Verfahrens spiegeln Anforderungen wider, die auch im Berufsleben gefordert sind.	☐	☐	☐	☐	☐	☐
Die Aufgabenstellung war klar und verständlich.	☐	☐	☐	☐	☐	☐
Mit dem Verfahren kann man die hinsichtlich des getesteten Merkmals tatsächlich bestehenden Unterschiede zwischen Menschen präzise abbilden.	☐	☐	☐	☐	☐	☐
Wie jemand die Fragen/Aussagen des Verfahrens bearbeitet und wie sich diese Person im Beruf verhält, das sind zwei völlig verschiedene Dinge.	☐	☐	☐	☐	☐	☐
Ich habe die Aufgabenstellung nicht verstanden.	☐	☐	☐	☐	☐	☐
Ich denke, dass das Verfahren es ermöglicht, die zwischen verschiedenen Menschen bestehenden Unterschiede in dem vom Verfahren erfassten Merkmal exakt zu messen.	☐	☐	☐	☐	☐	☐
Fragen/Aussagen wie die des Verfahrens haben zu wenig mit der Realität zu tun, um wirklich Berufserfolg vorherzusagen.	☐	☐	☐	☐	☐	☐
Das von mir in diesem Verfahren erzielte Ergebnis ist unabhängig von anderen Personen (z.B. dem Testleiter).	☐	☐	☐	☐	☐	☐
Das Verfahren misst das, was er misst, zuverlässig	☐	☐	☐	☐	☐	☐
Dass man mit solchen Fragen/Aussagen wie denen des Verfahrens geeignete Personen für einen Job herausfinden kann, ist zu bezweifeln.	☐	☐	☐	☐	☐	☐

Anhang B 3b Akzeptanzfragebogen für Persönlichkeitstests (nach Kersting, M. 1996 / 2002)

	Trifft nicht zu					Trifft genau zu
Bei der Bearbeitung der Fragen/Aussagen des Verfahrens wusste ich jederzeit, was ich tun muss.	☐	☐	☐	☐	☐	☐
Die Auswertung des Verfahrens kann einen zutreffenden Eindruck von der Persönlichkeit eines Menschen vermitteln.	☐	☐	☐	☐	☐	☐
Ich habe mich bei der Bearbeitung des Verfahrens besser dargestellt als ich wirklich bin.	☐	☐	☐	☐	☐	☐
Ich habe mich bei der Bearbeitung des Verfahrens schlechter dargestellt als ich wirklich bin.	☐	☐	☐	☐	☐	☐

Bitte nehmen Sie sich ein paar Minuten Zeit, um die folgenden Fragen zu beantworten.

Es geht bei dem folgenden Fragebogen darum, dass Sie uns Ihr persönliches Empfinden der Erhebungssituation mitteilen.

Vielen Dank für Ihre Mithilfe!

	stimmt überhaupt nicht	stimmt teilweise nicht	unentschieden	stimmt teilweise	stimmt völlig
1. Ich habe ausreichend Informationen über den Ablauf des Verfahrens bekommen.	☐	☐	☐	☐	☐
2. Die Möglichkeit, mich auf das Verfahren vorzubereiten, empfand ich als ausreichend.	☐	☐	☐	☐	☐
3. Ich war mir sicher, dass meine Testergebnisse vertraulich behandelt werden.	☐	☐	☐	☐	☐
4. Mir wurde mitgeteilt, zu welchem Zweck ich an dem Verfahren teilnehmen sollte.	☐	☐	☐	☐	☐
5. Das Ziel / der Zweck des Verfahrens war mir einleuchtend.	☐	☐	☐	☐	☐
6. Ich habe eine Rückmeldung über die Testergebnisse bekommen.	☐	☐	☐	☐	☐
7. Ich hatte den Eindruck, dass sich das Verfahren ausschließlich auf meine Arbeitssituation / Arbeitstätigkeit bezog.	☐	☐	☐	☐	☐
8. Ich bin mir sicher, dass ich und meine Fähigkeiten durch das Verfahren objektiv beurteilt wurden.	☐	☐	☐	☐	☐
9. Die Teilnahme am Verfahren war freiwillig.	☐	☐	☐	☐	☐
10. Ich habe die Testsituation nicht als Konkurrenz zu den anderen Mitarbeitern empfunden.	☐	☐	☐	☐	☐

Aussage	stimmt überhaupt nicht	stimmt teilweise nicht	unentschieden	stimmt teilweise	stimmt völlig
11. Ich hatte bei dem Test das Gefühl, die gleichen Voraussetzungen und Chancen wie die anderen Mitarbeiter zu haben.	☐	☐	☐	☐	☐
12. Ich glaube, dass bei dem Test immer die gleichen Ergebnisse herauskommen, unabhängig von meiner Tagesform.	☐	☐	☐	☐	☐
13. Ich glaube, dass über die Beantwortung der Testfragen Aussagen über meine persönlichen Fähigkeiten / Kompetenzen getroffen werden können.	☐	☐	☐	☐	☐
14. Ich hatte nie das Gefühl, zuviel von meiner Intimsphäre preiszugeben.	☐	☐	☐	☐	☐
15. Ich habe die Testsituation als angenehm empfunden.	☐	☐	☐	☐	☐
16. Ich habe die Testsituation als entspannt und locker erlebt.	☐	☐	☐	☐	☐
17. Ich habe mich während des Tests nie unwohl gefühlt.	☐	☐	☐	☐	☐
18. Den Versuchsleiter fand ich sympathisch.	☐	☐	☐	☐	☐
19. Ich halte viel von derartigen Tests.	☐	☐	☐	☐	☐
20. Ich glaube, dass ich einen persönlichen Nutzen aus dem Test ziehen kann.	☐	☐	☐	☐	☐
21. Ich würde mich einem derartigen Test auch ein zweites Mal unterziehen.	☐	☐	☐	☐	☐
22. Ich glaube, dass ich in dem Test meine wahren Fähigkeiten und Kompetenzen herausstellen konnte.	☐	☐	☐	☐	☐

	stimmt überhaupt nicht	stimmt teilweise nicht	unentschieden	stimmt teilweise	stimmt völlig
23. Ich habe keine Angst, dass die Testergebnisse gegen mich verwendet werden könnten.	☐	☐	☐	☐	☐
24. Ich hoffe, dass Konsequenzen aus den Testergebnissen gezogen werden, die mich persönlich weiterbringen.	☐	☐	☐	☐	☐
25. Insgesamt war ich mit dem Verfahren und dessen Durchführung zufrieden.	☐	☐	☐	☐	☐

Evaluation aus Sicht der Geschäftsführung / des Betriebsrates

Datum

Interviewleiter

Interviewpartner

Name

Funktion

Was war aus Ihrer Sicht das ursprüngliche Ziel der Kompetenzmessung / -bilanzierung?

Wie hoch ist Ihrer Meinung nach der Zielerreichungsgrad des Verfahrens einzuschätzen?	<20%	20-40%	40-60%	60-80%	>80%
	☐	☐	☐	☐	☐

In welchen Punkten wurde Ihrer Ansicht nach das Ziel des Verfahrens nicht oder nur unzureichend erreicht?

Wo traten Ihrer Meinung nach Schwierigkeiten bei der Umsetzung auf?

Was sollte bei einer Wiederholung der Verfahrensdurchführung anders ablaufen?

Wie schätzen Sie die Möglichkeiten der Ergebnisverwertung ein?

(Hinsichtlich PE, Rekrutierung, Stellenum- und -neubesetzungen)

Können Sie sich vorstellen, die Erhebung zu wiederholen?

☐ ja

nein, weil

falls nein, die folgenden 2 Fragen überspringen!

In welchem zeitlichen Rahmen könnten Sie sich eine Wiederholung der Erhebung vorstellen?

(Angabe in Jahren)

Welches Ziel könnte aus Ihrer Sicht mit einer Wiederholung der Erhebung verfolgt werden?

Was sind Ihrer Meinung nach die zentralen Faktoren, die für eine erfolgreiche und akzeptierte Umsetzung eines Kompetenzmessverfahrens gegeben sein müssen?

betriebliche Rahmenfaktoren

Rahmenfaktoren des Verfahrens an sich

Welches sind Ihrer Einschätzung nach die zentralen Erfahrungswerte, die mit der Anwendung / Umsetzung der Kompetenzmessung und -bilanzierung im Unternehmen gesammelt werden konnten?

	sehr unzufrieden	unzufrieden	teils-teils	zufrieden	sehr zufrieden
Wie zufrieden sind Sie insgesamt mit dem Verfahren und seiner betrieblichen Umsetzung?	☐	☐	☐	☐	☐

Grundsätze

Frage	Ja	Nein	Trifft nicht zu, weil...
Wurde eine Anforderungsanalyse durchgeführt?	●	○	○
Kann jeder Anforderungsdimension, die erhoben werden soll, mindestens ein Verfahren zugeordnet werden, mit dem diese Dimension erfasst werden soll?	●	○	○
Kann jedem der eingesetzten Verfahren mindestens eine Anforderungsdimension zugeordnet werden, zu deren Erfassung es eingesetzt werden soll?	●	○	○
Existiert eine Schätzung über das Angebot und den Bedarf an qualifizierten Bewerbern sowie über den Anteil der geeigneten Personen in der Gruppe der Bewerber?	○	○	●
Existiert eine Schätzung über den Nutzen, der entsteht, wenn es mit Hilfe des Verfahrens besser gelingt, leistungsstärkere Personen auszuwählen?	○	○	●
Gibt es eine Berechnung der direkten und indirekten Verfahrenskosten?	●	○	○

Auswahl und Zusammenstellung der Verfahren

Verfahrenshinweise

Frage	Ja	Nein	Trifft nicht zu, weil...
Liegen für die Verfahren schriftliche Verfahrenshinweise (Handhabungshinweise) vor (z.B. bei Tests: ein "Manual", bei Eignungsinterviews: ein Leitfaden usw.)?	●	○	○
Wären verschiedene Personen in der Lage, das Verfahren allein aufgrund der Verfahrenshinweise in vergleichbarer Weise durchzuführen, auszuwerten und zu interpretieren?	●	○	○
Sind in den Verfahrenshinweisen für standardisierte Verfahren die dort aufgeführten relevanten empirischen Untersuchungen nachvollziehbar beschrieben?	●	○	○
Ist in den Verfahrenshinweisen angemessen, ausführlich und verständlich sowie nachvollziehbar dargestellt, wie das standardisierte Verfahren konstruiert wurde?	●	○	○
Vermeiden die Verfahrenshinweise hinsichtlich			

der Konstruktion des Verfahrens jeden Eindruck von "Geheimniskrämerei" und bemühen sich um maximale Transparenz?	☒	☐	☐
	Ja	Nein	Trifft nicht zu, weil...
Lassen sich die in den Verfahrenshinweisen getätigten Angaben zu den Gütekriterien Objektivität, Zuverlässigkeit und Gültigkeit und die dazu verwandten Analysen und Ergebnisse nachvollziehen?	☒	☐	☐
Sind in den Verfahrenshinweisen mögliche Probleme und Schwächen des Verfahrens sowie weiterer Entwicklungsbedarf erläutert?	☒	☐	☐
Gibt es in den Verfahrenshinweisen neben den Informationen des Verfahrensanbieters auch von unabhängigen Dritten gewonnene Informationen zum Verfahren?	☒	☐	☐

Objektivität

	Ja	Nein	Trifft nicht zu, weil...
Wird durch die Verfahrenshinweise klar, wie Fehler bei der Durchführung, Auswertung und Interpretation des Verfahrens vermieden werden können, um zu einer objektiven Eignungsbeurteilung zu kommen?	☒	☐	☐
Wird in den Verfahrenshinweisen thematisiert, ob und wie die Kandidaten das Ergebnis des Verfahrens verfälschen können und was man dagegen tun kann?	☒	☐	☐

Zuverlässigkeit

	Ja	Nein	Trifft nicht zu, weil...
Wurde die Zuverlässigkeit des Verfahrens empirisch ermittelt?	☒	☐	☐
Ist die Untersuchung, in der die Zuverlässigkeit des Verfahrens empirisch ermittelt wurde, nachvollziehbar und ausführlich beschrieben?	☒	☐	☐
Wurde begründet, warum die gewählte Art der Zuverlässigkeitsbestimmung für das Verfahren sinnvoll ist?	☒	☐	☐
Wurde abgewogen, welche Zuverlässigkeit für die geplante Eignungsbeurteilung bei dem in Frage stehenden Verfahren benötigt wird?	☒	☐	☐

Frage	Ja	Nein	Trifft nicht zu, weil...
Beurteilen mehrere Personen den Ausprägungsgrad von Personenmerkmalen aufgrund von mündlich gewonnenen Informationen bzw. Verhaltensbeobachtungen (z.B. Teamfähigkeit aufgrund eines Eignungsinterviews oder einer Assessment-Center-Übung)?	○	○	●
Wurden konkrete Maßnahmen ergriffen, um sicherzustellen, dass Interviewer bzw. Beobachter in ihren Ergebnissen übereinstimmen?	●	○	○
Wurde der Grad der Übereinstimmung zwischen den beurteilten Personen dokumentiert?	○	○	●

Gültigkeit

Frage	Ja	Nein	Trifft nicht zu, weil...
Wurde die Gültigkeit des Verfahrens empirisch ermittelt?	●	○	○
Ist die Untersuchung, in der die Gültigkeit des Verfahrens empirisch ermittelt wurde, nachvollziehbar und ausführlich beschrieben?	●	○	○
Wurde nachvollziehbar begründet, warum die gewählte Art der Gültigkeitsbestimmung für den Zweck des Verfahrens und für die vorliegende Fragestellung angemessen ist?	●	○	○
Gibt es neben den Informationen des Verfahrensanbieters auch von unabhängigen Dritten gewonnene Informationen zur Gültigkeit des Verfahrens?	●	○	○
Wurden bei der Beurteilung der Gültigkeit der Verfahren die untersuchten Merkmale, die Bedeutsamkeit der angestrebten Entscheidung sowie die jeweiligen Anwendungs- und Untersuchungsbedingungen berücksichtigt?	●	○	○
Ist festgehalten, nach welchen Gesichtspunkten die Verfahren bezüglich ihrer Gültigkeit ausgewählt wurden? (D.h. wurden aufgrund der Fragestellung konkrete Anforderungen an die Gültigkeit der Verfahren formuliert und bei der Verfahrensauswahl diese Anforderungen beachtet?)	●	○	○
Wurden die Verfahren wiederholt bei gleichartigen Fragestellungen eingesetzt?	●	○	○

Frage	Ja	Nein	Trifft nicht zu, weil...
Wurde die Gültigkeit schon einmal organisationsspezifisch bestimmt?	●	○	○

Normwerte/Referenzkennwerte

Frage	Ja	Nein	Trifft nicht zu, weil...
Sieht das eingesetzte Verfahren einen Vergleich mit Normwerten vor?	●	○	○
Entsprechen die herangezogenen Normwerte der Fragestellung und der Referenzgruppe der Kandidaten?	●	○	○
Wurden die Normwerte in den letzten acht Jahren neu erstellt oder überprüft?	●	○	○
Zielt der Verfahrenseinsatz auf die Erfassung eines Eignungsmerkmals, dessen Ausprägung sich in der Referenzgruppe möglicherweise kurzfristig verändert? (So könnte die EDV-Kompetenz bei Bewerbern heute durchschnittlich höher ausgeprägt sein als noch vor wenigen Jahren)	○	●	○
Wurden die Normwerte in einem kürzeren Abstand (kürzer als die letzten acht Jahre) neu erstellt oder überprüft?	●	○	○
Gibt es unterschiedliche "Versionen" des Verfahrens, also z.B. eine Papier-Bleistift-Version und eine Computerversion?	●	○	○
Gibt es gesonderte Normen pro Version?	●	○	○
Wurde für die von Ihnen genutzte Version die Übertragbarkeit der Normwerte von einer Vorgabeart auf die andere empirisch nachgewiesen?	●	○	○

Planung der Untersuchungssituation

Frage	Ja	Nein	Trifft nicht zu, weil...
Wurden im Vorhinein Regeln aufgestellt und dokumentiert, die alle Aspekte der Durchführung und Auswertung der Verfahren festlegen?	●	○	○
Wurden im Vorhinein Regeln aufgestellt, wie die über einen Kandidaten erhobenen Informationen zu einem Eignungsurteil zusammengeführt werden?	●	○	○
Bearbeiten alle Kandidaten die Verfahren oder			

Frage	Ja	Nein	Trifft nicht zu, weil...
Teile der Verfahren in der gleichen Reihenfolge?	☉	☐	☐
Kann mit großer Wahrscheinlichkeit davon ausgegangen werden, dass trotz der unterschiedlichen Durchführungsabfolge alle Kandidaten die gleichen Chancen haben?	☐	☐	☉
Wurden im Vorhinein Regeln aufgestellt, wie damit umgegangen wird, wenn während der Bearbeitung eines Verfahrens Kandidaten Nachfragen stellen?	☉	☐	☐
Werden Verfahren zur Eignungsdiagnostik eingesetzt, die auf mündlich gewonnenen Informationen bzw. Verhaltensbeobachtungen basieren?	☐	☉	☐
Liegen für diese mündlich gewonnenen Informationen (z.B. Eignungsinterview) ein Beurteilungssystem und eine Menge von Beispielaussagen vor?	☐	☐	☉
Liegt für diese Verhaltensbeobachtungen ein Beurteilungssystem vor und wurden entsprechende Beispielsverhaltensweisen zusammengestellt?	☐	☐	☉
Werden schriftliche Testverfahren eingesetzt?	☉	☐	☐
Wurden vorab Regeln aufgestellt, wie bei der Auswertung mit nicht bearbeiteten oder ausgelassenen Fragen/Aufgaben umgegangen wird?	☉	☐	☐
Wurden vorab Regeln aufgestellt, ob, wann und wie den Kandidaten die Ergebnisse mitgeteilt werden?	☉	☐	☐

Durchführung

Frage	Ja	Nein	Trifft nicht zu, weil...
Wurde die Verfahrensdurchführung entsprechend den in den Verfahrenshinweisen geforderten räumlichen, personellen und materiellen Rahmenbedingungen gestaltet?	☉	☐	☐
Wurden alle Beteiligten so eingewiesen/trainiert/einbezogen, dass sie sich in einer Weise verhalten, die die Objektivität und Zuverlässigkeit der Ergebnisse garantiert?	☉	☐	☐
Wurden nur die Originalmaterialien des Verfahrens verwendet?	☐	☉	☐

	Ja	Nein	Trifft nicht zu, weil...
Wurde ein computergestütztes Verfahren eingesetzt?	○	◉	○
Wurde die in den Verfahrenshinweisen genannten technischen Vorgaben eingehalten?	◉	○	○
Sind die Anweisungen bzw. Erläuterungen an die Kandidaten verständlich, eindeutig und so weit wie möglich standardisiert?	◉	○	○
Wurde so weit wie möglich dafür gesorgt, dass niemand betrügen, täuschen oder Ergebnisse verfälschen kann?	◉	○	○
Wurden im Vorhinein Regeln aufgestellt, für den Fall, dass aus bestimmten Erwägungen heraus einmal von der geplanten Durchführung abgewichen wird? (Die regeln müssen sicherstellen, dass Abweichung dokumentiert und bei Interpretation berücksichtigt wird)	◉	○	○

Dokumentation

	Ja	Nein	Trifft nicht zu, weil...
Ist der gesamte Prozess der Eignungsbeurteilung so dargestellt, dass die Eignungsbeurteilung von Auftraggeber nachvollzogen werden kann?	◉	○	○

Auswertung

	Ja	Nein	Trifft nicht zu, weil...
Folgt die Auswertung den vorab festgelegten Auswertevorschriften?	◉	○	○
Wurde von den Auswertevorschriften in den Verfahrenshinweisen abgewichen oder gab es Durchführungsstörungen und/oder Verfälschungen?	○	◉	○
Wurden die Abweichung von den Auswertevorschriften, die Störung und/oder Verfälschung dokumentiert und bei der Auswertung berücksichtigt?	○	○	◉
Ist sichergestellt, dass in der Eignungsbeurteilung nur die anforderungsrelevanten Informationen berücksichtigt werden?	◉	○	○
Geben mehrere Beurteiler ein Urteil ab?	○	◉	○

Frage	Ja	Nein	Trifft nicht zu, weil...
Ist die Streubreite (Unterschiedlichkeit) der Informationen bzw. Urteile mehrerer Beurteiler dokumentiert?	○	○	●

Interpretation

Frage	Ja	Nein	Trifft nicht zu, weil...
Wurden die Regeln für die Interpretation der Verfahrensergebnisse und zur abschließenden Eignungsbeurteilung allein vom verantwortlichen Auftragnehmer festgelegt?	○	●	○
Sind die Ergebnisse eines Kandidaten mit Blick auf die Referenzgruppe bewertet worden?	●	○	○
Wurde sichergestellt, dass alle Kandidaten objektiv, unparteiisch und von jedem Beurteiler einzeln und unabhängig beurteilt werden?	●	○	○
Wurden mehrere Informationen über einen Kandidaten erhoben?	●	○	○
Wurde festgehalten, ob und welche Ergebnisse zu gleichsinnigen oder sich widersprechenden Interpretationen führen?	●	○	○
Wurde ein standardisiertes Verfahren eingesetzt?	●	○	○
Wurden Interpretationen von Subtestwerten, Messwertdifferenzen, Profilen oder Reaktionen auf Itemebene vorgenommen?	●	○	○
Wurde die Gültigkeit für diese Subtestwerte, Messwertdifferenzen, Profile oder Reaktionen auf Itemebene nachgewiesen?	●	○	○

Urteilsbildung

Frage	Ja	Nein	Trifft nicht zu, weil...
Gibt die Eignungsbeurteilung Antwort auf alle im erteilten Auftrag gestellten Fragen?	●	○	○
Wird bei der Darstellung der Eignungsbeurteilung darauf eingegangen, auf welche Verfahrensergebnisse sich die Eignungsbeurteilung stützt?	●	○	○
Sind alle Aussagen der Eignungsbeurteilung belegt?	●	○	○
Ist die Darstellung der Eignungsbeurteilung sprachlich verständlich?	●	○	○

Frage	Ja	Nein	Trifft nicht zu, weil...
Wurde ein computergestütztes Verfahren mit automatischer Klassifikation und/oder Textbausteinen für die abschließende Eignungsbeurteilung genutzt?	○	●	○
Ist der Auftragnehmer in der Lage, alle automatisch erfolgenden Schritte der Urteilsbildung inhaltlich nachzuvollziehen?	●	○	○
Übernimmt der Auftragnehmer die Verantwortung für die Richtigkeit des übermittelten Befundes?	●	○	○
Wurden die Kandidaten darauf hingewiesen, dass der Befund automatisiert erstellt wurde?	●	○	○

Verantwortlichkeiten

Frage	Ja	Nein	Trifft nicht zu, weil...
Übernimmt der Auftragnehmer die Hauptverantwortung für die Planung und Durchführung der gesamten Eignungsbeurteilung, für die Auswertung und Interpretation der Ergebnisse sowie für den Bericht an den Auftraggeber?	●	○	○
Wurden Teilaufgaben und -verantwortung vom Auftraggeber auf Mitwirkende übertragen?	○	●	○
Lag die Auswahl und Zusammenstellung der Verfahren ausschließlich in den Händen des Auftragnehmers?	●	○	○
Wurden die Beurteilungsregeln ausschließlich vom Auftragnehmer festgelegt?	●	○	○
Nahm der Auftragnehmer die Fachaufsicht über die Tätigkeit der Mitwirkenden aktiv nachweislich wahr?	●	○	○
Wurden alle Mitwirkenden in ihren jeweiligen Aufgabenbereich entsprechend eingewiesen und für ihre Aufgaben spezifisch geschult?	●	○	○
Wurde vom Auftragnehmer gewährleistet, dass die Mitwirkenden hinreichende Kenntnisse und die persönlichen Voraussetzungen besitzen, um die Verfahren zur Eignungsbeurteilung durchzuführen?	●	○	○

Qualitätsanforderungen an den Auftragnehmer

Frage	Ja	Nein	Trifft nicht zu, weil...
Verfügt der Auftragnehmer über fundierte Kenntnisse von Eignungsbeurteilungen und -soweit möglich- angeleitete Praxiserfahrungen	●	○	○

in Entwicklung, Planung, Gestaltung und kontrollierter Durchführung von Verfahren zur Eignungsbeurteilung sowie deren Evaluation?

Verfügt der Auftragnehmer über fundierte Kenntnisse von Eignungsbeurteilungen und - soweit möglich- angeleitete Praxiserfahrungen in Entwicklung, Planung, Gestaltung und kontrollierter Durchführung von Verfahren zur Eignungsbeurteilung sowie deren Evaluation?

Ja ☒ Nein ☐ Trifft nicht zu, weil... ☐

Kennt der Auftragnehmer die zur Beantwortung der Fragestellung vorhandenen bzw. verfügbaren Verfahren und Prozesse sowie deren Qualität und Einsatzvoraussetzungen?

Ja ☒ Nein ☐ Trifft nicht zu, weil... ☐

Kennt der Auftragnehmer die den Eignungsmerkmalen zugrunde liegenden Konstrukte (gedankliche Konzepte, die aus Überlegungen und Erfahrungen abgeleitet worden sind, um beobachtbares Verhalten zu erklären)?

Ja ☒ Nein ☐ Trifft nicht zu, weil... ☐

Hält der Auftraggeber die Qualitätsstandards und qualitätssichernden Maßnahmen ein und berücksichtigt die rechtlichen Rahmenbedingungen?

Ja ☒ Nein ☐ Trifft nicht zu, weil... ☐

Verfügt der Auftragnehmer über Kenntnisse der Arbeits- und Anforderungsanalyse?

Ja ☒ Nein ☐ Trifft nicht zu, weil... ☐

Verfügt der Auftragnehmer über Kenntnisse von Methoden zur Analyse von Arbeitsanforderungen?

Ja ☒ Nein ☐ Trifft nicht zu, weil... ☐

Verfügt der Auftragnehmer über Kenntnisse von Verfahren zur Darstellung der Ergebnisse in Form eines Anforderungsprofils?

Ja ☒ Nein ☐ Trifft nicht zu, weil... ☐

Verfügt der Auftragnehmer über Kenntnisse von Methoden zur Operationalisierung von Eignungsmerkmalen?

Ja ☒ Nein ☐ Trifft nicht zu, weil... ☐

Verfügt der Auftragnehmer über Kenntnisse von Verfahren der Eignungsbeurteilung?

Ja ☒ Nein ☐ Trifft nicht zu, weil... ☐

Verfügt der Auftragnehmer über Kenntnisse von statistisch-methodischen Grundlagen?

Ja ☒ Nein ☐ Trifft nicht zu, weil... ☐

Verfügt der Auftragnehmer über Kenntnisse von Testtheorien, Messtheorien?

Ja ☒ Nein ☐ Trifft nicht zu, weil... ☐

Verfügt der Auftragnehmer über Kenntnisse der Evaluationsmethodik einschließlich Kosten-Nutzen-Aspekten?

Ja ☒ Nein ☐ Trifft nicht zu, weil... ☐

Frage	Ja	Nein	Trifft nicht zu, weil...
Verfügt der Auftragnehmer über Kenntnisse von Konstruktionsgrundlagen?	☉	☐	☐
Verfügt der Auftragnehmer über Kenntnisse der Einsatzmöglichkeiten?	☉	☐	☐
Verfügt der Auftragnehmer über Kenntnisse der Durchführungsbedingungen?	☉	☐	☐
Verfügt der Auftragnehmer über Kenntnisse der Gütekriterien?	☉	☐	☐
Verfügt der Auftragnehmer über Kenntnisse der Gutachtenerstellung (abschließende Eignungsbeurteilung)?	☉	☐	☐
Verfügt der Auftragnehmer über Kenntnisse der Vorgehensweisen in der Eignungsbeurteilung?	☉	☐	☐
Verfügt der Auftragnehmer über verschiedene Strategien der Eignungsbeurteilung?	☉	☐	☐
Verfügt der Auftragnehmer über Kenntnisse der Beurteilungsprozeduren (verfahrens- und prozessbezogen)?	☉	☐	☐
Verfügt der Auftragnehmer über Kenntnisse über die Abschätzung der Prognosegüte von berufsbezogenen Eignungsbeurteilungen und darauf aufbauenden Entscheidungen?	☉	☐	☐
Verfügt der Auftragnehmer über Kenntnisse der Ergebnisse einschlägiger Evaluationsstudien?	☉	☐	☐
Verfügt der Auftragnehmer über Kenntnisse über die Geltungsbereiche von Eignungsbeurteilungen überhaupt?	☉	☐	☐
Hat der Auftragnehmer dem Auftraggeber die o. a. Qualifikation und seine regelmäßige fachliche Fortbildung nachgewiesen?	☉	☐	☐

Qualitätsanforderungen zur Durchführung von Eignungsinterview, Verhaltensbeobachtungen und -beurteilungen

Frage	Ja	Nein	Trifft nicht zu, weil...
Sind der Auftragnehmer und ggf. Mitwirkende an der Durchführung von Verhaltensbeobachtungen und -beurteilungen beteiligt?	○	○	●
Verfügt der Auftragnehmer und ggf. verfügen die Mitwirkenden über Kenntnisse der Rahmenbedingungen von Verfahren zur mündlichen Informationsgewinnung?	●	○	○
Verfügt der Auftragnehmer und ggf. verfügen die Mitwirkenden über Kenntnisse über einschlägige Evaluationen?	●	○	○
Verfügt der Auftragnehmer und ggf. verfügen die Mitwirkenden über Kenntnisse zum Thema "Beobachtung": Begriff und Verständnis?	●	○	○
Verfügt der Auftragnehmer und ggf. verfügen die Mitwirkenden über Kenntnisse über die Systematik der Beobachtung?	●	○	○
Verfügt der Auftragnehmer und ggf. verfügen die Mitwirkenden über Kenntnisse der Operationalisierungen von Eignungsmerkmalen?	●	○	○
Verfügt der Auftragnehmer und ggf. verfügen die Mitwirkenden über Kenntnisse zur Definition und Abgrenzung von Beobachtungseinheiten?	○	○	○
Verfügt der Auftragnehmer und ggf. verfügen die Mitwirkenden über Kenntnisse über die Registrierung und Dokumentation der Beobachtungen?	○	○	○
Verfügt der Auftragnehmer und ggf. verfügen die Mitwirkenden über Kenntnisse über die Auswertung/Bewertung der Beobachtungen?	○	○	○
Verfügt der Auftragnehmer und ggf. verfügen die Mitwirkenden über Kenntnisse von dem Bezugsmaßstab?	○	○	○
Verfügt der Auftragnehmer und ggf. verfügen die Mitwirkenden über Kenntnisse über das Rating-/Skalierungsverfahren?	○	○	○
Verfügt der Auftragnehmer und ggf. verfügen die Mitwirkenden über Kenntnisse von den Formen der Urteilsbildung?	○	○	○

Frage	Ja	Nein	Trifft nicht zu, weil...
Verfügt der Auftragnehmer und ggf. verfügen die Mitwirkenden über Kenntnisse über Beobachtungsfehler/-verzerrungen?	○	○	○
Verfügt der Auftragnehmer und ggf. verfügen die Mitwirkenden über Kenntnisse von den Gütekriterien (Objektivität, Zuverlässigkeit, Gültigkeit)?	○	○	○
Sind der Auftragnehmer und ggf. Mitwirkende an der Durchführung und Auswertung von Eignungsinterviews beteiligt?	●	○	○
Verfügt der Auftragnehmer und ggf. verfügen die Mitwirkenden über Kenntnisse über Rahmenbedingungen von Verfahren zur mündlichen Informationsgewinnung?	●	○	○
Verfügt der Auftragnehmer und ggf. verfügen die Mitwirkenden über Kenntnisse über einschlägige Evaluationen?	●	○	○
Verfügt der Auftragnehmer und ggf. verfügen die Mitwirkenden über Kenntnisse von Interviewklassifikationen?	●	○	○
Verfügt der Auftragnehmer und ggf. verfügen die Mitwirkenden über Kenntnisse über die Handhabung von Interviewleitfäden?	●	○	○
Verfügt der Auftragnehmer und ggf. verfügen die Mitwirkenden über Kenntnisse über Fragetechniken, Formulierungstechniken?	●	○	○
Verfügt der Auftragnehmer und ggf. verfügen die Mitwirkenden über Kenntnisse über Kriterien zur Beurteilung einzelner Aussagen des Interviewten?	●	○	○
Verfügt der Auftragnehmer und ggf. verfügen die Mitwirkenden über Kenntnisse über Fragebereiche und ihre rechtliche Zulässigkeit?	●	○	○
Werden Sachverständige zur Durchführung der Verfahren der mündlichen Informationsgewinnung hinzugezogen, um fachliche Kenntnisse und Fertigkeiten der Kandidaten zu erkunden?	●	○	○
Arbeiten die hinzugezogenen Personen mit Personen zusammen, die im Sinne der DIN 33430 qualifiziert sind?	●	○	○

LEITSÄTZE für die Vorgehensweise

Anforderungsbezug

Frage	Ja	Nein	Trifft nicht zu, weil...
Liegen die Ergebnisse einer Arbeits- und Anforderungsanalyse vor?	●	○	○
Werden mit der Arbeits- und Anforderungsanalyse die Merkmale eines Arbeitsplatzes, einer Ausbildung bzw. eines Studiums, eines Berufs oder einer beruflichen Tätigkeit ermittelt, die für den beruflichen Erfolg und die berufliche Zufriedenheit bedeutsam sind?	●	○	○
Sind diejenigen Eignungsmerkmale (und ihre Ausprägungsgrade) aus der Anforderungsanalyse abgeleitet worden, die zur Erfüllung der Anforderungen nötig sind?	●	○	○
Ist verdeutlicht, aufgrund welcher Überlegungen die Eignungsmerkmale und ihre Ausprägungsgrade aus der Anforderungsanalyse abgeleitet wurden?	●	○	○
Wurde auf vorhandene Tätigkeits-, Stellen-, Aufgaben- oder Funktionsbeschreibungen zurückgegriffen?	●	○	○
Ist sichergestellt, dass sich seit der Erstellung der Tätigkeits-, Stellen-, Aufgaben oder Funktionsbeschreibungen keine bedeutsamen Veränderungen der Anforderungen ergeben haben?	●	○	○
Sind die Arbeits- und Anforderungsanalysen nachvollziehbar dokumentiert?	●	○	○
Ist dokumentiert, wer an den Arbeits- und Anforderungsanalysen beteiligt war und über welche Qualifikation diese Personen verfügen?	○	●	○
Sind die zur Arbeits- und Anforderungsanalyse herangezogenen Quellen und die eingesetzten Analyse- und Auswertungsverfahren sowie die Ergebnisse dokumentiert?	●	○	○
Zielt die Eignungsbeurteilung auf eine Berufsberatung?	○	●	○
Wurden bei der Arbeits- und Anforderungsanalyse zusätzlich Ergebnisse von Berufsanalysen berücksichtigt?	●	○	○

Informationen über den Arbeitsplatz

Frage	Ja	Nein	Trifft nicht zu, weil...
Werden den Kandidaten vor und/oder während deren Teilnahme am Verfahren Informationen über den Arbeitsplatz und die Aufgaben angeboten, für die sie sich beworben haben?	○	○	●

Vorauswahl

Frage	Ja	Nein	Trifft nicht zu, weil...
Wurden die Vorgehensweise der Vorauswahl und die dafür definierten Auswahlkriterien vorab festgelegt?	○	○	●
Wurden die Vorauswahlkriterien aus dem Anforderungsprofil abgeleitet?	○	○	●
Wurde die Vorauswahl von zwei unabhängigen Beurteilern vorgenommen?	○	○	●

Gesetzliche Vorgaben

Frage	Ja	Nein	Trifft nicht zu, weil...
Wurden die gesetzlichen Vorgaben, z.B. Schweigepflicht, Datenschutzbestimmungen und Mitwirkungsrechte, gewährleistet?	●	○	○
Wurden die Kandidaten darüber informiert, dass ihre Teilnahme an Verfahren zur Eignungsbeurteilung freiwillig ist?	●	○	○
Haben die Kandidaten ihre freiwillige Teilnahme vorab ausdrücklich erklärt?	●	○	○
Wurden zusätzlich zu den Verfahren zur Eignungsbeurteilung weitere Verfahren zum Zweck der Überarbeitung bzw. Neuentwicklung von Verfahren eingesetzt?	○	○	●
Haben die Kandidaten ihre freiwillige Teilnahme an diesen Zusatzverfahren vorab ausdrücklich erklärt?	○	○	●

Untersuchungssituation

Frage	Ja	Nein	Trifft nicht zu, weil...
Haben die Kandidaten bei der Einladung schon Hinweise zum Ablauf der Eignungsuntersuchung und zur Freiwilligkeit der Teilnahme erhalten?			
Wurden die Kandidaten zu Beginn der Untersuchung aufgeklärt über Ziele, Ablauf, Dauer und Funktion der Untersuchung?			
Wurden die Kandidaten zu Beginn der Untersuchung aufgeklärt über an der Untersuchung mitwirkende Personen, deren Berufsausbildung und Qualifikation sowie deren Funktion im Verfahren?			
Wurden die Kandidaten zu Beginn der Untersuchung aufgeklärt über mögliche Folgen mangelnder Kooperation?			
Wurden die Kandidaten zu Beginn der Untersuchung aufgeklärt über die Art der zu erhebenden Daten, ihre Verwendung sowie Ort, Form und Dauer der Aufbewahrung?			
Wurden die Kandidaten zu Beginn der Untersuchung aufgeklärt über Personen, die von den Ergebnissen Kenntnis erhalten?			
Dient die Untersuchungssituation auch der Weiterentwicklung eines Verfahrens?			
Wurden die Kandidaten darauf hingewiesen, dass die Untersuchungssituation auch der Weiterentwicklung des Verfahrens dient?			
Wurde es den Kandidaten ermöglicht, sich mit dem Auftragnehmer über die Untersuchung auszutauschen?			
Wurden die Kandidaten zeitlich, psychisch und körperlich nicht mehr als für den Untersuchungszweck/Weiterentwicklungszweck nötig beansprucht?			
Wurden Pausen, Wartezeiten und deren Mindestdauer vorab festgelegt und den Kandidaten vorab mitgeteilt?			
Wurden die Untersuchungsbedingungen so gestaltet, dass es den Kandidaten möglich ist, ihr anforderungsbezogenes Potenzial zu zeigen?			

Frage	Ja	Nein	Trifft nicht zu, weil...
Wurden die Untersuchungsbedingungen so gestaltet, dass die Verfahrensergebnisse nicht durch Betrug und/oder Täuschung manipuliert werden können?	●	○	○

Anforderungen an Verfahrenshinweise

Allgemeines

Frage	Ja	Nein	Trifft nicht zu, weil...
Sind die Verfahrenshinweise dem Anwender der Verfahren und in Sonderfällen auch Außenstehenden zugänglich?	●	○	○
Gibt es Bedarf, die Verfahrenshinweise zu berichtigen, zu ergänzen oder zu überarbeiten?	○	●	○
Gibt es eine überarbeitete Version der Verfahrenshinweise?	○	○	●
Wurde in der überarbeiteten Version der Handanweisung angegeben, was an der Ausgangsversion verändert wurde und warum?	○	○	●
Werden empirische Belege für die Leistungsfähigkeit des Verfahrens zur Eignungsbeurteilung zitiert, die noch nicht veröffentlicht sind?	○	●	○
Werden die nicht veröffentlichten empirischen Belege für die Leistungsfähigkeit des Verfahrens zur Eignungsbeurteilung auf Anfrage zur Verfügung gestellt?	○	○	●
Sind alle Quellen, die vom Autor bzw. Vertreiber des Verfahrens zur Eignungsbeurteilung in den Verfahrenshinweisen zitiert werden, zugänglich?	●	○	○
Gibt es allgemein nicht zugängliche zusätzliche Informationen, die für eine Beurteilung der Tauglichkeit eines Verfahrens zur Eignungsbeurteilung herangezogen werden können?	○	○	●
Werden die zusätzlichen Informationen, die für eine Beurteilung der Tauglichkeit eines Verfahrens zur Eignungsbeurteilung herangezogen werden können, auf Nachfrage vom Entwickler, Herausgeber oder Verleger der Verfahren zur Verfügung gestellt?	○	○	●
Wird beschrieben, welche situativen Rahmenbedingungen für den störungsfreien	●	○	○

Frage	Ja	Nein	Trifft nicht zu, weil...
Einsatz der Verfahren notwendig sind?			
Sind die zu befürchtenden/möglichen Störungen beim Verfahrenseinsatz und deren Auswirkungen benannt?	☉	☐	☐
Ist angegeben, wie und in welchem Ausmaß potenzielle Störungen des Verfahrenseinsatzes kompensiert werden können?	☉	☐	☐
Sind die Maßnahmen, mit denen potenzielle Störungen des Verfahrenseinsatzes kompensiert werden können, beschrieben?	☉	☐	☐
Ist beschrieben, welche äußeren apparativen Störungen des Verfahrenseinsatzes auftreten können?	☉	☐	☐
Ist beschrieben, welche personenbedingten Störungen des Verfahrenseinsatzes auftreten können?	☉	☐	☐
Ist beschrieben, welche weiteren Faktoren auf die Verfahrensbearbeitung und auf das Verfahrensergebnis Einfluss nehmen können?	☉	☐	☐
Ist in den Verfahrenshinweisen angegeben, mit welchen Verfälschungen zu rechnen ist?	☉	☐	☐
Ist dargestellt, wie einer Verfälschung durch die Art der Verfahrensvorgabe und -durchführung sowie ggf. auch bei der Auswertung entgegengewirkt werden kann?	☉	☐	☐
Ist sichergestellt, dass die Kandidaten im gleichen Maße Zugang oder keinen Zugang zu Vorinformationen, Kenntnis einzelner Items u.a. haben (Verfahrensschutz)?	☉	☐	☐
Werden in den Verfahrenshinweisen die Ergebnisse empirischer Untersuchungen (z.B. Normierungsuntersuchungen) berichtet?	☉	☐	☐
Ist das Jahr der Datenerhebung verzeichnet?	☉	☐	☐
Enthalten die Verfahrenshinweise deskriptive Statistiken?	☉	☐	☐
Ist der realisierte Stichprobenplan dargestellt?	☉	☐	☐
Werden Angaben zu den Teilnehmerquoten getroffen?	☉	☐	☐
Erfordert die Durchführung des Verfahrens			

besondere Qualifikationen?

(•) ( ) ( )

Weisen die Verfahrenshinweise auf die besonderen, für die Durchführung des Verfahrens notwendigen Qualifikationen hin?

Ja (•) Nein ( ) Trifft nicht zu, weil... ( )

Wahrheitsgetreue Information

Sind alle Publikationen und/oder Kurzdarstellungen und/oder in Werbematerialien dargebotenen Informationen zum Verfahren wahrheitsgetreu und auf Anforderung belegbar?

Ja (•) Nein ( ) Trifft nicht zu, weil... ( )

Vermeiden die Vertreiber und Anwender von Verfahren zur Eignungsbeurteilung Werbestrategien, die nahe legen, dass ein Verfahren mehr oder anderes leistet, als aufgrund der empirischen bzw. theoretischen Grundlagen des Verfahrens zur Eignungsbeurteilung belegt werden konnte?

Ja (•) Nein ( ) Trifft nicht zu, weil... ( )

Aufwand und Zeitbedarf

Liefern die Verfahrenshinweise alle notwendigen Informationen, aus denen der Anwender den Aufwand (z.B. Material, Personal, Räumlichkeiten) für die Anwendung abschätzen kann?

Ja (•) Nein ( ) Trifft nicht zu, weil... ( )

Liefern die Verfahrenshinweise alle notwendigen Informationen, aus denen der Anwender die zeitliche Belastung für den Kandidaten und den Anwender der Verfahren abschätzen kann (z.B. Vorbereitungs-, Durchführungs- und Auswertungszeiten)?

Ja (•) Nein ( ) Trifft nicht zu, weil... ( )

Zielsetzung der Verfahren

Liefern die Verfahrenshinweise Angaben zu den Zielsetzungen der Verfahren, die es dem Anwender ermöglichen, seinen Beitrag zur Eignungsbeurteilung zu erkennen?

Ja (•) Nein ( ) Trifft nicht zu, weil... ( )

Sind missbräuchliche Anwendungen des Verfahrens zur Eignungsbeurteilung nahe liegend?

Ja ( ) Nein (•) Trifft nicht zu, weil... ( )

Geben die Verfahrenshinweise warnende Hinweise auf missbräuchliche Anwendungen?

Ja (•) Nein ( ) Trifft nicht zu, weil... ( )

Gibt es Verfahrensanwendungen, die nicht bzw. nicht mehr gerechtfertigt sind?

Ja Nein Trifft nicht zu, weil...

Frage	Ja	Nein	Trifft nicht zu, weil...
	●	○	○
Wurde die Fachöffentlichkeit auf Verfahrensanwendungen, die nicht bzw. nicht mehr gerechtfertigt sind, hingewiesen?	●	○	○
Wurde auf Anfrage deutlich gemacht, welche Verfahrensanwendungen nicht bzw. nicht mehr gerechtfertigt sind?	●	○	○
Ist der aktuellste Nachweis über die Gültigkeit des Verfahrens für den intendierten Anwendungsbereich jünger als acht Jahre?	●	○	○
Kann das Verfahren lediglich für Erprobungs- oder für Forschungszwecke verwendet werden?	○	●	○
Wird in den Verfahrenshinweisen darauf hingewiesen, dass das Verfahren lediglich für Erprobungs- oder für Forschungszwecke verwendet werden kann?	○	○	●

Theoretische Grundlagen psychometrischer Verfahren

Frage	Ja	Nein	Trifft nicht zu, weil...
Handelt es sich bei dem eingesetzten Verfahren um ein psychometrisches Verfahren?	●	○	○
Sind die theoretischen Grundlagen des Verfahrens zur Eignungsbeurteilung hinreichend ausführlich beschrieben?	●	○	○
Ist die Grundkonzeption ohne zusätzliche Sekundärliteratur anhand der Verfahrenshinweise nachvollziehbar?	●	○	○
Hat der Autor Modifikationen an etablierten theoretischen Vorstellungen vorgenommen?	○	●	○
Sind die vom Autor vorgenommenen Modifikationen an etablierten theoretischen Vorstellungen in den Verfahrenshinweisen verdeutlicht?	●	○	○
Beziehen sich die Verfahrenshinweise auf eine empirische Arbeit?	●	○	○

Frage	Ja	Nein	Trifft nicht zu, weil...
Ist die empirische Arbeit in den Verfahrenshinweisen so dargestellt, dass eine kritische Würdigung der Ergebnisse dieser empirischen Arbeit hinsichtlich ihrer theoretischen und methodischen Grundlagen möglich ist?			
Entspricht die Dokumentation der empirischen Arbeit den üblichen Kriterien für wissenschaftliche Publikationen?			

Zuverlässigkeit (Reliabilität)

Frage	Ja	Nein	Trifft nicht zu, weil...
Ist in den Verfahrenshinweisen angegeben, nach welcher Methode die Zuverlässigkeit bestimmt wurde?			
Ist in den Verfahrenshinweisen beispielhaft erläutert, warum die herangezogene Methode der Zuverlässigkeitsbestimmung für verschiedene Typen von Eignungsbeurteilungen angemessen ist?			
Gibt es Erkenntnisse darüber, dass sich die Zuverlässigkeitswerte bzw. Standardmessfehler für verschiedene (sozio-)demographische Gruppen (z.B. nach Alter, Geschlecht, Ausbildung, Nationalität) maßgeblich voneinander unterscheiden?			
Werden für verschiedene Gruppen, fpr die das Verfahren empfohlen wird, verschiedene Zuverlässigkeitswerte angegeben?			
Wird in den Verfahrenshinweisen beschrieben wie die zur Zuverlässigkeitsbestimmung herangezogenen Untersuchungsgruppen zusammengesetzt waren?			
Sollen mit dem Verfahren Eignungsmerkmale erfasst werden, für die eine zumindest relative Zeit- und Situationsstabilität angenommen wird?			
Wurde die Zuverlässigkeit über die Retest-Methode bestimmt oder die Retest-Reliabilität durch einen geeigneten Untersuchungsplan geschätzt?			
Wurde das zur Bestimmung der Retest-Reliabilität gewählte Vorgehen begründet?			
Ist der aktuellste Nachweis jünger als acht Jahre, dass die Zuverlässigkeitswerte gelten?			

Gültigkeit

Frage	Ja	Nein	Trifft nicht zu, weil...
Sind die Gültigkeitshinweise und die dazu eingesetzten statistischen Analysemethoden in den Verfahrenshinweisen bzw. in einer Auftraggebern, Kandidaten und interessierten Fachvertretern zugänglichen Publikation dokumentiert?	●	○	○
Wird aus den Verfahrenshinweisen deutlich, welche empirischen Nachweise der Inhalts-, Kriteriums- und/oder Konstruktvalidität eine Anwendung des Verfahrens zur Eignungsbeurteilung rechtfertigen?	●	○	○
Werden bei den Ausführungen zur Gültigkeit, die die Anwendung des Verfahrens zur Eignungsbeurteilung rechtfertigen, die Fragestellung und die Zielgruppe berücksichtigt?	●	○	○
Wird bei den Ausführungen zur Gültigkeit, die die Anwendung des Verfahrens zur Eignungsbeurteilung rechtfertigen, begründet, warum welche Methode der Gültigkeitsanalyse angewendet wurde?	●	○	○
Ist in den Verfahrenshinweisen angegeben, welches Verfahrensergebnis ...			
...bezüglich welchen Bewährungskriteriums,...	●	○	○
... für welche Referenzgruppe,...	●	○	○
...in welcher Situation,...	●	○	○
... in welcher Untersuchung,...	●	○	○
... zu welchem Zeitpunkt erzielt wurde?	●	○	○
Wird in den Verfahrenshinweisen darüber informiert, ob für einige Untersuchungsteilnehmer Ergebnisse zur Verfahrensgültigkeit fehlen?	○	●	○
Werden die Gründe benannt, warum für einige Untersuchungsteilnehmer keine Ergebnisse zur Verfahrensgültigkeit vorliegen?	○	○	●
Sind einige der vorliegenden Gültigkeitsbelege jünger als acht Jahre?			

Frage	Ja	Nein	Trifft nicht zu, weil...
	●	○	○
Wurde das Verfahren zur Eignungsbeurteilung wesentlich geändert?	○	●	○
Wurden für das geänderte Verfahren zur Eignungsbeurteilung neue Gültigkeitsbelege erbracht?	○	○	●
Wurden zur Bestimmung der Gültigkeit Methoden der statistischen Adjustierung angewandt (z.B. Minderungskorrektur oder Variabilitätskorrektur)?	●	○	○
Sind in den Verfahrenshinweisen sowohl die ursprünglich erhaltenen als auch die korrigierten Kennwerte aufgeführt?	●	○	○
Sind in den Verfahrenshinweisne alle im Zusammenhang mit der Adjustierung verwendeten Statistiken genannt?	○	●	○
Sind in den Verfahrenshinweisen neben den statistisch optimierten Schätzungen (z.B. multiple Regression) auch die einfachen Schätzungen angegeben?	●	○	○
Konnten die optimierten Schätzungen an einer anderen Personengruppe aus dem Geltungsbereich des Verfahrens zur Eignungsbeurteilung repliziert werden?	●	○	○
Wurden die statistischen Optimierungsprozeduren in handlungsleitende Beurteilungsregeln umgesetzt?	●	○	○
Wird der Gültigkeitsanspruch damit begründet, dass Gültigkeitshinweise aus anderen Untersuchungen in Anspruch genommen werden (Validitätsgeneralisierung)?	○	●	○
Ist in den Verfahrenshinweisen ausführlich dargestellt und begründet, welche Befunde generalisiert werden können (Darstellung der entsprechenden Studien, Literaturübersichten und Metaanalysen)?	●	○	○
Ist in den Verfahrenshinweisen ausführlich dargestellt und begründet, weshalb und in welchem Ausmaß sich die Gültigkeitshinweise übertragen lassen, die sich aus den der Gültigkeitsgeneralisierung zugrunde gelegten Studien ergeben?	○	○	●

Frage	Ja	Nein	Trifft nicht zu, weil...
Wird dabei auf die Ähnlichkeit zwischen der vorliegenden Fragestellung eingegangen (z.B. Vergleichbarkeit der Charakteristika der untersuchten Gruppen, des Verfahrens zur Eignungsbeurteilung, des Kriteriums usw.)?	○	○	●
Gibt es Hinweise darauf, dass das Verfahren gruppenspezifische Ergebnisse liefert?	●	○	○
Ist für jede der Gruppen, für die das Verfahren gruppenspezifische Ergebnisse liefert, empirisch untersucht und dokumentiert worden, wie sich die Gruppenspezifität der Verfahrensergebnisse auf mögliche Entscheidungen auswirkt?	●	○	○
Ist die den Analysen zugrunde gelegte Fairness-Auffassung expliziert?	○	●	○
Wurde die Wahl eines bestimmten Fairness-Modells begründet?	○	○	●
Gibt es Gruppen, bei denen das Verfahren zur Eignungsbeurteilung nicht als Entscheidungsgrundlage genutzt werden sollte?	●	○	○
Ist angegeben, für welche Gruppe das Verfahren zur Eignungsbeurteilung nicht als Entscheidungsgrundlage genutzt werden darf?	●	○	○
Sieht das Verfahren gruppenspezifische Normierungen vor (z.B. Alters-, Geschlechts- und Bildungsnormen)?	●	○	○
Sind die gruppenspezifischen Normierungen begründet und in ihren Effekten beschrieben?	●	○	○

Konstruktgültigkeit

Frage	Ja	Nein	Trifft nicht zu, weil...
Ist das interessierende Konstrukt von anderen Konstrukten klar abgrenzbar und in einen theoretischen Rahmen eingebettet?	●	○	○
Sind das Konstrukt und die diesbezüglichen empirisch-psychologischen Forschungsergebnisse in den Verfahrenshinweisen so beschrieben, dass sie ohne Sekundärliteratur verstehbar sind?	●	○	○
Sind verfahrensrelevante theoretische Alternativen dargestellt?	○	●	○

Frage	Ja	Nein	Trifft nicht zu, weil...
Sind empirische Ergebnisse dargestellt, die den zugrunde gelegten Annahmen widersprechen?	○	●	○
Ist aufgrund von inhaltlichen Überlegungen und empirischen Ergebnissen dargelegt, wie sich das fragliche Konstrukt zu ähnlichen (konvergente Gültigkeit) und unähnlichen Konstrukten (diskriminante Gültigkeit) verhält?	●	○	○

Kriteriumsgültigkeit

Frage	Ja	Nein	Trifft nicht zu, weil...
Ist bei der Analyse der Kriteriumsgültigkeit des Verfahrens zur Eignungsbeurteilung beschrieben, warum die in der Analyse verwendeten Kriterien sowie seine Operationalisierungen angemessen sind?	●	○	○
Sind die inhaltliche und technische Qualität der Kriterienmaße ausführlich dargestellt?	●	○	○
Wurde die Angemessenheit des Designs (retrograd, konkurrent oder prädiktiv) der Analyse der Kriteriumsgültigkeit erläutert?	●	○	○
Wurde die Angemessenheit der für die Analyse der Kriteriumsgültigkeit herangezogenen Untersuchungsgruppe erläutert?	●	○	○
Wird die Kriteriumsgültigkeit anhand einer Studie aufgezeigt, in der Eignungsbeurteilungen die Grundlage für Auswahl- und/oder Klassifikationsentscheidungen sind?	●	○	○
Wird die Kriteriumsgültigkeit auch unter entscheidungstheoretischen Gesichtspunkten diskutiert?	●	○	○
Liegen der Fachöffentlichkeit Kriteriumsgültigkeiten vergleichbarer Verfahren für gleiche oder ähnliche Anwendungsbereiche vor?	●	○	○
Werden in den Verfahrenshinweisen auch Kriteriumsgültigkeiten vergleichbarer Verfahren für gleiche oder ähnliche Anwendungsbereiche berichtet?	○	●	○

Inhaltsgültigkeit

Frage	Ja	Nein	Trifft nicht zu, weil...
Wird für das Verfahren Inhaltsgültigkeit in Anspruch genommen?	(•)	( )	( )
Sind der im Verfahren abgebildete Inhaltsbereich und seine Bedeutung für die vorgesehene Eignungsbeurteilung in den Verfahrenshinweisen beschrieben?	(•)	( )	( )
Geht aus der Beschreibung des Inhaltsbereiches und seiner Bedeutung für die vorgesehene Eignungsbeurteilung hervor, dass die den Inhaltsbereich definierenden Merkmale wesentliche Determinanten für das erwünschte Verhalten in den in Frage stehenden Ausbildungs-, Tätigkeits- und Berufsbereichen darstellen?	(•)	( )	( )
Sind die Regeln für die Erzeugung des dem Verfahren zugrunde liegenden Itemuniversums dargestellt?	(•)	( )	( )
Sind die Regeln für die systematische Zusammenstellung der Itemstichprobe dargestellt?	(•)	( )	( )
Wurde von Experten beurteilt, ob das Verfahren den definierten Inhaltsbereich repräsentiert?	( )	(•)	( )
Sind der fachbezogene Ausbildungsstand, die Erfahrung und die Qualifikation dieser Experten beschrieben?	( )	( )	( )
Ist erläutert, wie die Experten zu einer Einschätzung gekommen sind?	( )	( )	( )
Wurde angegeben, inwieweit die Expertenbeurteilungen übereinstimmten?	( )	( )	( )

Leitfragen	mögliche Antwortalternativen	Erfahrungen / Empfehlungen
Zu welchem Zweck soll die Kompetenzmessung und -bilanzierung durchgeführt werden?	Anforderungsorientierte Personalentwicklung	Es muss gewährleistet sein, dass die, sich aus den Kompetenzbilanzierungen ableitenden, anforderungs-orientierten Maßnahmen zur Personalentwicklung auf die tatsächlichen Bedarfe der Belegschaft angepasst werden und als tatsächliches Ziel die Entwicklung der erhobenen Kompetenzdefizite verfolgt.
	Personalbeschaffung (intern / extern)	Eine Kompetenzbilanzierung zu Rekrutierungszwecken sollte stets um weitere Auswahlverfahren ergänzt werden um ein möglichst umfassendes Bewerberbild zu erlangen
	organisationale strategische Restrukturierungen / strategische Ausrichtung des Unternehmens auf der Basis vorhandener Mitarbeiterkompetenzen	Eine unmittelbare Integration von Mitarbeiterkompetenzen in organisationale Strategieausrichtungen bedarf einer Unternehmenskultur, die Kompetenzentwicklung unterstützt und fördert (vgl. Kapitel 8.2).
	kompetenzbasierte Gruppen- und Teamzusammenstellungen	Mittels Kompetenzbilanzierungen können Arbeitsgruppen auch über rein fachliche Qualifikationen hinaus zusammengestellt und somit
	Controlling von Weiterbildungsmaß-nahmen	im Sinne einer „Vorher-Nacher-Messung" um valide bestimmen zu können, ob eine Weiterbildungsmaßnahme auch tatsächlich zur Entwicklung von zuvor definierten Kompetenzen beigetragen hat.
Welche Kompetenzen sollen erhoben werden?	Kompetenzen bezogen auf gegenwärtige stellen-/ unternehmens-bezogene Anforderungen	Hierzu dienen die Quellen, die zur Generierung der Soll-Kennwerte aufgeführt sind (s. u.).
	Kompetenzen bezogen auf gegenwärtige und *zukünftige* Anforderungen	Zur Generierung von zukünftigen kompetenzbezogenen Anforderungen bieten sich Methoden der Zukunftsforschung bzw. der Szenariotechnik an (vgl. Kapitel 6.2.1)
Welche Vergleichswerte / Benchmarks / Richtlinien sollen der Kompetenz-bilanzierung zu Grunde gelegt werden?	Erstellen von Stellenanforderungsprofilen	
	Unternehmensinterne Benchmarks (Positions-/ Entgeltgruppen, Arbeitsgruppen, Unternehmensstandorte,...)	Es sollte im Vorfeld definiert werden, welche Aussagefähigkeit bzw. welchen Mehrwert die Vergleichswerte in Bezug auf die persönlichen Kompetenzprofile besitzen
Wie sollen die Soll-Kennwerte generiert werden?	Analyse bereits vorhandener Stellen- und Anforderungsbeschreibungen	als alleiniger methodischer Zugang nur dann sinnvoll, wenn neben fachlichen Qualifikationen auch überfachliche, kompetenzspezifische Anforderungen aufgeführt sind
	Befragungen von Stelleninhabern	als Ergänzung zu weiteren Analysequellen stets empfehlenswert
	Beragungen von internen / externen Kunden	ausgesprochen empfehlenswert, wenn es um die Generierung eines perspektivisch umfassenden Anforderungsprofils geht
	Arbeits- / Tätigkeitsanalyseverfahren (vgl. u. a. Luczak 1998)	Vorsicht: Häufig in erster Linie auf fachliche Qualifikationen bezogen!
	Techniken der Zukunftsforschung (vgl. Kapitel...)	notwendiger Zugang, wenn zukünftige Anforderungen in die Kompetenzbilanzierung integriert werden sollen
Wie definieren sich die Teilnehmer an der Kompetenzmessung und -bilanzierung?	Unternehmensinterne Teilnehmer • alle Mitarbeiter • Teile der Belegschaft	
	Unternehmensexterne Teilnehmer • Bewerber auf ausgeschriebene Stellen	

Wie soll das Verfahren zur Kompetenzmessung und -bilanzierung konzipiert sein?	Einheitliches Verfahren für alle Teilnehmer mit einheitlich zu erfassenden Kompetenzen sowie einheitlichen Auswertungsmodali-täten	Vorteil: Auch Kompetenzen, die nicht im beruflichen Alltag gefordert sind, werden offen gelegt (Potenzialerkennung) Nachteil: 1. Das zu konzipierende Verfahren kann zu teilnehmer-spezifischer Über- oder Unterforderung 2. Es werden keine stellenspezifischen Anforderungen berücksichtigt, wodurch ein Stellen-Soll-Profil als Anforderungs-kennwert ausscheidet.
	Einheitliches Verfahren für alle Teilnehmer mit einheitlich zu erfassenden Kompetenzen und stellen- / positionsspezifischen Auswertungsmodalitäten	Auch Kompetenzen, die nicht im beruflichen Alltag gefordert sind, werden erfasst und gleichzeitiger Berücksichtigung der jeweiligen stellen- / positionsspezifischen kompetenzorientierten Anforderungsausprägungen
	Differenziertes Verfahren in Abhängigkeit von den stellenspezifischen Anforderungen und diesbezüglich variierenden zu erfassenden Kompetenzen	Vorteil: Über- und Unterforderungen werden durch benutzergruppenspezifische Verfahren vermieden Nachteil: Es werden lediglich stellenspezifische Kompetenzen erfasst, Potenziale bleiben ungenutzt
Welche zentralen Anforderungen soll das zu entwickelnde unternehmens-spezifische Verfahren erfüllen?	• zeitliche / finanzielle Ökonomie • Akzeptanz der Teilnehmer • Erfüllung klassischer Gütekriterien • DIN-konform • Datenschutz • ... (vgl. Kapitel 5)	Das Unternehmen sollte im Rahmen seiner Anforderungen an das Verfahren zur Kompetenzmessung und -bilanzierung Schwerpunkte setzen und sich darüber bewusst werden, dass sich die Erfüllung einzelner Anforderungen gegenseitig beeinflussen kann (so kann ein Verfahren mit ausgeprägter zeitlichen Ökonomie die Akzeptanz des Verfahrens durchaus negativ beeinflussen, vgl. Kapitel 5)
In welcher Form soll die Datenerhebung erfolgen?	computergestützte Erhebung	Vorteile: • zeitsparendes Vorgehen, da eine Dateneingabe der externen Berater nicht erforderlich ist. • Computergestützte Verfahren können den Eindruck eines innovativen Unternehmens vermitteln und sich positiv auf das Unternehmensimage auswirken (vgl. Kanning 2004) • Antworten der Teilnehmer können „erzwungen" werden
		Nachteile: • Es kann zu Akzeptanzproblemen kommen bei Teilnehmern, die Berührungsängste bezüglich Computertechnologien aufweisen (vgl. Kapitel BB). • Es entstehen höhere Entwicklungs- und Durchführungskosten als bei Papier-Pencil- • Die Teststruktur und die Auswertungsprinzipien bleiben im Verborgenen (Transparenzverlust). (vgl. hierzu Kanning 2004, 123-130)
	„Papier-Bleistift-Verfahren"	komplementäre Vor- und -Nachteile zum computergestützten Vorgehen

Wie sollen die Teilnehmer über die Ziele des Verfahrens, den Ablauf, die Ergebnisverwertung und die Nutzengewinnung informiert werden?	bei unternehmensinterner Durchführung: 1. Informationsveran-staltungen für alle betroffenen Mitarbeiter 2. Informationsveran-staltungen an das mittlere Management (Multiplikatorenprinzip) durch Unternehmensvertreter und externe Experten	Das unter Punkt 2 aufgeführte Vorgehen kann nur dann empfohlen werden wenn das Unternehmen über eine lückenlose Informationspolitik verfügt. Um einen Informationsfluss aus „erster Hand" zu gewährleisten und alle beteiligten Mitarbeiter anzusprechen, bieten sich Informationsveranstaltungen wie unter Punkt 1. beschrieben an. Hierbei gilt jedoch der durch Arbeitsausfall entstehende Kostenfaktor zu berücksichtigen
	bei unternehmensexterner Durchführung: 1. Einweisung der Bewerber hinsichtlich Ziel und Ergebnisverwertung der Kompetenzbilanzen durch Unternehmensvertreter 2. wie Punkt eins, allerdings durch externe Berater	Nachteil von Punkt 2: Das Verfahren kann bei diesem Vorgehen wie ein anonymer Selektierungsprozess wirken, ohne dass ein Bezug zum Unternehmen und seinen Zielsetzungen hergestellt wird.
Wie kann eine größtmöglichste Akzeptanz des Verfahrens aus Anwendersicht erzielt werden?	Information / Transparenz bzgl. Ziel, Ablauf und Ergebnisverwertung öffentliche Gewährleistung des Datenschutzes Herausstellen des individuellen Nutzens zeitnahe Ableitung von weiterführenden Maßnahmen ...	Zur Bedeutung der sozialen Akzeptanz von Kompetenzmess- und –bilanzierungsverfahren siehe Kapitel 5. Es gilt zu berücksichtigen, dass nicht nur die Akzeptanz der Belegschaft bei einer internen Durchführung anzustreben ist, im Sinne einer notwendigen Voraussetzung für eine effektive Implementierung und Ergebnisgenerierung. Auch die Akzeptanz des Verfahrens von externen Bewerbern ist für ein Unternehmen unbedingt anzustreben, da Auswahlverfahren einen entscheidenden Einfluss auf das subjektive Erleben des Unternehmensimage nehmen (vgl. Kapitel 5.2).
Inwieweit muss die Arbeitnehmervertretung / der Betriebsrat in den Prozess der Kompetenzbilanzierung eingebunden werden?	zu diesbezüglichen gesetzlichen Bestimmungen s. BetrVG §§92-95	Obgleich die Abstimmungsprozesse zwischen Betriebsrat, Geschäftsführung und Mitarbeiterschaft im Rahmen von Maßnahmen zu Personalangelegenheiten sehr langwierig sein können, hat sich in der betrieblichen Umsetzung des hier vorgestellten Vorgehens zur Kompetenzmessung und –bilanzierung die frühzeitige Kooperation mit dem Betriebsrat als ausgesprochen erfolgreich, insbesondere im Hinblick auf eine verbesserte Akzeptanz des Verfahrens bei der Mitarbeiterschaft erwiesen.
Welche Ressourcen (finanzielle, zeitliche, räumliche,...) werden für den Prozess der Kompetenzmessung und –bilanzierung aufgebracht werden bzw. werden benötigt?	bei unternehmensinterner Durchführung: Das benötigte Zeitkontingent und der damit verbundene finanzielle Aufwand für die Kompetenzbilanzierung orientiert sich 1. an der Anzahl der Teilnehmenden Mitarbeiter (Aufwand der externen Berater) 2. an der Anzahl der zu erhebenden Kompetenzen (= Zeitaufwand für die Erhebung, dieser entspricht der Ausfallzeit der Mitarbeiter und der benötigten Beraterzeit) bei unternehmensexterner Durchführung (Rekrutierungsprozess): Ausfallzeiten müssen nicht berücksichtigt werden, für die Bestimmung des Zeitaufwandes der externen Berater gelten die gleichen Kriterien wie bei der internen Durchführung. generell: räumliche Voraussetzungen müssen in Anpassung an den Umfang der jeweiligen Erhebungen (Einzel- oder Gruppenerhebungen) geschaffen sein	Generell lässt sich die für eine Kompetenzmessung benötigte Netto-Zeit in Abhängigkeit von den zu erhebenden Kompetenzen exakt bestimmen (je zu erhebende Kompetenz ca. 20-30 Minuten). Es hat sich in der betrieblichen Umsetzung der Kompetenzbilanzierung jedoch als empfehlenswert herausgestellt, die reine Netto-Zeit der Erhebung mit einem ausreichenden zeitlichen Puffer zu versehen, um den Teilnehmern Raum für Fragen und Diskussionen zu geben, Pausen bedarfsorientiert gestalten zu können und den Stressfaktor des zeitlichen Drucks zu reduzieren.

Leitfragen	mögliche Antwortalternativen	Erfahrungen / Empfehlungen
Welchen realistischen Zeitbedarf je Mitarbeiter / Bewerber gilt es, für die Kompetenzerhebung anzusetzen?	Nettozeit der Erhebung (je Kompetenz ca. 20 Minuten) + einen ausreichenden Zeitkorridor für Fragen, Instruktionen, Pausen u. ä. (ca. 30-50 Minuten)	Während sich die Nettozeit der Erhebung unmittelbar aus dem Verfahren bzw. den zu erhebenden Kompetenzen ableitet und nicht zu variieren ist, wird der benötigte zusätzliche Zeitkorridor in erster Linie durch den noch zu leistenden Informations-Umfang bezüglich des Verfahrens und seiner betrieblichen Zielsetzung und Ergebnisverwertung bestimmt.
Welche Aspekte müssen berücksichtigt werden, damit die Durchführung der Kompetenzmessung möglichst effektiv, akzeptiert und Kosten sparend erfolgen kann?	Bei unternehmensinterner Durchführung: Wie kann der Verfahrensablauf geplant werden, damit die Ausfallzeiten möglichst gering gehalten werden? (vor allem im Schichtsystem)	In der praktischen Umsetzung des hier vorgestellten Verfahrens haben sich positions-, hierarchie- und schichtübergreifende Zusammensetzungen von Mitarbeitergruppen für die Kompetenzerhebung bewährt, da damit auf einzelne Bereiche konzentrierte Ausfallzeiten vermieden werden. Außerdem kann mit dieser Vorgehensweise das Verständnis von Kompetenzen als Selbstorganisationen, die in ihrer individuellen Ausprägung unabhängig von Bildungsgrad, beruflicher Position oder unternehmerischem Hierarchiegrad sind, glaubhafter transportiert werden.
	Wie erfolgt die Vergütung für Teilnahme an der Kompetenzmessung, wenn Mitarbeiter außerhalb ihrer Arbeitszeit an der Erhebung teilnehmen?	Unabhängig von der Wahl eines entsprechenden Vergütungssystems (Zeitausgleich, bezahlte Überstunden o. ä.) ist es wichtig, deutlich herauszustellen, dass die Kompetenzmessung als Arbeitszeit gilt und als solche vom Unternehmen anerkannt und vergütet wird.
	bei unternehmensexternen Teilnehmern: Welche Kosten werden übernommen?	Üblicherweise sind an dieser Stelle lediglich die Fahrkosten zum Standort von Unternehmensseite zu kalkulieren.
	Sind Gruppenerhebungen terminlich realisierbar und sinnvoll?	Die Beantwortung dieser Frage hängt zum einen von der Anzahl der Bewerber ab, zum anderen davon, ob Individualität oder ein gewisser Gleichheitsaspekt bei der Bewerberauswahl kommuniziert werden soll.
Wie kann trotz kommunizierter Freiwilligkeit der Teilnahme (vgl. Kapitel 7.2.1) eine möglichst große Teilnahmebereitschaft erzielt werden?	Neben der angestrebten unternehmerischen Ergebnisverwertung gilt es, den individuellen Nutzen der Kompetenzmessung und –bilanzierung herauszustellen um damit eine intrinsische Motivation (vgl. Luczak 1998) der Beschäftigen bzw. potenziellen Mitarbeiter zu der Teilnahme an der Kompetenzerhebung zu erwirken.	Bei betriebsinterner Durchführung der Kompetenzbilanzierung kann deren individueller Nutzen z.B. in zugesicherten bedarfsorientierten Weiterbildungsmaßnahmen, in einer offiziellen Anerkennung der erzielten Kompetenzausprägungen anhand eines Punktesystems o. ä. herausgestellt werden. Bei einer Durchführung der Kompetenzmessung und –bilanzierung zu externen Rekrutierungszwecken besteht die Möglichkeit, allen Bewerbern nach der unternehmensinternen Sichtung und Bearbeitung der erhaltenen Kompetenzprofile, diese auch im Falle einer Nicht-Beschäftigung zur weiteren Verwertung (Bewerbungen u. ä.) zur Verfügung zu stellen.
Wie sollen die Kompetenzmessungen eingeleitet werden?	Unternehmensvertreter geben den jeweiligen Teilnehmern vor einer Erhebung eine Instruktion bezüglich der Bedeutung / angestrebter Zielsetzung der Verfahrensanwendung und dessen Ergebnisverwertung aus Unternehmenssicht, bevor die externen Berater die verfahrensbezogenen Instruktionen liefern.	Es wird ein deutlicher Bezug des Verfahrens zu der unternehmerischen Zielsetzung hergestellt bei einer gleichzeitig kommunizierten Objektivität der eigentlichen Erhebung der Kompetenzen. Anonymität, insbesondere bei externen Teilnehmern, wird vermieden.
	Die externen Berater liefern neben den verfahrensbezogenen auch die notwendigen unternehmerischen Informationen bezüglich der betrieblichen Verfahrensumsetzung.	Aus den Erfahrungen der praktischen Umsetzung des Kompetenzmess- und -bilanzierungsverfahrens (vgl. Kapitel 7) wurde deutlich, dass von Seiten der Teilnehmer eine kurze Instruktion aus Unternehmenssicht erwünscht war, um Informationen „aus erster Hand" zu bekommen und Fragen an die eigentlichen Verantwortlichen zu stellen.

Leitfragen	mögliche Antwortalternativen	Empfehlungen / Erfahrungen
Wie soll ein durchgängiger Datenschutz über die Datenerhebung und- auswertung hinaus eingehalten und nach außen kommuniziert werden?	Die Ergebnisrückmeldung an die Teilnehmer erfolgt direkt über die externen Experten.	Bei einer direkten Ergebnisrückmeldung über die externen Experten werden die Objektivität des Verfahrens und seine Unabhängigkeit von unternehmensinternen Beeinflussungen betont.m Falle eines Einsatzes des Verfahrens zu Rekrutierungszwecken ist dieses Vorgehen jedoch als wenig sinnvoll zu erachten.
	Die Ergebnisrückmeldung wird durch das Unternehmen vorgenommen unter der Voraussetzung, dass dem Unternehmen lediglich die Kompetenzprofile, nicht aber die persönlichen Daten vorliegen. Letztere verbleiben auch nach der Projektdurchführung bei den externen Experten (vgl. Kapitel 7.2.5).	Besonders bei externen Verfahrensteilnehmern (in Rekrutierungsprozessen) ist dieses Vorgehen zu empfehlen, da hierdurch eine unmittelbare Rückkopplung zwischen Bewerber und Unternehmen hergestellt werden kann unter gleichzeitiger Gewährleistung einer objektiven (unternehmensexternen) Ergebnisgenerierung.
Wie und in welchem Zeitrahmen werden betriebliche Maßnahmen aus den Ergebnissen der Kompetenzbilanzierung abgeleitet und an die Teilnehmer kommuniziert?	Im Falle einer unternehmensinternen Durchführung zum Zweck von Personalentwicklung, strategischer Unternehmensausrichtung u. ä.: Es können bei der Ergebnisrückmeldung lediglich angestrebte / mögliche Maßnahmen aufgeführt werden, die Konzeption und letztendliche Umsetzung der Maßnahmen erfordern einen größeren Zeitrahmen.	Da die Akzeptanz eines Verfahrens zur Kompetenzmessung und –bilanzierung zu einem nicht geringen Anteil von dessen Ergebnisverwertung abhängt (vgl. Kapitel 7), ist eine zeitnahe Implementierung der Ergebnisse der Kompetenzbilanzierung in entsprechende Maßnahmenkonzeptionen unerlässlich. Die Ergebnisverwertung sollte unmittelbar an die teilnehmende Belegschaft kommuniziert werden.
	bei unternehmensexternen Teilnehmern (Rekrutierung): Eine sofortige Rückmeldung hinsichtlich der Passgenauigkeit des Bewerber- zu dem Anforderungsprofil ist möglich, ebenso wie eine sofortige Mitteilung bezüglich abzuleitender Konsequenzen (Bewerber in engerer Auswahl, Eintritt in die nächste Bewerbungsstufe, Ablehnung des Bewerbers, usw.).	Es gilt, bereits im Vorfeld unternehmensintern zu definieren, welche Schritte im Rekrutierungsprozess der Kompetenzbilanzierung nachfolgen und welche „Passgenauigkeit" zwischen Bewerber und zu besetzender Stelle erzielt werden soll.
Wie sollen der Erfolg / die Zielerreichung der konzipierten / abgeleiteten Maßnahmen evaluiert werden?	bei Personalentwicklungsmaßnahmen: Evaluation der Maßnahmen über das zuvor durchgeführte Kompetenzmessverfahren (Vorher-Nachher-Vergleich)	In diesem Fall käme das Verfahren zur Kompetenzmessung und –bilanzierung als Controlling-Instrument (vgl. Kapitel 7.2.5) zum Einsatz
	bei strategischen Organisa-tionsentwicklungsmaßnahmen: kennzahlenorientierte Evaluation (Produktionskennzahlen, Ausschuss, Kunden-bewertungen u. ä.)	Es gilt zu berücksichtigen, dass die Implementierung von organisational-strategischen Maßnahmen, die sich aus den Ergebnissen einer Kompetenzbilanzierung ableiten, in der Regel mit einer parallelen Beeinflussung von vielfältigen unternehmensinternen und –externen Faktoren einher gehen (Veränderungen in der Aufbau- und Ablauforganisation, veränderte Markt- und Kundenanforderungen u. ä.). Eine Evaluation, die ausschließlich der Bewertung der aus der Kompetenzbilanzierung resultierenden Maßnahmen dient, muss dazu in der Lage sein, diese unterschiedlichen Einflussfaktoren zu filtern um einen unmittelbaren Bezug zwischen den zu evaluierenden Maßnahmen und dem unternehmerischen Erfolg herzustellen.
	bei Stellenbesetzungen: Vorgesetztenbeurteilungen (vgl. u. a. Voltz 1998), Rentabilitätsrechnungen bzgl. der Effizienz der Stellenbesetzung (vgl. Kersting in: Hornke und Winterfeld 2004)	
	bei Team- und Gruppenzusammenstellungen: Beurteilung / Messung von Veränderungen in der Teameffizienz (vgl. u. a. Francis und Young 1996), Vorgesetztenbeurteilungen, Einschätzungen der Gruppenmitglieder u. ä.	Bei der Konzeption eines geeigneten Evaluationsinstruments muss in Betracht gezogen werden, dass kein einfacher kausaler Zusammenhang zwischen den individuellen Kompetenzen eines einzelnen Mitarbeiters und den Teamkompetenzen besteht (vgl. Erpenbeck in: Hasebrook et al. 2004).
generell: betriebliche Maßnahmen, die sich aus der Durchführung von Kompetenzmessungen und –bilanzierungen ableiten, können nur dann den gewünschten / angestrebten Erfolg erbringen, wenn das Unternehmen entsprechende Rahmenbedingungen zur Förderung von Kompetenzentwicklung zur Verfügung stellt.		

Leitfragen	**mögliche Antwortalternativen**	**Erfahrungen / Empfehlungen**
Von wem soll die Evaluation der betrieblichen Umsetzung der Kompetenzmessung und -bilanzierung durchgeführt werden?	von den externen Experten	Eine Durchführung der Evaluation durch die externen Berater kann ein größeres Vertrauen in die Objektivität des Vorgehens und in eine vertrauliche Behandlung der erhalten Angaben bei den teilnehmenden Beschäftigten hervorrufen, was die Annahme zulässt, dass in diesem Fall zuverlässigere Daten gewonnen werden, als dies bei einer unternehmensinternen Evaluation möglich wäre.
	durch Unternehmensvertreter / unternehmensinterne Beauftragte	Nachteil: komplementär zu den aufgeführten Vorteilen einer unternehmensexternen Evaluation (s. o.); es ist jedoch denkbar, dass eine unternehmensinterne Evaluation den Eindruck vermittelt, dass das Unternehmen auch wirklich an den Ergebnissen interessiert ist und somit eine größere Teilnahmebereitschaft an der Evaluation erzielt wird.
Welche Personengruppen sollen an der Evaluation beteiligt werden?	• teilnehmende Mitarbeiter / Bewerber • Geschäftsführung • Betriebsrat • externe Berater • Personalverantwort-liche •...	
Welche Kennzahlen / Evaluationskriterien sollen ermittelt werden?	• subjektives Empfinden des gesamten Kompetenzbilanzie-rungsprozesses • Informationsfluss • Transparenz der betrieblichen Ziele • Zufriedenheit mit der angestrebten Ergebnisverwertung • subjektive Bewertung einer erneuten Verfahrensdurchführung • über das Verfahren und seiner Durchführung vermittelte Unternehmensimage • ...	
Wie sollen die generierten Erkenntnisse weiter verwertet werden?		Generell sollten die Evaluationsergebnisse in einen kontinuierlichen Verbesserungsprozess einfließen in dem Bestreben, den Prozess der innerbetrieblichen Kompetenzbilanzierung (oder auch ähnliche Prozesse) zu optimieren und akzeptanzorientiert zu gestalten.

Aus unserem Verlagsprogramm:

Schriften zur Arbeits-, Betriebs- und Organisationspsychologie

Marit Gerkhardt
Erfolgsfaktoren und Bewertungskriterien in Change Management Prozessen
Mehrebenenanalyse von drei Veränderungsprozessen innerhalb eines internationalen Automobilherstellers
Hamburg 2007 / 402 Seiten / ISBN 978-3-8300-2951-9

Florian Sarodnick
Arbeitsorganisation in virtuellen Kleinunternehmen
Analyse und Bewertung von Gestaltungsoptionen im Spannungsfeld zwischen kollektiver Selbstorganisation und zentraler Koordination
Hamburg 2007 / 400 Seiten / ISBN 978-3-8300-2783-6

Kerstin Jacob
Unternehmer aus Hochschulen?
Eine Studie zu Existenzgründungsabsichten von Studierenden
Hamburg 2007 / 372 Seiten / ISBN 978-3-8300-2706-5

Brigitte Steinmetz
Stressmanagement für Führungskräfte
Entwicklung und Evaluation einer Intervention
Hamburg 2006 / 240 Seiten / ISBN 978-3-8300-2654-9

Beate R. Hammermeister
Unternehmensgründung und Gründerperson
Organisationspsychologische Zugänge zu Unternehmertum
Hamburg 2006 / 316 Seiten / ISBN 978-3-8300-2550-4

Jana Schmidt
Lernprozesse in der Organisationsberatung
Hamburg 2006 / 270 Seiten / ISBN 978-3-8300-2341-8